红颜祭

江祖 著

文匯出版社

佛说：爱是一种执念，能看透执念的是罗汉，看世间万物无分别的是菩萨，没有心动念的是佛。生老病死，怨憎会，爱别离，求不得。

1

故事发生在二十世纪八十年代末期。

那一年,入冬入得早,雪也比往年来得厚实。穿过一长列被冰雪包裹着的白杨便是长发乡,乡政府的牌子悬挂在大铁门旁的石柱上,那是一块白漆底儿的木板,上面用黑漆方方正正地刻篆着"会宁县长发乡人民政府"的字样。

收发室就坐落在大门里不足十米的地方,是一间普通的平房,面积不大,却很醒目,曲脚人字形拱顶向外延张,拱顶置斗,承托檐檩,使它既普通又略显些不普通。檐檩向外延伸了半米,下了一整天的雪将上面码得结结实实,不仔细看,还以为那上面不曾设置烟囱。烟囱的存在感,只有内里吐出的白烟做以证明,烟气袅袅娜娜的,让银装的世界又多了一丝活泛。

沿着烟气的轨迹向里窥去,一口烧得正得意的白铁壶在火炉上轻快地鸣叫起来。铁壶是那种圆底锥形身子的大容量,估摸着,它可以同时满足三四个暖水瓶的供给。火炉靠墙而设,距离屋中央的办公桌有几米远,这时,它的周围就被一团白气笼罩住了。

一位六旬开外的老者从办公桌后的椅子上站起身,他的头发已经半白,唇角处留有一小绺山羊胡须,让他看起来既像是古时的教书先生,又像是走街串巷的江湖郎中。政府里的人亲切地唤他张大爷,张大爷当了二十年的兵，参加过抗日战争，也赶上了抗美援朝，胜利的号子吹遍朝鲜战场的时候，他中奖似的被最后一颗子弹击穿了睾丸。这样的中奖方式让他痛苦不堪，但却获得了战友们的连连称赞，他们称，那是幸福的子弹。这子弹的奖赏不仅让他断了子孙的念想，还连累到了左腿，手术之后，腿保住了，但也跛了。复员回乡后，他寻不到一个家人，东听西听地依着线索找了两年，没什么结果，索性一个人过活起来。政府给了他一个收发室负责人的差使，他乐得清闲，一干就是几十年。

张大爷在火炉子旁站定后并没有马上去提那口铁壶，而是扳起手指头对着一排靠墙而立的暖水瓶盘算起来。暖水瓶的颜色红红绿绿，从火炉边一直排到了大门口，他手指头弯弯直直，嘴里碎碎念着。最终他有些开心地指着其中的一个说："第八个，红色的嘛。"他哈哈大笑，唇角处的小胡子也跟着上扬了四十五度，得意的笑声透过玻璃窗花传到了屋外。

屋外是一片空置的政府大院，从收发室到政府大楼正门的距离差不多有五十米，新雪不断地铺盖着偌大的空地，远远望去，竟有一份令人心动的纯净。红叶此时正从政府大楼的右侧边门出来走向收发室。政府大楼一共有四扇门，中间是对开着的两扇，然后左右各一扇。政府里有一个不成文的规定，男同志走左侧门，女同志走右侧门，科所长级别以上的可以走中间的两扇。红叶第一次来政府报到的时候就走错了位置，那次她从中间门直接闯了进去，大院里的同志因为这个议论了好久。

红叶的步伐带着些急促，直到抵达收发室的时候，她才回头望了眼那条将大院变得泾渭分明的脚印，在新雪的帮助下，它跟尺子一样将它画得笔直。她没有急着推开收发室的门，而是慢慢地放散开了将头裹得严实的围巾。这是一条蓝白相间的毛线围巾，是那种手工编织的极为细密的花式，所以不管从哪个角度看，都像是在脑袋瓜上罩了一个稀有的青花瓷罐。她穿了一件厚实的红袄，颜色并不扎眼，紧腰阔摆的，对襟的盘扣由下而上错置排列，弯弯转转的直抵住了喉咙。围巾放下来后，她的整张脸就显露出来，她长着一双极好看的杏目，眼白明亮清澈，眼球大而滚圆，鼻梁高挺,唇红齿白,是东北女人中最标致的那种长相。都说女儿大多是随了父亲的样貌,儿子便随了母亲的样貌。红家却正好相反,红叶幸运地光大了母亲林芝的好基因,弟弟红武却完全继承了红家族系的优良传统,面目扁平、单眼皮、圆鼻头、大嘴巴。

姐弟俩完全找不出相像的地方。村里人在红武出生后就说,孩子小时候丑的长大了都会变英俊,反而小时候太漂亮的往往会长得丑咧。他们一天天地看这两个孩子长大,每隔一年,都会有不一样的讨论出来。久而久之,他们放弃了对姐弟俩样貌的评论,因为,红武没有因为年龄的增长变得更为英俊,红叶也没有越长越丑咧,相反却越发地水灵。他们又说,是林芝的基因太强大,更或者是,红叶这好样貌就是自娘胎里带进红家的,否则没道理有红家基因的拖累还能出落成这样的。

当然,这是玩笑话。但不可否认的是,刚过完十七岁生日的红叶,正如她母亲林芝当年一样,美貌,闻名于长发乡的十里八村。

红叶利索地划拉掉睫毛上的冰凌后拍门进屋。室内没有开灯,昏暗的光线从窗外打射进来,照在了一本老旧的记录簿上,那是最原始的装订方式,粗麻绳绕过黑色板壳霸气地打上了结扣,"记录簿"三个字的笺条妥当地贴在了板壳中央的位置。里面的纸张有些泛黄,是打有横格的笔记纸,每一行都整齐地记录着电话里要传达的内容,红叶的名字写在了第八九行,后面跟着一串电话号码,备注是给母亲回话。

此时的张大爷正在往第八个暖水瓶里灌着热水,嘴里还有腔有调地哼着一段样板戏:

"这一带常有匪出没往返,番号是'保安五旅第三团',昨夜晚黑龙沟又遭劫难,座山雕心狠手辣罪恶滔天。行凶后纷纷向夹皮沟流窜,据判断这惯匪……"

红叶是在他唱到"这惯匪"的时候进来的,她记得这个字眼儿至少有七八次之多,后面的词她太熟悉了,嘴巴跟着不动声色地重复着:"逃回威虎山。"接着,她借张大爷左手拎着灌好的暖水瓶右手提着白铁壶拿腔作势的机会,又一次成功偷袭了他的小胡子。

"张大爷,四野的兵,警惕性可不高啊!"

她咧着嘴笑,眉眼都舒张开了。这是她第二次得手。第一次摸这小胡子还是好几个月之前,郑恺故意编了个故事逗她,说张大爷是全连唯一的幸存者,这个胡子是长寿的胡子,摸了会长命百岁的。后来,这个事被传得神乎其神,政府里的人都来摸长寿胡,吓得张大爷见人就开启自保模式,甚至准备了大口罩。有一次,一个男同志非要摸这胡子,直接扯掉了大口罩强硬上手,张大爷和他支把半天最后翻了脸,以后但凡有这位男同志的电话他都会推迟半个小时后传达,那男同志气势汹汹地告到了副乡长那儿,副乡长是张大爷同村的晚辈,好说歹说才让张大爷买了面子。

不过,他好像对红叶格外开恩,确切地说,应该是对她话里的四野更感兴趣:"你爷是十二兵团的,司令是萧劲光,我是十四兵团的,司令是刘亚楼。有一次我们两个团接到上级命令去清剿金龙山的土匪,你猜怎么着?金龙山真是个宝库啊,山炮、榴弹炮、迫击炮,要啥有啥,竟比我们的阵仗还大,加上那百余号的土匪,个个都是练家子,好家伙,竟一下子把我们整整两个团给陷住了。"

"金龙山易守难攻,你们在山上跟他们足足周旋了五天五夜。"红叶无奈地接道,她只盼他快一点儿结束这一段,好让她回个电话。

"对,五天五夜!"张大爷被勾起了话茬儿,没有打住的意思,绘声绘色地继续说:"我也是在那一次战斗中认识你爷的,还有老省长陈维新。当时两个团陷入了前所未有的窘境,若不及时突围很可能所有人都会困死在山上。这个时候,你爷和陈维新向政委提出了个怪招。金龙山上有一种特殊的飞鸟,个儿小,喜群体作战,我们就捉住了百十来只,在它们的尾巴上拴上了火药和捻子,然后一百多只鸟被点着了捻子,以火箭一样的速度向山上射去,其他的鸟以为是群体战斗,二话没说全员皆兵,乌泱泱地布满了天空。你猜怎么着?"他讲得眉飞色舞。

"不一会儿的工夫,山上火光一片,叫声喊声乱成了团,没想到不费一兵一卒就让你们脱了困。"红叶像是在回答老师的提问。

"对,所以论军事才华,你爷绝对是这个。"张大爷每次都是以一个直立的大拇哥结束故事。

说起爷红呈祥,在长发乡倒算是个响当当的人物。他1938年入党,做过松花江地区的地下工作者,后加入四野做到了营政委。新中国成立后,十四兵团领导机关奉军委命令调往北京组建人民解放军空军领导机关,他复员回到会宁县成了长发乡第一任乡长。至于他战绩赫赫为什么会甘愿回到自己的家乡当个小乡长,坊间众说纷纭,最靠谱的说法是为了爱情解甲归田,为了红叶的奶奶宁舍了前程。那应该是一个很伟大的爱情故事吧,不过红家老人从没吐口说过缘由,加上红叶奶奶生第二个娃红霞时难产归天,这个事也就没了下文。倒是老省长陈维新每年都会来会宁县视察工作,专门到红家大院与老红同志喝上两盅小烧酒,扯扯战场上的那些牛皮。爷与他算是生死之交,不过从没利用过这些关系为自己的乡里自己的家人捞过半点儿好处,经历过大风大浪的人骨气比骨头还硬着呢。

张大爷复员回来的那段时间逢人便讲四野讲十四兵团,一个靠回忆讨生活的人多少会令人心酸,但红叶望见张大爷脸上的容光倒也觉得他是幸福的。

爷也是幸福的,他这辈子虽没什么大富大贵,但总有一段经历是值得骄傲的。

她听完爷和陈维新鼓捣飞鸟去战土匪的故事后,方才被允许给母亲回话。电话是从村委会打来的,接电话的不是母亲,村长老程直接告诉她:你爷出事了,赶紧回吧。是下午三点左右的时候,爷去了趟屋后的茅房,从那回来后,窗沿上就多了一件包裹。一开始,他还以为是林芝送过来猫冬的嚼货,因为前两天红叶过生日的时候,她说过这几天得空就给送过来。想着应该是林芝来的时候以为他不在家放下东西就走了,他便将包裹拿回了屋,解开两层打了对结的包裹皮后,一条麻绳和一张字条赫然出现在眼前,他脑梗的老毛病当时就犯了。

通往益丰村的路只有一条,坑洼之地被冷空气冻得越发坚硬,红叶骑着自行车在冰凌上慌乱地轻跳着,视线的尽头布着黑压压的人头与白花花的纸圈,她远远地听到了院子里几个女人的哭声,这哭声令她心里一阵抽紧,背上的冷汗也一片覆盖了一片。

她终于骑到了院外,慌乱地扔下自行车便向院里跑去。一张张熟悉不熟悉的脸孔在眼前游离、重叠、无限地放大,她软了脚步,每走一步,都像要跌倒。

爷安静地躺在炕上,被子盖住了他整个头部,爷走了。动作麻利的人正在给他穿装老衣裳,棉衣夹袄罩衣长袍,她看见了他们给他穿上去的那双鞋,黑色的牛皮面,棕黄色牛筋底,是她发第一个月工资时孝敬给他的,爷一直舍不得穿,直到错过了季节。如今穿上,却是踏去阴府的路途,红叶没法接受这样的事实,她像个疯子一样跳上炕去,她以为抢到了鞋子就能阻止住爷离开的脚步……

空气缓缓地凝滞了,几十股哈气融合成一股青烟在白炽灯下旋晃。她顺从地被几个人按在那里穿上麻衣戴上了孝帽,挨着红武跪在了火墙的一侧,火墙是冰冷的,红叶能感受到那整整一面的阴森。在那前面有一把木制板凳,从红叶记事起,它就一直坚守在那个位置上。那天,爷就是坐在那里,突然问起了她关于郑恺的事。

"叶儿啊,哪天你把那个大学生对象,领过来让我瞧瞧。"

"哪,哪个什么大学生对象?"红叶本能地否定。

"唉,要真是找了个有学问的人那是好事,就是有一天爷去见红家祖宗了,也有个交代不是。"

爷说出这样的话让红叶哭笑不得,这是林芝为了吓唬他专门编排的桥段,目的就是想让他给孙女安排个体面的工作。红叶初中毕业后本该和大多数农村孩子一样回家务农,再挨个三两年,等法定年龄一到,就会有人上门提亲。不过,林芝的要求远不止这些,她不指望女儿在学识上有多大的造诣,只盼望等她毕业后,红呈祥依着自己的关系帮她在政府里谋份差事,这样凭着红叶的好样貌,攀上门好亲事就容易多了。但红呈祥是个出了名的倔老头儿,别说是孙女,就是自己的亲儿子红湖、准女婿张书尧当年升迁深造,只需他抬一抬手的事都不可能。

好话说了一大车,利害关系摆了一屋子,爷仍旧闭目不语,波澜不惊地听着收音匣子。这可把林芝真的逼急了,她不顾红湖的反对,请来了村里的巫婆蔡娘在自家院子里做起了法事,纸灰飞了满天,红家祖宗轮番上身,从太祖太宗说到宗祠牌位香火延续。最后,林芝鼻涕一把眼泪一把地告诉红呈祥:"爸,你就松个口吧,不然以后见到妈时也交不了差啊。"听林芝提到了红湖妈,爷有些为难了,他为这事愁得三天没出屋。红湖、林芝以为他这是绝食抗议,吓得正想说些软话就此作罢,没想到老爷子自己想通了。

"爷,别听我妈装神弄鬼的,我陪着你一起去向红家祖宗们汇报。"林芝不在身边的时候,红叶会给爷最温暖的支持,她知道爷并不是怕了母亲找来的那些大神大仙,而是心疼她这个孙女,他为了她破了自己守了一辈子的原则,她为此感到不值。

那张板凳上,爷认真地询问她的模样还如此清晰,她伸手去摸,手指尖快搭到了他的脸,他的影像却一缕烟似的消散了。红叶扑倒在地上,直到这一刻,她才相信爷是真的离开了她。

一世相伴,从此阴阳两隔……

几分钟后,紧盖着他头部的被子被慢慢掀起,红叶第一次在爷走之后清楚地看到他的脸,那张脸白得像纸,表情扭曲在一起,惊吓和愤怒写在上面,他走得并不安详。她想起了众人口中的那个包裹,眼睛开始寻找母亲的踪影。正四处打量的这会儿工夫,唢呐班子的悲调又大肆响了起来,红叶转回头,爷已经被抬进棺材然后合了棺盖,她知道,这是她与他的永别。

华灯初上的时候,那个人来了。他体形微胖,约有五十岁,头发被发胶固定在额前,形成了巨大的弧儿,单眼皮狭长而有神,笔挺的西装使他看起来严肃得体。他迈着沉着的步伐走进灵堂,后面还跟着个矮瘦的下属,下属有些费力地一手托着一只写有挽联的花圈,左顾右盼着,终于择了一处显眼的位置放下。

挽联上写着:

上联:红呈祥千古

下联:程永峰敬献

他在爷的遗像前正了正身位,毕恭毕敬地鞠了三躬。爷的遗像摆放在灵堂的正中间,黑白照片被放大了十几倍,那是他参军入伍时拍的,青涩、帅气,让人根本无法与躺在棺材里面目扭曲的老人联系在一块。

这个叫程永峰的人当年是爷任乡办砖厂厂长期间的出纳,因为贪污了公家两百块钱,被爷上报给有关部门,判了两年有期徒刑。出狱后,他找了帮小混混儿,在爷下班的途中打断了他的一条腿,也断送了爷的政治前程。

他的出现使整个葬礼现场出现了大的骚动,一记尖叫声之后,由红霞组织起来的娘子军便把他团团围住,这个最有可能成为凶手候选人的家伙成了众矢之的。乱无章法的拳头、残喘的气息,像是阴阳路上的一曲奏鸣,沉重、艰辛、无力……

2

半年前的东北小城正值仲夏,天光苍早,万物丛生。

大果果清丽的打鸣声扰了红叶的好梦,这让她有些不悦,上一次它这么卖力地叫还是它新长出尾巴上那一撮彩色羽毛的时候。那次也是一个大清早,它想嚷得满院皆知以彰显自己的与众不同,结果,被拿着鸡毛掸子飞奔出来的红湖房前屋后地追了十来圈儿方才作罢。

大果果是当初林芝抓鸡雏时唯一挑选的公仔,她为了省钱,就抓了九只母的,配了它一只公的。她觉得它妻妾成群,让母鸡们受了精能孵出小鸡就算功德圆满。谁知这大果果专一长情,长大后独宠一只小母鸡,整天满院子秀恩爱,剩下的八只哪忍这事,不但集体捣毁了小果果们的小窝,还弄得红家大院一地鸡毛。林芝面训了大果果多次,屡教不改,打算就地正法,红烧清炖,后来还是被红湖给拦了下来,他说这专一的公鸡值得尊敬,没准是哪个梁山伯轮回转世,该留着。林芝想想也有道理便随了它去,剩下的八只都相继地炖了鸡汤。

红叶一直是挺大果果的,一只公鸡尚且如此,何况人乎。不过在八只母鸡化为靓汤之后,大果果就一反常态地开始打起了早鸣,红叶就再也睡不得好觉了。她翻身醒来看了眼墙上的时钟,刚过卯时一刻,便准备再睡,眼睛的余光又扫到了炕柜上几件叠得整齐的衣服,遂来了好兴致。最上面的是件碎花衬衫,粉嫩素净的颜色,她只穿过两次,色彩看着还很鲜亮。第一次穿是毕业拍大合照的时候,照片洗出来后,她在一众丫头片子中格外出挑;又一次是她和林芝去城里给大姑送自产蔬菜的时候,红霞见娘俩不辞辛苦地背来两大袋子新鲜蔬菜,心里一阵子感激,直接带去商场一人给买了件新衣裳。红叶挑了条湖蓝色的牛仔长裤,这款裤子在县城里流行了好一些时间,她央求母亲未果却在大姑这儿得了逞,心里甚是宝贝。

今天是她去乡政府宣传办报到的日子。林芝三天前就接到了通知,她甚至兴奋地向全家人炫耀自己的本事。林芝骨子里是再传统不过的中国妇女,她毕生的追求就是母凭子贵,等过两年儿子红武从重点高中升入大学后,她的人生便就此圆满了。不过,她的兴奋并没有引起家里人的共鸣,自从爷因那件事被劝离乡府大院后,红家人便对那里讳莫如深,若不是红叶的缘故,这几个字或许与红家再没缘分。

红叶是被母亲一厢情愿地推向战场的,她心里有说不出的小抵触,进了那个门,她便逃不掉老乡长孙女的名头,被人品头论足在所难免。那天她无意间听到了母亲与大姑的谈话,说是要去报到的单位里有个叫郑恺的大学生,去年新分配来的,是益丰村里第一个考到省城的男娃。毕业后本是可以留城工作的,但因母亲体弱多病,家里只有他一个孩子,就主动申请回了长发乡。姑父张书尧是他高中时的班主任,所以红霞留意起这门亲事来异常积极。

迷迷糊糊地不知道过了多长时间,红叶一直没再睡着,索性拎了件衣服穿好,如往常一样提着扁担出了大院。初晨的天空似蜡染的绵绸,一抹幽蓝,一抹静谧,她仰着头看了半晌天际的那道光,今年夏天的颜色蓝得过分,她每看一会儿都会出神。困意被这大好的天光一下子带去了不少,她将水桶串在扁担上背起,不是平时那般挂着的,而是像武松扛着雪花镔铁戒刀那样招摇过市。上一次秀娟告诉她这么提一只桶会省去不少气力,所以,父母不在身边的时候,她才会用这粗俗的姿势做出点儿出格的事。

　　益丰村是一处祥地,它紧挨着白城。白城是当年完颜阿骨打建都筑城的旧址,后来由于海陵王迁都一把火给烧了,只剩下了长长的断壁残垣。离村两三里的地方有一处方台,叫作点将台,是当年太祖带兵打仗时点将布阵用的,后来伪满时期,日本官兵曾住在那周围并专门演练过。

　　再往前不足一里的地方有条河沟,没什么响亮的名字,因为它又长又宽,村里有个暴脾气的说,就叫它大河沟吧。不知道从什么时候起,这河沟就叫了大河沟,河水绵延弯转,不见尽头。

　　红叶捡了块没人的地儿放下铁桶,开始揉弄起压得发红的肩颈。太阳又爬上来三寸,照得水面波光粼粼,远山披上了色彩,通体乍现着暖光。她下意识地闭上眼睛,任凭阳光跳跃在脸上,一点点儿除却困意。她喜欢阳光的味道,那里面夹裹着淡淡的烤红薯的香气,她用力地嗅啜起来,顿感了些饿意。山林里的燕雀叫了起来,它的声音悦耳清脆,紧接着是黄雀和苏雀,红叶能听出十来种鸟的叫声,像东北常有的大小白眉、喜鹊、松鸦、红隼等,她几乎可以分辨出它们不同的音调,甚至喜悦与悲伤、吵架或是调情。秀娟就曾经笑过她前世该是鸟类,才会有如此共鸣,而她却更乐得享受这树林里天籁般的盛宴。在它们编织的乐曲里,她遇到了那个叫作郑恺的大学生,他穿着整洁的衬衫,笑容亲切,然后,是一间装修得简约而干净的小套房,厨房里,冰箱、微波炉、煤气灶一字排开,抽油烟机正有力地吸着锅里的烟,她系着围裙颠炒着最后一道菜。他从她的身后一把环住她的腰,她噗笑着,捡了块儿锅里的肉塞进他的嘴里,一旁的女儿喊着肚子饿了。那小姑娘梳着两只高高的羊角辫,长着一双和她一样漂亮的大眼睛,哼唧着向她跑来,一张稚嫩的脸,一双小巧的手臂,无限地放大到接近……

　　就在那小手臂快搭到她的肩上时,她猛地睁开了眼睛,竟惊出一头碎汗。这个小女孩的出现确实把她吓到了,小时候林芝给她算过命,说是未来会有一子送终的,当时家里人还高兴了好一阵子,林芝特意为了这个结果张罗了一桌好菜。农村里重男轻女传宗接代的思想根深蒂固,生不出带把儿的女人总会被人嘲笑。

"看,旱地里长不出瓜秧。"

她记得原来同村上一个户姓的人家东躲西藏地连生了七个闺女,最后被罚得连茅草老屋都不剩。女人怀上第八个孩子的时候,直接被计生委抓去做了人流后结扎,姓户的男人拿了大菜刀去闹事,大喊着,你们还我儿子,他坚信女人肚子里怀的就是个带把儿的儿子。他寻衅滋事妨碍公务被拘了十天,放出来后竟有些精神不太正常,他逢人就说是公家杀了他的儿子。村里人关起门议论他们的时候,开头就用那绝户人家怎么怎么着,后来女人只得携着全家老小去了别处,至于投奔了哪里谁也不知道。

红叶听了太多这样那样的事,也见惯了那种女人的悲惨人生,所以那个大眼睛的小姑娘突入的时候才让她慌了阵脚,她坚信她与她没有任何缘分,人生的命轮怎么能说改就改呢。她庆幸这只是一场梦,不免长呼了口气,从河沟里撩起一捧水敷在了脸上,等冷静过后,才扯过那只铁桶用力地踢进水里。

此时的乡府大院正如往常一样喧闹冗杂,自行车铃声此起彼伏,鱼贯而入,若靠得近了些,便会引得几个岁数大的中年妇女破声笑骂。

这个政府大楼是个三层半的建筑,外墙保留了本色,再上去半层是个阁楼一样的穹顶,延伸处,也有帆拱和鼓座。这是"文革"时期建造的,吸收了些拜占庭式的建筑风格,不似国外教堂样的宗教色彩,也会寻一些它的影子。这座建筑的设计师是留学过罗马的建筑学家,他劳动改造于此,也把浑身的才华与严谨都用在了这座小小的乡府大楼上,用工用料要求严格,所以二十年间,全县十几个乡镇的政府大楼逢年落雨,只有长发乡从没修缮过。这个建筑学家是红呈祥举荐的,他把他从牛棚里"捞"了出来,顶着上头的压力,让他在最艰难的岁月里发挥着一己之长。后来的拨乱反正,使这个建筑学家返回了他原来的岗位,也成了国内外建筑学界有名的交流学者。

红叶要去报到的宣传办便坐落在这个院儿主楼的三楼。宣传办的房间是左边数第一个办公室,顶楼垂下的木香藤包裹住了半扇窗子延伸至屋内,使整个房间看起来像是嵌在土墙之中的森林小屋。窗台下面,是一排红红绿绿的暖水瓶,木头塞子挤压着瓶壁,间缝中发出"吱吱"的声响。办公室不大,只有三张桌子,分别坐着副主任张晓琴和两个职员:郑恺和程小丽。张晓琴坐在最里间靠窗的那个座位,她是主任任志远的副手,一个三十来岁的大专毕业生,刚分到宣传办的那会儿还是个出落得水灵的姑娘,追求的人也不少。她骨子里清高,看不大上前来献殷勤的男同志,十年下来仍单身一人,除了那镜片不断地加重了厚度,便也没有更多的收获。她写得一手好字,乡里写个宣传板报什么的几乎都得由她来掌笔,有时候党办的人也来找她帮忙,凡是乡长到上一级组织汇报的手稿都经由她手。张晓琴本身的优秀也让她看起来与外人格格不入,甚至有些严肃与挑剔,除了与办公室前一年来的程小丽熟络一些外,她几乎没什么朋友。此时,她正收拾着自己的全部家当搬去主任任志远的那间办公室。

任志远是一个三十五六岁的中年男人,二十多岁的时候给红呈祥当过办事员,现在不仅是宣传办的主任,还进了乡府党委班子,早有传言他会是邻乡下一任的纪委书记。林芝大闹的这些日子,红呈祥是硬着头皮找他给红叶安排的位置。

张晓琴对面坐着的是一个身材纤瘦高挑、长发披肩的年轻女子,她叫程小丽,高考落榜后被父亲安排进了长发乡的宣传办,乡里的人都知道这里只是她基层锻炼的一个跳板,所以人人都恭敬着,事事都让着。程小丽此时也在收拾着自己的物品,待张晓琴的东西搬走后换到靠窗的位置。

坐在另一边靠近门位置的便是郑恺,他长着一张干净的脸,眼睛不大,但是那种好看的单眼皮,鼻子也不算挺,线条算是柔和的,嘴巴不大,但唇峰明显勾勒得有型。从省城某大专院校中文系毕业后,他就申请回到了长发乡工作,文章写得不错,刚一进来就开始协助张晓琴编辑乡报,此时他正帮着这个提升到主任办公室的人把一件件沉重的物品搬过去。

在这之后,任志远要给宣传办仅有的三个人开个会,以正式宣布编外人员红叶的到来。

红叶踢出去那只桶的时候,脑袋里还依然在和那个小姑娘打着架,她越拼命地把她赶出自己的地界,她却越是一副可怜的面孔。她甚至不敢看她的那双眼睛,只要是对视的瞬间,她就会发现那双眼睛是多么熟悉,她仿佛是被缠上了,直到水里面突然出现了叫声。

叫声是从一个赤面青年的嘴里发出来的,这声音和铁桶的撞击声浑然成了一体,紧接着,在他的旁边又相继冒出了另一个赤面的青年。红叶认得他们,前面的那个叫小东子,后面的这个叫二峰,两人都是村里游手好闲之徒,在她到来之前,他们已经在水下足足待了十几分钟。

大河沟边的小伙子们个个都是会水的高手。据说在伪满时期,他们曾在这一片地界上歼灭了一个小队的日本鬼子,有说是一个中队的,还有传说是一个大队的,不管是多少鬼子,水战的胜利都为益丰村的青年们赢得了好名声。相传日本官兵在益丰村演练的那段时间,关押了村子里几乎所有的成年壮丁当作陪练,百步穿杨大活人、活木桩、剑道靶子,每天死伤十几个人是常事。村子很快成了寡妇的集结地,她们开始反抗,甚至把自己当作人体炮弹与敌人同归于尽。但这样的报复行动效果甚微,于是,村里的妇女们聚集在一起商量对策,最后讨论出了个好办法。一支由村里未满18周岁的小伙子组成的水上小分队正式成立。这些孩子每天会在大河沟里练习憋气的功夫,母亲们会在中午送来干粮,过了一个炎热的夏天之后,他们个个技艺精湛。

初秋的一个晚上,他们在河边"咬"死了十几个巡逻的鬼子,这条河里有水鬼的消息便不胫而走;接连着,又翻过几次船,鬼子便不再敢用这条航道了。后来小鬼子在村里继续抓捕男丁,小伙子们以水为家,他们竟一个都没有被找到。在一次严密的计划后,壮丁们与妇女、孩子们里应外合,把敌人一个中队的兵力死死牵制在村子里。

　　这次作战史上没有记载,但是在益丰村却传为一段佳话,是抗日战争中少有的全民皆兵歼灭鬼子的战役。后来的传说中,有说那群孩子在水里惊人的憋气功夫可以达到二十分钟的,也有说差不多半个小时的,没人破过那个纪录,以此为名的比赛却不知什么时候流传了下来。村里的半大小伙子们没事经常打赌,赌资从五毛到十块不等,二峰和小东子这一次就是把赌资升到了顶格。在红叶的水桶还没有踢下来之前,两个人已经腮帮鼓胀满面通红,但为了十块钱的大赌资和颜面,也都豁出去了。

　　小东子是鼓着肉包直接从水面下蹿出来的,那肉包足足有乒乓球大小,像是剥了蛋壳的蛋白一样晶莹透亮。透过这晶莹透亮,可以望见岸上惊慌失措的红叶,她此时已经吓得六神无主,想要开口道歉,嘴巴却无论如何不受脑袋的支配。她第一次碰到这样的状况。初中语文老师讲到失语的时候,她听到后面有人起哄说,人既然没有成为哑巴,怎么可能会说不出话来,她当时也怀疑老师讲的这个失语或许是道听途说,现在,轮到她真的说不出话来,她反倒第一时间想到了她的语文老师。

　　紧接着冲出水面的是二峰,他以为自己赢了比赛和那十块钱的赌资,正开始欢呼着庆祝自己的胜利,随后却被小东子那个肉包给震慑住了。

　　"我的天哪!你这脑袋是憋坏了吗?"他夸张地大喊。

　　红叶心里一沉,嘴里一遍遍地念叨着,深,呼,吸,深呼吸,即便如此,身上还是止不住地发抖。面前的两个无赖在整个益丰村是出了名的,谁惹上了,不死也得扒层皮。上次孙寡妇因为和他们犯口角,他们就用牛粪堵在人家门口,导致孙寡妇半个月都出不了大门。

　　这一回,红叶自知凶多吉少,听着二峰嘴里不断地冒着爹啊妈的脏话,就想一头扎进水里也憋个十几分钟。

　　"哎!那谁,我说你他妈谁派来的?"他指向了红叶。

　　"我就是打桶水。"红叶沮丧地道着歉,"我真不知道水里面有人。"

　　"没人管你知不知道,你把人踢成这样了,你看怎么赔吧?"二峰为了显示她造成的严重后果,直接扯过小东子,在他的脑袋上像拍西瓜一样拍着说着,"你看你把人家脑袋踢的,我的天哪,这包,有鹅蛋大了吧。"

小东子一开始就没插上话,听二峰如此编排,只好小声地提醒他别这么吓唬人,在他眼里,红叶是与众不同的,可以说,那是所有益丰村未婚男青年们心中的女神。她与自己这样近距离地相望,她出水芙蓉般地站在那里,他根本感觉不到脑袋上那个包的大小和疼痛,只觉得心里怦怦乱跳,甚至有些无措。

"我知道她是红叶,红叶怎么了?王子犯法还与老百姓同罪呢!我知道你喜欢她,但是现在得就事论事。"

二峰故意大声说出这样的话,让小东子和红叶两个人同时非常难堪,谁也不敢看谁,那画面静止得宛如一潭死水。小东子心里暗暗怒骂,一秒钟过后,他开始恼羞成怒地用力挣扎开二峰的两只手:"差不多行了。"

"这么严重的伤,怎么着也得做个脑CT、X光、B超什么的。"二峰自知有些过分,索性放了手,但却没放下与红叶的讨价还价,"接下来,还要和你商量一下人身伤害费、医药费、误工补贴费、交通费外加精神损失费如何计算的问题。"

"误工费,精神损失费?……"

红叶只有在父母平时的谈话里才会听到有关重大伤亡事故中涉及的这些字眼儿,她下意识地去看小东子头上暴着青筋的肉蛋,感觉那肉蛋的疼痛刺进了自己的神经,浑身不免一阵鸡皮疙瘩。

"我明白告诉你,"二峰坏笑着继续强调,"小东子家可是六代单传,你要是真把人踢傻了,你得给人家当媳妇儿!"

太阳已爬上山冈,红叶即便是马上离开也怕是错过了去乡府报到的时间,这样的迟到意味着自毁前程。此刻,有无数种可能的结果比这个肉蛋的问题严重百倍,她即将面临红家两代人的严肃审问。看着水里的两个人像是演着双簧一样地乐此不疲,她索性果断地选择走为上策,便用尽力气地向水里面的人喊着:"你们先去医院检查,该怎么处理怎么处理,回头上门找红家,花多少钱我都赔,一定不赖账。"没等对方回答,她就义无反顾地转身跑去,她感觉自己像是劫后余生一样,通体舒畅。

但是这种得意没坚持超过五秒钟,一大票赤裸着上身剃着光头的男子便阻住了她的去向。逆光中,他们排成一排,如同人肉铜墙一般,他们戏谑地叫着、打着口哨,甚至开心地又蹦又跳。很快,红叶便被这一群肉墙包围住,她把手举过了头顶,碰到什么便用力抓挠什么,她能感觉到自己磨尖的指甲在一只只手臂和光着的胸膛前划出血痕。她平生从未如此恐惧过,感觉自己在濒死边缘,她想逃,却不知道方向,她用手臂护紧了自己的胸襟,只听得一个声音在耳边呼啸着:"老雷,抓住她,小东子脑袋上的包就是她踢的。"

很快,她的体力就都用光了,挥舞着的手臂麻木得没了知觉。就在这时,一股强大的力量将她拉扯了过去,她的左手腕被人扣住,并且锁得紧紧的。

3

　　锁住红叶手腕的男子叫雷家文,大家都叫他老雷,他浓眉鹰目,额头宽展,波浪大卷儿似蜿蜒的小山铺满脑际,阔袖的上衫,紧臀的喇叭裤,让他看起来在众人堆里格外显眼。

　　她的狼狈与他的大义凛然形成了鲜明的对比,当二峰在众人面前一本正经地讲述完事情的始末后,红叶才疼得哎哟一声叫了出来。这一叫声令老雷下意识地松了手,再想抓紧时,红叶已经满面涨红,红得连自己都羞怯难当。这该是她人生中第一次与陌生男子的亲密接触了吧,她心里沮丧到了极点,对于眼前冒犯她的男子更是厌恶,小时候林芝教导过她男女授受不亲,让她坚信了只有自己的丈夫才能触碰自己的肌肤。她故意不看他,眼睛瞟向了另一边:二峰和小东子湿涝涝地站在那里,两条褪了色的三角裤衩清显着私处的轮廓,她的眼神慌乱地移动,又与他对视住了,顿时尴尬万分。

　　这一年他二十五岁,她十七岁。

　　有时候,相差八岁也可以是一代人的距离,红叶就觉得老雷是长她一辈的,在村子里论,她该叫他叔叔。这种在社会上瞎混的人一般都成熟于常人,平时也不受人待见,自然会被打上坏坯子的标签。他们常常打着年轻貌美的小姑娘的主意,各种无赖招数无所不用其极,一旦追到手,一段时间新鲜劲儿过了,就会寻找下一个年轻貌美的小姑娘。所以,当老雷定睛看向红叶的时候,她就确定了他那轻浮的眼神,她轻蔑地瞪了他一眼,以期望他打消对自己的某种想法。

不过红叶倒也多虑了,起码老雷这个时候并没有去捕食新猎物的闲心,他此时正在大声地呵斥着朝他跑过来的人,此前他注意到了那两条湿答答的三角裤衩导致红叶产生的慌乱。他命令他们穿上裤子,还用流氓等字眼儿来解嘲。二峰有些不服,一边提着裤子系着扣子一边和老雷理论,老雷直接追着他的屁股一路踢了过去,到最后,二峰的语气明显弱了,倒让红叶想起了被林芝训导后的牵拉毛的大果果。

二峰特意地强调:"傻,是可以遗传的。"

众人便向着小东子大声起哄:"你不如就娶了红叶吧!"

"对啊,让他们家赔媳妇儿。"

"明天就让你爸去提亲。"

众人大笑。

"都他妈的给我闭嘴。"老雷大声地骂道,"你们一天天的就欺负小姑娘的能耐,找抽是吧?"

没人再说话了。

待两个人把裤子整理妥当后,老雷临时决定来主持个公道,突然看向身边的红叶问:"你说的话可都算数?"

红叶并不知道他是什么路数,眼睛也不看他,仍然一副英勇就义的样子。

"哎,我说,你刚才跑的时候说什么来着?"老雷有些无奈地解释,"你不打算解决问题了吗?"

"算数。"红叶连忙强调着,她在老雷说到解决问题的时候立马想起了自己的保证,"红家人说话向来算数。"

"祸是你闯的,医药费自当你出,不算过分吧。"

"不算……"虽然是极不情愿。

很快，一纸说明便铺在了她的面前。上面写得详细，有理有据，没文化的混混儿们虽不会咬文嚼字，但意思凿实，事件起因来龙去脉洋洋洒洒一大篇。小东子作为当事人在上面签了字，二峰作为一线证人也签了字。

"放心，不会讹你。"老雷扫了几眼后便递给了红叶，"但这份协议你得先签下来，等小东子从医院回来我们定到红府拜访。"

太阳已攀爬到了山顶，去乡政府报到是来不及了。红叶看了眼那不再可爱的日头，索性按照对方的指挥行事，她在属于肇事者的位置上签了自己的大名，放下笔的那一刻，鼻子突然一阵酸楚差点儿掉下泪来。老雷也不多废话，接过签好名的字条方方正正叠好塞进了内里的口袋。

这件事就这么解决了，红叶甚至云里雾里的，她有些犹疑地向他们每个人扫了一眼，并在他们的注视下离开。向前走出的每一步都像是踩在棉花上，她觉得这时候的腿不如刚才逃跑时听话了，索性用力地用拳头捶了捶。二峰没想到老雷就这么放走了红叶，还想生些事端，没等他抬起另一只脚就被老雷绊了个趔趄，众兄弟忍不住又是一阵哄笑。这笑声从远处传到红叶的耳朵里，她以为是自己又受到了嘲笑，羞怒地加快了脚步。老雷看向逆光中行走的姑娘，那倔强的麻花辫儿和渐行渐远的背影，对他有种说不出的吸引。

就这样，红叶迟到了。

进政府大院打听路的时候，门卫张大爷刚从政府大楼里走出来，他手里还拎着个硕大的冰棍袋子，塑料的，目测那容积差不多有五十根的量。最下面的角落里还有一根，估计是天气的原因，已经有些松化掉。张大爷听红叶有些语无伦次地介绍了自己，看那着急的劲儿也没多问，直接给指了路，红叶道了谢转身刚走，不想却被张大爷一把又给逮了回来，那根快要松化掉的冰棍就这样被他强硬地塞在了她的手里。

冰棍是张大爷用卖废品所得的收入买的。废报纸旧瓶子等废品通常是政府里的同事提供的，他们会把这些废品直接归送到大楼三楼半的阁楼里，然后由张大爷定期收集卖掉。大家知道这个孤老头平日里收入微薄,都乐得送这个顺水人情,张大爷每次积攒够一拨卖掉后,便给全楼的人每人买根冰棍亲自送到手里。

初来乍到的红叶不明就里,以为是政府里夏天的福利,向张大爷道了声谢后便急着朝政府大楼走去。这根冰棍是用从收发室到政府大楼正门的时间消灭掉的,这段距离本也不长,她觉得自己是创了新的世界纪录。

进入政府大楼以后,气温就变得阴凉许多,一门之隔,好像就是一个春秋。红叶看到了几个望向她的奇怪眼神,害羞地深呼了口气,蹑手蹑脚地走上了三楼。三楼向左一共有六间办公室,向右有四间,加上尽头的两间一共是十二间,向右的大多是各所,民政所、司法所、土地所什么的,向左的大多是各站办,诸如水产站、经管站、计生办、宣传办,尽头的那两间分别是团委和宣传办。由于那个建筑专家把两端的楼体设计成了不规则形状,尽头相邻的两间就比别处的小很多,所以宣传办就得到了两间办公室,正房那间是工作人员的办公室,顶头那间就成了主任办公室。

红叶上了三楼后,按照张大爷的指示,向左一直走到了底,那两间写着宣传办的办公室就找到了。她先是轻拍了两声正房办公室的门,没人应,她轻推开门向里张望了几眼,室内空无一人,她带上门又向后退了两步。这时,她听到了隔壁主任办公室里传出来的声音,她走过去侧着耳朵听了片刻,里面讲话的是个男声,之后还有人回答了什么,她思索再三,决定回另一间办公室等待。

正房办公室确实不大,除三张办公桌和两个铁皮资料柜外再也容不下其他。临窗的办公桌上,一个木制精雕的相框最先吸引了她的目光,更确切地说,是那相框里的女子吸引了她。照片里的程小丽穿着时髦、面容姣好,犀利的目光中透着几分孤傲。红叶觉得这张面孔似曾相识,但她确信她们从未谋面过,该是上辈子有些回眸的缘分吧。

她叹了口气,看了眼自己的衣服和麻花辫,顿感沮丧,若不是早上水桶惹了事,她此刻该是穿着那件碎花衬衫站在这里的。她突然想到了郑恺,目光开始搜索他的座位,看到案面上摆放整齐的办公用品后,她的心跳突然加快了些,脸也跟着红热了起来。她开始好奇大姑和母亲嘴里的大学生该是个什么样子,是戴宽边眼镜的书生,还是梳着三七分短发穿着中山装的先生……红叶不自觉地在头脑中勾画着郑恺的模样,当想到戴着宽边眼镜穿着中山装的郑恺站在自己面前严肃的模样时,她就已经笑得捧腹不止。但是很快,一抹紧张的神情又迅速爬上了那双美丽的眼睛,她突然想到还没有好好准备与他初见时的见面语,一会儿若是见了,该说些什么好呢?你好,我是红叶,很高兴见到你,还是,你是郑恺吧,我听我姑提过你,咱们村的状元,以后就请多多指教了,或者,干脆什么都不说,等着他先来自我介绍?

出奇地混乱,红叶觉得早上的那个水桶完全打乱了她的思绪,她越想静下心来,脑袋里越会出现大河沟边那群坏小子的哄笑声。后来,她百试不爽的秀娟深呼吸法派上了用场,于是她摆开架势闭上眼睛双臂画起圈儿来,嘴里轻念着:"深呼吸,呼……吸,呼……吸,不紧张,不紧张!……"她全神贯注地重复这一动作,以至于门口两个人正呆望着她也浑然不知。那两个人,一个便是相片上的女子程小丽,她双手交叉在胸间,眼神里带着一副不屑,她旁边的男子便是郑恺,整齐白净的衬衫衬得他落落大方,一张清瘦的脸,没有宽边眼镜,更没有中山装。两人像是约定好了似的谁也不作声,等着红叶自动结束。

程小丽的不打扰,是想看看眼前的这个女子到底还有什么洋相可出,而郑恺的不打扰却是一种最平民的礼貌,刚才的会议上,任志远已经郑重地向他们介绍了这位新同事。

红叶仍沉浸在自己的深呼吸之中,待做完了一组动作感觉平静下来后,嘴里还不忘嘟哝句表扬秀娟的话。这套心法是秀娟在初二下学期的时候硬传授给她的。她那次去城里,跟着三姨的朋友听了堂气功大师的讲座,别的没记得多少,就剩下这套心法,回来后就拉着红叶练习起来。有没有效果不知道,不过练习了一个学期后,红叶凡是遇到让自己心绪慌乱的时候,就条件反射式地深呼吸。

她收了手臂，慢慢地吐出一长串余气后睁开眼睛。在眼帘打开的时候，两个门神一样的人就伫立在她的眼前，认真地看着她的表演，这让她刚平复的心情再一次被扰乱，她能听到心包经走动的位置，这一次秀娟的心法基本上就没什么用了。

红叶调整着呼吸，怔怔地看着门口处的人，从一个面目冰冷的女子快速闪到了旁边的男子，那个男子吸引了她的目光，他此刻的面容是亲切的，不得不说，温暖的光总是最吸引人的。许是在省城上了三年大学的缘故，郑恺对红叶这身原汁原味的农村姑娘打扮倒有些不大习惯，看着红叶正盯望着他，嘴里不小心发出声低闷的嗤笑。这声嗤笑的威力比早上那只水桶大了千倍，红叶不禁打了个寒战，她做梦也没有想到自己竟是在这样的境况下遇见的郑恺，她简直无地自容，甚至手足无措地躲开了他的目光向后退去。慌乱中，她整个人直接向后倒仰，本能地扶住桌子，谁知桌子的晃动带着上面的相框翻滚下来，手之所及已经无济于事，一阵清脆的声响过后，那张孤傲的脸上就多出数十条玻璃的碎痕来。

什么样的开场会比这更糟糕呢？红叶不敢直视程小丽，更不敢看郑恺，如果按十个度来评估她此时的狼狈，她给自己满分。她几乎是收紧了全部的气息蹲下身去捡那地上的木框架子，她不知道站在门口的那个女孩会如何看待她的这个闪失，郑恺又会如何看待她。捡玻璃碎片的动作是怎样的，她完全没有感觉，她那一刻灵魂出了窍。是程小丽一个带情绪的动作将她扯回到了现实，她气愤地把红叶手里的玻璃碎片又全部打翻到了地上，血滴很快从红叶的手掌处流了下来。按血流量判断，这个伤口并不算浅，红叶下意识地握紧了手掌，想要不动声色地坚持一下。但天生晕血的毛病出卖了她，只坚持了不到十秒钟，眼前一阵模糊，直接瘫倒。

程小丽的影像越来越远，而郑恺的身影却越来越近。郑恺的介入是从流血事件开始的。红叶报到之前，张书尧已经提前给他做了嘱托，任志远在会上又做了些说明，所以他对于红叶比其他人还是多些了解。不过，在他思想里，对于这种到政府混日子的关系户还是有些偏见，他们只不过是一群寄生虫,寄生在强大的网里,这种寄生关系让他看低了一切他们身上的可取之处。这里边也包括程小丽,但程小丽是高中文凭,而红叶是初中毕业,他心中对她仅存的便也只有张书尧的那点儿嘱托了。

在红叶快晕倒的瞬间,他扶起了她,安全着陆,她整个人便完全死气沉沉。这回轮到程小丽蒙掉了,无辜地摊着双手向郑恺解释。

"我划到她的大动脉了?"她不相信自己有这样的能耐。

"她是晕血了。"郑恺抱起了红叶,手上的分量比自己想象的还要轻许,他回头给了一脸莫名其妙的程小丽一个答案。

去往乡府医务室的路上,红叶晕晕乎乎,只觉得眼前的日光轻跳,郑恺的脸忽远忽近,她甚至有一丝小窃喜,晕血这个老毛病算是治不好了,不过,这个怀抱好温暖……她第一次被一个异性抱着,感觉浑身麻麻的,体温也在逐渐地上升,她动弹不得,额头闪现出了很多的碎汗,她看着眼前的人,开始无缘由地胡思乱想,直到擦拭伤口的酒精棉球刺激到了她的痛觉,她才从晕厥中尖叫起来。

"疼,疼……"

"玻璃碎碴儿扎进肉里了,能不疼吗?"

这个透着例行冰冷的声音来自小赵医生,她正麻利地给红叶处置着伤口,一副大口罩遮住了她大半张脸。乡府医务室里只有一个医务人员,年龄比红叶稍长几岁,虽然只是个护士,但政府里的人都喜欢叫她小赵医生。小赵医生不爱笑,对谁都是一副冰冷的面孔,但就是有那么些愿意碰钉子的未婚青年经常来搭讪,最有甚者,为了能让她打上一针,不惜泡了冷水澡硬生生把自己逼出感冒来的。

只有郑恺来医务室的时候,她藏在口罩后面的嘴角才会有些笑意,不过这一次,郑恺是抱着红叶进来的。为了不让红叶乱动乱叫,郑恺只得用双手固定住她的手臂,跟她聊天儿来分散她的注意力。他提到张书尧,说起了他当高中班主任时候的糗事,红叶被逗得咯咯笑,这个平日里不苟言笑的姑父在学生眼里是如此的滑稽。她看着眼前目光如水般的郑恺,心里油然而生了一股暖意,说到刚才的突发事件,红叶担心程小丽会不会上报到主任那里去。

"一定会的。"小赵医生直到这时才插进来一句话。她娴熟地替红叶包扎好伤口后又将纱布打上了个蝴蝶结,她看着红叶,很笃定地告诉她,"郑恺的女朋友可不是个好惹的主儿。"

下班回家的路上,车铃声已没了初晨时的欢快脆生,一路颠簸犹豫。红叶推车进门,林芝正端坐在大院中央搓洗着被单,见女儿回来,她的脸上马上来了神采。她有着和红叶一样深邃明亮的眼睛,岁月的流逝虽使她看起来饱经沧桑,但仍旧能看出当年美人的底子,往前追溯个二十年,林芝在十里八村的名气也不逊于如今的红叶。居家过日子的女人除了生儿育女,还要全权打理家务农活儿,再加上要侍候一个养尊处优的前乡长公子,再优雅的秉性也被磨平了。没有柔风细雨的腔调也没有柔情似水的语气,即便是有,也怕是遇到了非常事件。林芝在等待红叶回来的时候心里便一直找寻着这种感觉,真是恍若隔世。

嘘寒问暖之后,见红叶没兴致搭理,林芝的真性情又被释放出来,直接数落道:"他应该对你好点儿。想当初你爷是怎么对他的,要是没有当年那个深造的名额,他会有今天的位置?……"

林芝说的是任志远。当年恢复高考后,那批被压抑了许久的年轻人都希望有一个机会改变命运,而任志远就幸运地拿到了红霞从陈维新那里为张书尧要来的深造名额。张书尧从县城下到长发乡不满一年,虽然表现甚好却卡在了这个硬性条件上,他当时与红霞谈着恋爱。一向严格律己的红呈祥不仅把红霞大骂了一通,还顺手把这个名额给了自己的办事员任志远。为了这事,红霞一度负气离家出走并与红家划清了界限,也是在父亲的腿被打断离开了乡政府后,她才与红家恢复了往来。这件事一直是红家大院里极为敏感的话题,若不是为了红叶的工作,林芝也绝不会向红呈祥再提起陈年旧事,如果当初那个名额给了张书尧,红家的后代又岂是现在这般光景。不过,她好像是忽略了张书尧若是当年去上了学,后面的故事是不是还有别撰,他与红霞会不会最终走到一起?

历史都是后置的,没有假设之说。

红叶不想听母亲再纠结这件事,从为她办理工作开始与任志远牵上关系后,她已经反反复复提了不下几十遍。任志远当年得了深造的名额确实不假,但也是因为他各方面达到了要求,现在他帮忙是人情,不帮忙也算是本分。

红叶放好了自行车转身回了自己的房间,打算眯上一小觉,这一天的遭遇让她筋疲力尽。不想林芝又追到了屋里问起郑恺的事,看红叶依然不搭理,她有些着急地强调着:"听你姑说,那孩子可不错。"

红叶此时脑袋里闪出了小赵医生那句,郑恺的女朋友可不是个好惹的主儿,她觉得可笑,也不想再向母亲解释什么,随口借了国庆节乡里演出收集节目的工作的由头逃出了家门。

这个工作是任志远分配给她的,在红叶报到之前本是由程小丽负责的。为了这事,红叶离开主任办公室后张晓琴跟他有过交流,她认为一个初中毕业的关系户打打杂也就够了,给她这么重要的工作不合适,可任志远偏独断专行了一回。

黄昏悄然而至,夕晖晚照下,农庄被浸染在一片暖光之中。树影拉得极长,长到可以接到天边的云朵,远处的山峰影影绰绰,像是天国。

在村里选节目这件事上,红叶只能找秀娟帮忙。秀娟是她从小一起长大的光腚娃娃,初一时,她帮她打退了一群前来胡闹的小流氓,一举成名之后,整个中学时代都成了她坚实的守护者。不过初中毕业后,林芝就禁止她与她接触,因为秀娟平日里经常和村里的小青年混在一起,村街四邻议论纷纷,恶毒之词微起。红叶不管这些,表面上应承着母亲的嘱托,私底下却与秀娟来往甚密。

秀娟说来身世可怜,五岁那年父母出了车祸双双离世,从小就跟着姥爷生活。姥爷是村里的五保户,祖孙俩每个月只靠着十几块的五保金过活。大上周她走之前,说是城里的三姨父给找了个工厂的活计,红叶不知她归乡的时间,只来碰碰运气。

秀娟和姥爷住在祖屋里,小院不大,除了一间略显破旧的土房外,约有半亩的园田地,秀娟姥爷该是个种田的高手,各种菜蔬鲜花把小园装扮得生机盎然。靠近院墙边,几株橙黄色的大烟花长得甚是惹眼,红叶第一次见这花时就非常喜欢,秀娟姥爷告诉她这花政府不让多种,说是一种荼毒,民间药法只是用来止痛的。红叶跟他约定,等成熟后一定送自己些种子,若是日后有用得着的地方也省得四处犯难。姥爷爽快应承,只是叫她不要到处说去,否则怕是这几株也保不住。

时间正好,秀娟就在红叶刚进院的时候按响了自行车铃,从她身后一路绕到了面前,一辆旧得看不出颜色的永久牌自行车还载着一坨儿圆滚滚的大丝袋子。

红叶望着这坨儿东西立马一脸羡慕的神情对秀娟说:"都说姑表亲,姨表亲,打断骨头连着筋,这句话没错,你三姨对你是真好。"

"姨表亲?死了姐妹断了亲。"

秀娟及耳的短发与红叶形成了鲜明的对比,却也干净利落,如同她爽快的性格,五官虽不出挑,却来得顺眼。她指挥着红叶一起从车后座卸下那个大丝袋子,这个东西落在手里有些沉坠感,落在地上时激起一层尘土。然后她把丝袋子上缝好的线抽出来,粗暴地敞开了口,里面是一床褪了色的棉被,应该是有些年头儿了。

"这是我三姨成亲时娘家唯一陪送的东西。"秀娟拍了拍手上的扬尘说,"现在,完璧归赵。"

秀娟的三姨父在县城给她找了个家属厂的工作,顺带着给她介绍了个对象,在秀娟准备去县里的前一天晚上姥爷患了胃肠感冒,连拉带吐的,她只好带他去卫生所吊了盐水。结果晚到一天,名额就这样被人给顶了。工作丢了不要紧,可惜的是介绍的那个对象,国家企业的工人,享受助理工程师的待遇,秀娟一个农村姑娘,既没背景又死了爹妈,这次工作的事泡汤直接导致对方爽约。为这事,三姨与三姨父大吵了一架,恼羞成怒地将这床棉被从三姨父身下扯出来,让秀娟带回了娘家,并捎话,以后家里有任何事都别再找她,她不欠娘家的任何情了。

"她真那么说?"

"一字不差。"

秀娟脸上突然泛起一抹浅笑,像是在嘲讽自己。她知道,像她这种无依靠的孤儿,终究会被当作一个负担在亲戚中间踢来踢去。她之所以答应他们的要求,是不想姥爷失望,否则,她宁肯永远待在益丰村留在他身边。在她的世界里,幸运只是生命的一种偶然,既然无人眷顾,只能自求多福。

"说说吧,"她目光急切地看向红叶,"我们的公主第一天上班有何感想?"

公主是秀娟私底下对红叶的称呼。在她的心里,红叶就是她的公主,她最愿意做的,就是听她的公主讲些让她引以为豪的事。当她听了红叶的来意后,立马拍着胸脯说:"你算是找对人了,有一个刚刚回到乡里的大神,唱歌表演都有一手,若真能代表村里去比赛那是再好不过。"

姥爷或许听到了什么动静,一阵重重的推门声使整个院子瞬间变得安静。他嘴里唤着,是不是秀娟回来了?便四处张望寻找。姥爷虽然有些耳背,但总有些意外的感知力,对于外孙女,这个感知能力特别强烈。

"坏了,"坐在石头上的秀娟一屁股翻了下去,她对着红叶小声地解释说,"我得赶紧把棉被藏起来。你先回去,我过两天带你去办正事。"

"你藏棉被干什么?"

"这让老爷子看见,会伤心死的。"

黄昏的节奏又近了一些,树影慢慢中规中矩,恪守原地。姥爷在院里四处观望了半晌,没有任何发现,嘴里自言自语地叨念着,老糊涂了,还以为是秀娟回来了。他长叹了一声,拉开房门,消失在暮色中。

翌日清晨,红叶又起了个大早。昨日一整天的事让她紧张得失眠,她甚至担心大河沟那帮混混儿会随时闯到红家来,他们是什么事都做得出的。当下最紧要的还不是这些,她打碎那个木头相框玻璃的时候,程小丽毫不客气地向她开出了五十块钱的赔偿款。虽然郑恺说了些安慰的话,但她不想刚到宣传办就被同事们看不起,这个钱,她是无论如何都要想办法还上的。

简单梳洗一番之后,她轻手利脚地从炕柜里翻出个铁制的零钱盒子,一分五分,偶尔几张一毛两毛的仔细数起来,有时候数过的还要翻回来再确定一下,怕是错过了哪张大票。五十块钱不是个小数目,昨晚本想和母亲商量赔偿医药费和相框的事,可母亲所有的焦点都纠结在郑恺身上,她只好无趣地早早睡去。

家到乡政府不算远,她提前到了足足半个钟头,几个暖水瓶装满水分放在桌子旁边,麻利地抹好桌面以及清扫完地面,悬挂在顶楼瓦片下的上班铃便大肆响了起来,那声音大到刺耳,几里地外都能听见。她俯首趴在森林小屋的窗台上,看着院里的人有说有笑地走进办公楼大门。远处出现了郑恺的身影,他骑着自行车翩翩而来。红叶第一次这样正式地肆无忌惮地看一个男人,清晨的阳光照射在他的身上,他周身散发出莹莹光辉,飘逸的短发随着节奏轻跳着,人群中,仿佛一切都失了颜色,只有他的路是金光闪烁的,在她的眼里,那是个风一样的男子。

这个伴着风飘来的男子同时给她带来了惊喜,他从随身包包里拿出一个长方形的纸盒递给她。

"这个你还给程小丽,就说你自己买的。"

红叶迟疑地打开盒子,盒里是一个塑料气泡包裹着的木制精雕相框,她惊喜地又抽出了些,那个相框玻璃上贴着印字的薄膜。

"这个,和昨天的相框……"

"保证一模一样!"

红叶有些吃惊地看着郑恺,但又马上确定了他的可信度,毕竟程小丽是他的女朋友嘛。

"可是,五十块钱不是个小数目。"

"街边地摊货,不值钱。"郑恺洒脱地笑笑,脸上依然温暖。

这会儿,阳光也洒满了整个办公室,每个角落都暖意融融的,红叶的心尤其温暖,没想到令她一夜未眠的事很快就被眼前的男人给解决了。这算不算是英雄救美呢?她突然地问了自己一个问题。往小了说,算吧?!她给了自己一个肯定的回答。但让她想不通的是,程小丽为什么会因为一个相框来为难她呢,她感受到了不友好,甚至说是挑衅。

程小丽确实表现出了极度的不友好,她收到红叶送给她的相框后,直接质问她:"你和郑恺认识?"

"刚认识……"她答。

"他为什么帮你?"紧接着一句。

"……"

红叶不知道如何回答程小丽的问题,她也不知道郑恺为何要帮她。一时语塞过后她又抬头望了眼程小丽,突然从她的眼神里又看到了厌恶、轻蔑或许还有点儿仇恨……仇恨?她不知道为什么会把她眼神里的东西定义为仇恨。这火焰燃炙得随时会让她窒息,这种气场太强大了,强大到让她开始求助于秀娟的深呼吸大法。刚闭上眼睛,她摔倒的瞬间和破碎的相框就马上显现在眼前,她恍然间打了个激灵。

"我知道你是红呈祥的孙女,不过你爷现在已经不是乡长,你到这里自然没什么特权。"程小丽警告着她,"以后想要在这里待下去就老实点儿。我就告诉你一遍,听清楚了,郑恺是我的男朋友,你以后离他远一点儿。"

4

一连下了几天的雨,没有放晴的征兆,办公室里弥散着一种暗灰的色调。到了午后,红叶便感到困意难忍,眼皮子像是黏上了一样,得拼命用力才能将它们拉开。她讨厌这种阴雨天气,总让人开心不起来,人体内褪黑素多时,会抑制分管人体细胞活性和兴奋的激素,会导致人心情压抑,上次红武从学校回来说,严重的甚至会出现自杀的意念。她不知道那重点高中的老师为什么会向学生讲这些恐怖的话,不过,此时阴郁的心情确实与这多日的雨水有关,无休无止、潮湿,到处还散发着霉味。

她看着雨水顺着屋檐溜进了宣传办的窗台,滴答着扩展自己的疆土,便取了抹布直接把那缝隙塞得严实,抹布的一角被她刻意地拉长垂下,汇聚的雨水形成一注洪流直接落入了水桶。这样的做法取得了很好的效用,也得到了郑恺的赞许,不过这善意的赞许对红叶却无用,那天程小丽郑重地向她声明他男朋友的身份后,她就刻意地疏离了他。

无聊而紧张的一周就这样过去了,虽烦闷纠结却也波澜不惊。周末的早晨,雨终于停了。或许是憋闷了数日,太阳也比往日大出一圈光晕,路两旁的白杨抖着新绿的叶子,在阳光的配合下,通体晶莹,河沟里的水流湍然而下,几条逐浪翻跃的小鱼引得岸边光腚的娃娃们大声欢呼。

这里便是秀娟经常混迹的乡野古道,远处飘来的花香都透着一股子清新。一望无际的蒿草嫩绿葱郁，点缀其间的花朵也饱满丰盛、鲜活欲放。红色的串串红、蓝色的穗花婆婆纳、浅蓝色的勿忘我以及遍布甚广的灿黄色的蛇莓委陵菜和小野菊，两种大小颜色相似的小花分界模糊地占领了山岗。野堇菜也有不少，它和淡淡的小白花经常会聚集在一块儿，这是红叶喜欢的颜色，她经常会忍不住伸出手去，只一次就能得到一满束素雅淡洁的花团。再往前，成片的蒲公英随风摇曳，一阵香风来袭，花蕊上的白色伞兵们便争拥着出发了，漫天的绒球球，引得两个妙龄女子好一阵子追逐。笑声在空旷的原野上肆意地喧散着，蝴蝶也飞舞着，还有蜻蜓，这种在北方称为妈灵的昆虫是每一个孩子的好玩伴儿。秀娟是逮妈灵的高手，别人一般都是用个木棍制作的套套来捕获，秀娟直接用手就可以。她甚至经常把它们当作最美味的小食，火烤着来吃，那味道无与伦比，秀娟每次大快朵颐之后都用这个词来形容，但每次都令红叶觉得恶心至极。

穿过这片花丛，秀娟开始认真仔细地向红叶介绍起待会儿要见的人。他十八岁参军，先后做过班长和副排长。去年过生日时想请大家吃上猪肉白菜炖粉条，便夜间带着几个兵偷了老乡地里的白菜，东窗事发后，被提前退伍回到了益丰村。回来后，他父母托关系在城里给他找了个保安的差事，他没去，拿着从部队带回来仅有的钱买了台三五牌录音机，召集了帮半大小伙子，每天聚集在点将台吼着最新的流行歌曲为乐。

红叶仔细地听着，顿时高兴起来："太好了，秀娟，他是文工团的吗？"

"不是。不过都是搞表演的。"

"？"

秀娟看着红叶认真的模样，顿时喷笑了出来："文工团的节目是表演给人看的，他的节目是表演给猪看的。"

红叶一愣，秀娟笑得已经上气不接下气："啰啰啰啰啰，他是炊事班的！"

红叶觉得自己被秀娟给忽悠了，皱着眉头想再问些什么，但还是闭上了嘴巴，接下来的路已经索然无味，也没了什么期待的心情。少顷，一阵粗犷得近乎破锣般的吼声由远处传来,气势磅礴。

> 我家住在黄土高坡啊……大风从坡上刮过,
> 不管是东南风还是西北风……都是我的歌我的歌。
> ……
> 我家住在黄土高坡啊……大风从坡上刮过,
> 不管是八百年还是一万年……都是我的歌我的歌。

红叶饶有兴致地跟着哼唱起副歌的部分,这首《黄土高坡》曲调朗朗上口,歌词通俗易记,她在秀娟家听过。她还记得那次听过之后,她和秀娟说,这样的歌词就是小学生的填词造句嘛,我也可以来上几首。秀娟以为她只是说说,没想到她回到家后真的就写出几篇像样的歌词来,后来还被母校的音乐老师拿去谱了曲。而今现场又听这歌,红叶却觉得是另一番风味,声音里带着野性和律动,比原唱更有感染力。

顺着秀娟手指的方向,红叶看到了台上那个威风的人,波浪的大卷、喇叭裤子,秸秆扮成的麦克被他耍出了各种花样,他深情地重复着最后一句,都是我的歌我的歌……

这人便是与红叶有过一面之缘的老雷了。上次事发以后,她几乎每天都在提心吊胆着,生怕这群人随时会找上红家的门索要什么医药费,千算万算,就是没算到秀娟的头上。来不及多解释什么,红叶调转了方向,希望能在有限的时间里消失。不过,一切为时已晚,秀娟的鹰爪已伴着众人的呐喊声兴奋地将她拎到了点将台前。不到几秒钟的工夫,她们就被一群只穿着三角裤衩的小子们围住,红叶本能地向后退却了两步,抓着秀娟的手不自觉地掐疼了她。

"这些都是我的兄弟。"

秀娟这样向红叶解释。她是整个益丰村唯一肯与小混混儿们玩在一起的女孩,在这个小团体里,任何人见了她都得高看一眼,唤一声娟姐。

这时,围起来的队伍又让出了一条路,老雷扔下当作麦克的秸秆从高台子上跳下来,在众人瞩目下向秀娟挥着手走来。

"秀娟,你这几天去哪儿了,兄弟几个可都想你了。"

他的声音里带着嘹亮,手也顺势地搭在秀娟的肩上,并用力地搂了搂。这样的举动好像再正常不过,可红叶却觉得尴尬极了。她虽知道秀娟平时和这群人混在一起,却第一次见到他们之间是如此的亲密,这令她不得不想起村民中不绝于耳的传言,一个女孩的名节或许比任何东西都来得更纯粹。

"老雷,我给你介绍一下,"秀娟直接甩掉了老雷搭在她肩上的胳膊继续说,"这位是我最好的姐妹,红叶,咱乡里宣传办的干部,今天过来是为乡里选新中国成立四十周年庆祝晚会节目的。"然后她又转向红叶隆重介绍,"这位,就是我和你说的歌神,老雷。"

"瘟神还差不多。"红叶嘟哝了一句。

"怎么说话呢?"老雷听到了红叶极其小声的诋毁,突然矫情地皱起了眉头,尾音也拉长了一倍,他甚至带着痞坏的神情把红叶上下端详个仔细,然后说,"你不来我还正想找你呢。我跟你说,你上次的那脚把人踢成中度脑震荡了,人还医院住着呢,医疗费不少,一会儿我给你看清单。"

还是赶巧小东子跟母亲去城里办事,正好不在,红叶没在队伍里寻到他的身影,心里这才慌了起来。她下意识地看了眼秀娟,秀娟也刚好回看到了她,她听两人的谈话语气,正揣测这两个人之间的关系,当两个人的目光相碰时,她就知道怎么回事了。

"你们在说什么,我一句也听不懂。"秀娟说。

"秀娟,你没在的这段日子,可是错过了不少好戏呢。"老雷邪笑了一声。

"等等等等。"秀娟举起双手做了一个停止的动作,"你们两个认识?"

"不认识!"

他看了她一眼,她瞪了他一眼,然后又都嫌弃地收回了目光,语调竟是高度的一致。这令红叶有点儿诧异,她没想到自己会带着这样的神情去对待人,那是一种轻蔑和厌恶,那是只有程小丽才会有的神情,难道这就是一个阶级对另一个阶级的厌恶吗?

"老雷,我问你,我没在的这几天,你是不是把我姐妹给得罪了?"秀娟又问。

"没那闲工夫。"老雷很不耐烦。

"你刚才说什么医药费的是怎么回事?"秀娟不经意地看了眼红叶,红叶马上又避开了她的眼光。

"你问这位女中豪杰啊,这么英雄的事她难道一点儿都没和你报告?"老雷有些激动。

一阵空白的沉默,红叶调匀了自己的呼吸,硬着头皮指望着秀娟快点儿结束问话。

"你别转移话题,我现在在问你!"秀娟又说。

"中华人民共和国法律,伤了人是不是得赔偿?"

"我在问你怎么得罪我姐妹了,谁跟你扯什么中华人民共和国法律?中华人民共和国法律还规定,偷了老乡的大白菜应当以盗窃犯论处!我告诉你老雷,我这个人向来认理不认人。"

红叶听秀娟又提起老雷偷白菜的事差点儿笑出了声,这却让老雷有点儿挂不住面儿,他最怕和女人讲理,每一次他都输。这一次他决定好好翻案,当即从口袋里翻出张叠得四四方方的纸条递给了秀娟。

"法官大人,"他说,"断案讲究有理有据,不是谁装个可怜就能博得同情的。你非想知道发生了什么事,白纸黑字都写着呢,谁想赖账也不行。"

"放心,坏的跑不了,好的我也不能冤枉。"

秀娟一本正经地接过了字条,红叶的心一下子就提到了喉咙,她清楚地知道,那张字条就像是枚定时炸弹,一旦打开,所有的真相都会喷射出来。好在秀娟并不会让它打开,她太了解红叶,她每一个语气和眼神,她都是最高级别的翻译。当老雷得意地示意她裁判的时候,她带着微笑在他面前将字条一分为二。

"你别撕啊,这可是证,证据!"

与撕纸条的声音同时响起的是老雷的叫声。他一边说着一边扑向秀娟,去抢救那份让他看起来分外重要的证据,一躲一闪间,秀娟已经灵活地把它变成了满手碎片。

"证什么据?!看我不在,就敢欺负我姐妹是吧?老雷你听好了,红叶是我这辈子最好的姐妹,比亲的还亲,她的事你要是帮呢我谢谢你,要是不帮我也不强求。但是,有一点你记住了,以后谁敢欺负她我定不饶。"

秀娟一番长篇大论把老雷和红叶的恩怨当场解决。红叶心里感到畅快,甚至得意,她觉得人生中听到过最好听的声音,就是秀娟刚才撕那张纸条的声音,她第一次觉得有这么个仗义的朋友让她扬眉吐气。

她等着秀娟为她善后,又看到了老雷沮丧的模样,突然调皮地说:"秀娟,我们走吧,为乡里选节目这么大的事确实不应该难为你。"

"为朋友两肋插刀嘛。"秀娟边走边配合着。

"唉,整天跟猪混在一起的人,能表演出什么节目来呢?我回头再找村长问问,我就不信咱们村没有艺术人才。"

"肯定有的。"

两个人一搭一唱,全身而退。老雷气得牙痒,再看那逆光中欢悦的姑娘,那翻飞的麻花辫儿和渐行渐远的背影,心里开始骂娘。

《淮南子·道应训》上说,夫物盛而衰,乐极生悲。

红叶在秀娟的佑护下解了围,红家大院却出了一档子事。在东北的农村,一般人家的地里都会存放些去年的柴火,用来日常烧菜煮饭。红家大院的土地不少,包括红呈祥老两口、红霞、红叶、红武的都由红湖和林芝两人经管。林芝早前就请了几个人帮忙,把秸秆分别堆成了高高的几垛,凡是村里人向大地走去的时候,那几堆高高的柴火就成了地标一样的存在。

不过就在这天中午的时候,那几个地标被一头叫作泔水的黄牛给夷为了平地,它像是得了叫春期综合征一样,撞得头破血流后又跑得无影无踪。这一幕的还原是从一个叫作丫头的姑娘嘴里说出来的。

"泔水就是这样弄的。"

她学着黄牛的姿势,把周围人惹得阵阵大笑。丫头是村东头张家的小女儿,心智上有点儿小问题,村里有些人平时就喜欢引导她做出些令人取笑的事,他们越取笑她,她越是误认为自己的表演得到了大家的欢迎,就会更为兴奋,当她的姿势越来越不堪言说时,还好被赶来的林芝制止住了,并大骂起哄的闲人不怀好心。

这群看热闹的人农闲时最期待哪家出点儿引子,老人孩子都有,看戏的不怕事大,人群中有人提醒林芝:"丫头说,是泔水把你们家柴火垛给弄倒的,你可不能便宜了李四两口子。"

李四媳妇儿名叫李秀,是林芝当年的闺中密友,姣好的容貌使她和林芝被称为村里的四朵金花之一。当年红家在益丰村算是望族,红湖正值青春年少又是乡长的儿子,乡里村里的大姑娘顾不得什么脸面,全都卷进了争夺太子的战争。林芝成了最后的胜者,李秀被淘汰出局。她心有不甘,又与村长老程的儿子程伟混在一起。谁知程伟是个浪荡公子,没过多久便抛下她离开了村子,李秀无奈之下嫁给了退伍回来的李四,成了李四媳妇儿。多年来,两家关系紧张,李秀每碰到林芝,两人都会犯上一阵子口角。年轻时林芝会刻意地躲一躲,这年纪大了,林芝反倒是越战越勇,柴火垛被夷为平地,肇事的虽然是头牛,但她也非要讨个说法。

"你说这个事怎么办吧?"

"一个疯孩子的话能信?"李四媳妇儿并不想承认,毕竟除了丫头和泔水之外,并没有第三方可以证明这件事。

林芝直接从身后扯过了丫头,对她说:"丫头,你再说一遍,这柴火垛到底是谁撞倒的?"

"是泔水。"丫头认真地回答,然后怕大家不相信,又开始学起了泔水的动作,这又引起了众人的哄笑。

丫头的父母是这时从人堆后挤进来的,羞得拍了丫头两巴掌,冲着林芝和李秀说:"你们两家的事,别扯上我们家丫头。"然后一路推搡着女儿扬长而去。

"既然疯孩子的话不能信,那么当年你凭什么一定要我相信你母亲的话?为了所谓狗屁的友谊,差点儿害得我们全家被划成四类分子。李秀,你扪心自问,我林芝这些年有什么对不住你的地方,你为何处处与我作对,为何处处诋毁红家?"

她与她的过节除了人们熟知的情敌之争外,就只有两个人知晓的缘由了,这么多年,吵再大的架,骂再狠的话,谁都不会去触碰那层敏感的地带。林芝也是被李秀这无理取闹给逼急了才顺口说了出来,她说得痛快,之后又有些后悔,她与她之间的情谊再差劲也没有到挖墓掘坟的地步。反倒是李秀像是被触动了机关,眼前一刹那地恍惚,画面如加速的放映机,往事一幕幕跳跃着出现又疯狂地逃走,那个疯女人的影像在她眼前游走着,她无法原谅那个带给她痛苦又丢下她不管的人,她痛恨那个时代,痛恨自己的无力,痛恨命运。

当追忆拉回来的时候,她的眼睛已经猩红,她呆滞地望着红湖,声音像是夹缝里挤出来的那般尖刻:"现在的社会还有能相信的东西吗?红湖,你说过的话你自己信吗?当年是谁山盟海誓,谁非卿不娶,那些甜言蜜语都成真了吗?"

她突然把话口转向了红湖,这让红湖始料未及。当年抛弃李秀是真,这让他半辈子都有愧疚,那个特殊的时代,把人变成了鬼,信仰、真理、爱情都成了一件奢侈品,覆巢之下安有完卵。李四媳妇儿的老话重提牵起了红湖的忏悔,也让林芝醋意大发,她的脸色变得暗紫,血液从脖颈儿憋到了额头。

红叶和秀娟赶到的时候,只听她泼妇骂街一样说着难听的话:"不要脸的疯婆子,你这么愿意爆私料,那就说说孩子的亲爹吧。你敢说出他是谁的种吗?"

女人的名节即使再不堪也不能当众拿来当笑话说,林芝的这句话完全点燃了李四媳妇儿的愤怒,不论她的过去如何,她现在都是一个想要死命保护孩子的母亲。她硬生生地向她冲去,不带一丝保留,她借着惯性直接扑倒了她,并顺势在她的眼眶上打了一记响拳,林芝的眼睛里充了血,顾不得什么形象,两人霎时滚在一起,鞋子袜子满天飞舞,扬尘在空气中蒙上一层雾色,一只手抓住了一个人的头发,另一只脚又袭击了另一个人的肚子,这一次正面的冲突该是两个人二十年来心结的喷涌,彻彻底底。

所有的人或许都看这出打戏看得着了迷,谁也不肯出来劝导,就连红湖和李四两位当家人目光里也在追随着自家女人的技法,红湖不动,李四也自然不动。两个女人缠得难分难解,只有红叶硬着头皮站出来大叫了一声"妈",让林芝下意识地抬起了头,这却给了李四媳妇儿个空当,她借势拉扯住了她的头发,死命地大喊,女人的尖叫声、唾骂声就像是斗牛场上酣畅淋漓的表演,精彩极了。

若不是秀娟的理性,这出戏还能演上个一阵子。她见事态不对,苦着脸指挥着红叶出兵,两人一边一个搂住两个女人肥大的腰肢,并向后拖去。哪知打红了眼的中年妇女谁都不肯停歇下来,飞脚频频落在对方的肚子上,红叶和秀娟像是绑在牛尾巴上的重物被抛来甩去。

"妈,别打了。"

红叶的尖叫声已经变了调,她满面通红地发力大吼并一把扯住了林芝抬起的第二只脚。林芝此时占了上风,女儿的警告没有起到任何作用,她要新账旧账好好和这个女人算算。红叶只好求助父亲,这个时候再不出来收拾场面那就真不男人了,红湖和李四一个对视,开始管理各自的老婆。

围观的人越来越多,交头接耳地参评着红李两家的孰是孰非,甚至津津乐道着谁才是李家儿子的生身父亲。

李全是在这个时候出现的,他的出现瞬间夺去了红李两家大人的戏码。有人猜测着红湖就是他的亲生父亲,也有人说或许李四媳妇儿是跟程伟那会儿就怀上的,还有一拨人坚持李全就是李四的,但这一说法被前两拨人给否了,如果他是李四的亲生儿子,谁会无缘由地抛出私生子的谣言。当然,还有第四种说法,这三个人谁的都不是,李四媳妇儿当年花容月貌,跟过什么男人谁又知道呢?

不管怎么说,今天的这场仗打到最后没人再理会起因,关注的焦点也都定在了飞奔而来的李全身上。这个李家的小子个子不高,戴着小黑框近视镜,深色的衣裤,十足的小学究。他的到来也不是为母亲助威加油的,而是带来了一个坏消息。

"妈,别打了,咱家的柴火垛着火了。"

这个消息对于李四媳妇儿无疑是致命的,她委屈、无助,气愤得差点儿晕厥,就这样,李四家在一片哄笑声中灰溜溜地离去。而红家,像是胜利者般凯旋,观众的语调倾向着赢家,极力地表现着立场,辱骂着过去,谄媚着未来,他们的原则消失殆尽。

村长老程被十万火急地传到了现场,看着李四媳妇儿坐在地上又哭又闹的样子,只得当场放下话来,自古杀人放火天理难容,就是只萤火虫不小心翘动了尾巴也罪不可恕。听到这义正词严的话语,人群后面的肇事者却一个邪笑大摇大摆地离开了。

老雷是如何成为肇事者的说来话也不长。他在点将台被两个小妮子戏耍一阵之后胸中有些憋闷,便打算去供销社买瓶酒来压压火气。说是憋闷有点儿言过其实,实际上只是不知情的秀娟无端撕碎了那一纸维系他与红叶的欠单,致使他失去了佯装寻衅红家的借口。本打算一瓶老白干半斤花生米回家打发个晚上,可就在他来到柜台时,恰巧听到了刚进来的一个售货员对另一个售货员聊起红李两家开战的始末,料想是红家地里出了事,便拎着酒瓶子一路溜达到了事发地。他在围观的人群中观看了半刻好戏,便不声不响地去了老李家的地。

这个祸算是闯大了。李全明年中考,为了给孩子攒够到县里一中的学费,李四两口子季初就联系了几户人家,便宜地收到了陈年的苞米秆子,又不辞辛苦运到自家地里,本想到冷的时候可以卖个好价钱,不承想让老雷一把火给烧了个彻底。村长老程当时就报了警,如他所说,自古杀人放火天理难容。派出所的民警在村子里查了好一阵子,也没什么定论,李四媳妇儿隔三岔五地就去村长办公室闹上一闹。

红李两家的这次对决以李家完败告终。李家不但财物上受了损,还被林芝无端地抖落出了李全的身世,可谓名利双失。在很长一段时间里,竞猜李全的生父人选就成了众人津津乐道的小把戏。

5

八月初是东北最美好的季节,凉爽且舒服,树木郁郁葱葱,鲜花繁锦。程小丽上次给过红叶警告之后,红叶便再也没有主动接触过郑恺。这一天,程小丽被派去了县里办事,郑恺就借机拿着饭盒与红叶一同走出了宣传办的办公室。红叶到办里这么长时间还是第一次跟郑恺单独去食堂吃饭,心里突然打起鼓来。她不知道该不该主动和他打个招呼,这么反复想着,反倒错过了寒暄的时间。

食堂里,几条窗口的长队一直排到了大门口,熙熙攘攘的嘈杂声扑面而来。郑恺带着红叶捡了处靠窗的空桌坐下,不由分说地拿过她的饭盒融进长队里。待郑恺回来时,手里已经多了满满两大盒热气腾腾的饭菜。他要了份糖醋排骨和一份西红柿炒蛋,小心地把菜摆到了红叶面前,依然温声和气:"也不知道你喜欢吃什么,这两个都是家常菜,应该会合你的胃口。"

"应该我请你的。"红叶拘谨地笑了,"上次的事还要多感谢你。其实我一直想把相框的钱还给你,不知道怎么开这个口。"

"那就是个地摊上的东西,真不值几个钱。如果你因为这个觉得欠我什么,这样,就给我五块钱吧。"

"这么便宜?"

"就值这么多。"听郑恺这么说,红叶稍迟疑了下然后又迅速从随身的口袋里拿出几张零票,郑恺也不多说什么,接过零票直接塞进了口袋,又夹了两块排骨放在了红叶的碗里,"多吃点儿肉,你太瘦了。"

这些天红叶对他的刻意疏远,让他心里一直有所嘀咕,后来联想到了那天在医务室小赵医生的话,便猜想着里面定是有什么误会。思忖再三,他直接问红叶:"我是不是有什么地方做得不周让你不高兴了?"

"没有啊。"红叶急得直摇头。

"可是,"郑恺顿了顿看向红叶说,"我总觉得这段时间你刻意地与我保持距离,或者说,怕与我接触。是不是程小丽对你说了什么?"

郑恺的疑问让红叶的头脑中立刻浮现出程小丽那天对她所说的话,确实是她让自己离郑恺,她的男朋友,远一点儿的,红叶想到这儿,又做了个鬼脸说:"其实,我刚到这里确实有很多事情不懂,有人提醒一下也是好的。"

证实了自己的猜测之后,郑恺气愤地放下了手里的筷子。儒雅的书生即使生起气来也和他人不同,不嗔不怒,甚至脸上根本不见表情。自从毕业回乡被分到宣传办以来,郑恺一直是乡里的焦点人物,虽然他并不想过分地曝光甚至刻意地低调,却总避免不了议论的声音,尤其是乡政府女青年的声音。刚开始的时候,程小丽并没有把他放在眼里,大学毕业生的名头虽说来好听却也没什么可以炫耀,在这样一个看背景靠关系的年代,想求得发展还是要依仗着老子的势力。程小丽之所以盯上他,还是因为几个女青年的疯狂举动。郑恺负责乡报编辑,案边总少不了女文青们投递的酸文冗字,她们会时不时地围在宣传办的森林小屋里与郑恺讨论舒婷、海子的诗。当有一天一个女青年在众目睽睽下朗诵"愿你有情人终成眷属,愿你在尘世获得幸福,我只愿面朝大海,春暖花开……"程小丽便坐不住了,她脑袋里没有什么大海更没什么春暖花开,她直接将手里的书扔了出去:"都听好了,郑恺是我男朋友。明天要是再有哪个不识相的敢来有情人终成眷属,我就先让她面朝大海,春暖花开。"

虽然这并不是她的本意，但是她的一通警告顿时成了乡政府里最大的新闻，也使大多数人相信了这两个年轻人之间的关系。更有趣的是，郑恺没有反驳，他似乎与她达成了某种共识。在接下来的时间里，女青年们确实没敢再来宣传办叨扰过他，见到他时也都像躲着瘟疫一样。

一个青年才俊，一个高干子女，这样的佳偶天成放在哪里都是顺理成章的。在红叶报到之前，这一层关系如铁打的营盘，牢不可破，但自出了相框事件之后，一切的发展又变得让郑恺开始有些害怕。程小丽不但狮子大张口问红叶要钱，还当着她的面以自己的女友身份自居，这是什么逻辑？他不认为程小丽的那次宣言是真实作数的，他们心照不宣，只是为了减少麻烦，那么，很显然，她就是针对红叶的。

国庆四十周年的项目吗？郑恺努力地想，现在思来想去好像也就这么一条线路说得通了，确定了这一点，郑恺不自觉地哼笑了两声。

郑恺的这次立场表明让红叶高兴了一阵子，至少在她看来，她在宣传办并不是孤立无援的。

"我一直以为他们俩真的是一对呢，他们毕竟看起来是那么相配。"她和秀娟并排坐在点将台上说到这一段的时候，竟笑出了声。

"他和你才是一对好吧？"秀娟一脸的严肃。

秀娟习惯性地为红叶打抱不平，这好像成了两个人的一种默契，她们在彼此的态度中寻找着让自己温暖的东西，那种温暖是一种依赖、安全与被需要。

"找个机会让我会一会那个程小丽吧。"过了一会儿，秀娟又说。

"还是别了。"

红叶还是怂了。秀娟没说出这样的话之前，红叶每一天都在巴望着秀娟能为她出头来对付程小丽的无礼，她甚至连做梦都想着法儿地揍她几巴掌，因为秀娟曾告诉她意淫的邪恶不算邪恶，在程小丽这件事上她愿意认可她的话。但如今秀娟主动提出说要见程小丽，这便已经超出了意淫邪恶的范畴，她竟有些害怕，因为她完全相信秀娟为了她是什么事情都做得出来的。

两个人因为这句话沉默了一阵子,秀娟又转了话题,跟红叶说起了老雷。因为益丰村确实没有比老雷团队的演唱更好的节目,她劝红叶别使小性子,就算是为了自己着想,漂漂亮亮地完成领导交给的第一个任务也得下这个台阶。秀娟甚至跟红叶说,只要她点这个头,剩下求人的事就全交给自己来办。实际上,在此之前,秀娟就已经在做这件事了,她前脚撕了老雷的字条后脚就去给人家道了歉,并向他说了红叶很多的好话,好人家的女儿有几个骨子里不清高呢!若都是像我一样跟你们这群人天天混在一块儿,你又得笑人家轻浮了。

"我哪里这么看过你?"老雷不同意秀娟为了抬高红叶而贬低自己,"在我的眼里,你就如同我的兄弟姐妹。"

"那兄弟我现在就求你一个事,好好排练个节目,为益丰村,也为你们自己争口气。"

秀娟两边都打了包票,这个事也就又让她给连接起来了。红叶时常会下班后约上秀娟去看老雷团队的排演,伴舞的有八个人,在台子上整齐地变换着队形,老雷站在前排中间的位置,边唱边引领着队形的变化,他的舞姿张扬而饱满,即便台子上有很多的人伴舞,你的目光也只会跟着他的律动,不会移开。他有这样的魔力,红叶恍过神儿的时候竟然有这样的感觉,他的声音磁性好听,不得不承认这是她有生以来从未看过的好节目。当老雷张开手臂,深情地望向观众席的时候,她就会感受到那份互动的炙热,她甚至有些害怕那样浓烈的眼神,不像郑恺的那么温暖,没有攻击性。

就是在这几次的彩排期间,红叶和老雷的关系好像缓和不少,互相之间能正常地打声招呼了。

"这个人看起来也并没有我想象的那么讨厌。"红叶一次看完彩排后和秀娟说。

"能成为我朋友的人自然也不会差到哪儿去。"秀娟笑道。

这样的好气氛也没坚持多久,宣传办便让程小丽配合红叶到各村去验收节目了。任志远近期作为党办的后备干部去党校脱产学习,便将宣传办的工作暂时移交给张晓琴管理。她得了权力,自然是坚守了自己的原则。红叶没觉得张晓琴做得有何不妥,她一直不明白,任志远一开始为何要单独安排这件重要的工作给她,事实上,他能接收她来宣传办工作已经是还了爷的人情。直到那天红霞又来村里,听林芝有的没的说了一大堆后,她才服气地笑出声来:"当年那么稀有的名额如何落到他的手里我不评论,就单从他把别人负责的项目直接交给红叶这件事上来说,他就是高人,他是想把这件事做得人尽皆知。"

"你是说,他明知道叶儿水平不行,还让她独撑一面,是想让所有的人都知道他在报老爷子当年的恩?"

没错,任志远就是要让全乡政府里的人知道他对红家人的态度,毕竟红霞当年闹出那么大的动静,让他一直都饱受非议,就好像这个深造名额是偷来的,见不得光。而如今,知恩图报,让他赢得了好名声。

张晓琴算是多年媳妇儿熬成了婆。她比任志远小不了几岁,倒霉的是在她来到宣传办后就一直压在任志远的手下,他不动她也动不得,整整熬了十年她才有了提升的眉目,终于见到光亮了。她觉得自己是配得上这个位置的,毕竟她的才华与能力在乡政府的同年龄段干部里毫不逊色。

让程小丽重新回归到这个项目中来,是张晓琴临时管理宣传办所做的第一个决定,她并不是谄媚程小丽背后的势力,而是自始至终她都没有认可过红叶的能力。这也不难理解,一个点灯熬油过关斩将凭自己本事打拼天下的人,与一个初中毕业靠关系上位的人划到一个圈子里,谁心里会服这个气呢?她要用自己手里的那点儿权力,哪怕是临时的也好,让红叶知道她们之间是不同的。

回到办公室后,红叶直接从抽屉里拿出了各村上报的节目单子递给了程小丽。她心里非常不愿意和程小丽一起弄这件事,倒不是怕她抢了什么风头,她总觉得她这个时候掺和进来会坏了什么事。不过出乎意料的是,程小丽并没有去接她递过来的单子,而是浅浅地一笑说:"你是这个项目的主要负责人,我听从你的安排。"说完,还向一直盯着她们看的郑恺投递了一个友好的笑容,这样的态势让郑恺有些发蒙。

午后的光线慢慢变暗,三个人都不再作声,一点点儿的动作发出的声音都会被无限地放大。红叶看着手里的节目单子发呆,程小丽突然的加入打乱了她的节奏,脑海里这时甚至出现了两个人初见时的场景:她打了她的相框,相框是郑恺送的,她又向她表明了自己对于郑恺的主权,虽然郑恺后来极力否认……这能不能说是程小丽单方面喜欢着郑恺才有的举动呢?她有了这个猜想后有些兴奋,然后又从头到尾地顺了一遍,她得出了最终的结果。所以,这么看,程小丽今天对她的示好,该是因她最近的表现解除了警报吧。这么思来想去,很快就到了下班的时间。乡政府下班铃打得通响,她把节目单子放进抽屉里,收拾好随身的物品,与程小丽和郑恺告别后先行出了办公室。

程小丽对红叶的反常表现也引起了郑恺的怀疑,等程小丽离开办公室后他竟盯着大门口发了半天的呆,说不清是哪里出了问题,但他更想提醒红叶小心一点儿。通过这些日子的接触,他确定她是个单纯善良的姑娘,他不想她被排挤,甚至被算计,不过这样的提醒或许很矫情,万一不是他所想的那样,倒成挑拨同事之间关系的勾当了。他尽量把程小丽往好的方面去想,她或许就是一个任性的无脑的高干家小姐,她与红叶无冤无仇的,没有道理背后使坏。他这么说服了自己,心里便不再有担心和包袱,加完班后,在最后一抹晚霞快要消失的时候,他骑着自行车向家的方向慢慢行去。

过了个周末,红叶和程小丽在周一的早会之后便搭伴下村检查。长发乡下辖八个村,她们是从最远的旺水村开始检查起来的。旺水村的妇女们穿着民间的粗布衣服唱了一出《绣金匾》,摇曳的舞姿虽不完全整齐,但都尽心竭力,内容贴近节目的氛围,这样的节目不出什么意外,通过是没问题。红叶虽然是项目的主要负责人,但她还是全程小心地征求了程小丽的意见,气氛很是融洽。

中午时分,两个人已经验收了四个村的节目,表现可圈可点。两个人在小餐馆交换意见,之后也达成了一致,程小丽甚至还自掏腰包请红叶吃了点儿小菜,在报销范围之外的。

"之前,我的态度有点儿问题,我现在向你正式道歉。"程小丽给红叶倒了杯饮料,并递给她,说着又将自己的杯子倒满与她轻蹾了下,"都是一个部门的同事,以后我们要和平相处。"

说来也奇怪,就在这个杯被蹾的那一刻,红叶把之前对于程小丽所有的诅咒和不爽都放下了。她笑起来的时候,那么生动可爱,不像是相片里的冷漠,也不像是她认为的强势任性,她们本来是可以成为朋友的啊。她这个时候强烈地觉得以前是自己小人之心了,她下午一定要和秀娟解释是她误会了人家,而且要把她介绍给自己的铁瓷。

益丰村是倒数第二个到达的村,在此之前她们已经跑了六个村,两个小姑娘已经基本没有了兴奋和精神,一路上红叶给程小丽讲着点将台的历史,就这么说说笑笑地站在了秀娟和老雷团队的面前。

为了避免秀娟的误会,红叶给她们彼此介绍过之后,单独拉过秀娟嘱咐:"别那么横眉冷对的,可能过去我对她有所误会。"

"给你吃了什么迷魂药?"秀娟冷笑了声,又回头望了程小丽一眼说,"看着就不面善。"

"具体的回头慢慢和你解释吧。"红叶说,"今天先把验收的事解决好。"

秀娟不是个不识大体的人,若是程小丽不给红叶难堪,她自然也不会为难她。在老雷团队炫动着舞姿的时候,她的眼神完全没离开过这个女人,她和红叶笑着,甚至为了节目中的精彩大拍着巴掌,她确实看不出红叶嘴中那个飞扬跋扈的高干家小姐的模样。同样眼神没离开过程小丽的还有老雷,他虽然站在台子上,却一直盯视着她,在两个姑娘到来之前,他已经在秀娟处听到了无数遍这个程小丽的事迹。

不知道节目是什么时候结束的,直到热烈的掌声响起来,红叶才回过神来。这段时间的排演似乎已经令两个姑娘麻木了,当程小丽过来主动和秀娟说话的时候,红叶和秀娟竟都迟疑了一秒。

"我很高兴红叶能有你这样的朋友。"程小丽看着秀娟说道,"来益丰村的路上,她可和我讲了不少你的故事,以后我们或许也能成为朋友。"

"人生得一知己足矣,我有红叶这个朋友就足够了。"秀娟说。

"节目很棒,"程小丽没再接秀娟的话,而是对红叶表示,"比其他村的都新颖精彩,是吧?"

程小丽没有说这样的话,红叶还不太好意思自吹自擂,如今她先表了态,红叶自然愿意跟着应和。

"不是一个层次的东西,自然是其他村的节目比不上的。"秀娟笑着看了眼已经走过来的老雷和二峰、小东子等人,又说,"我们益丰村可是人才辈出,老雷同志是受过专业训练的。"

老雷看了眼红叶和程小丽,又看着秀娟,眼神似是在询问着什么,但在秀娟不着痕迹的神情中又终止了某些引起冲动的想法。若是红叶真与新同事处得融洽,那是好事一件,朋友该是在不和谐的情况下才出来两肋插刀的。

秀娟在之后与红叶会面,得知益丰村的节目是作为排序第一名报上去的时候,还是忍不住臆测:"这人不是憋着什么坏呢吧?"

"我们一起去主任那里做的报告,而且我亲眼看见她在节目单上签了字的。"红叶说,"以前,或许真是我误会她了。"

红叶说起程小丽时的样子连秀娟都快认不出来了,她是如何在这么短的时间内实现了大逆转呢,女孩子阴晴不定的脸让她确实理解不了。不过,她又突然问她:"郑恺对于你们两个的和好是什么态度?"

红叶一愣:"郑恺?"

红叶一直没有想过郑恺跟这件事有什么关系。秀娟这么一提起来,她突然就努力地回想起这几天在办公室里郑恺的身影。他确实与她和程小丽的互动都不多了,每天去食堂的时候,她和程小丽叫他一起,他都有各种原因脱队,好像是在刻意地躲着她们似的。红叶刚想把这些情况说给秀娟听,但话到嗓子眼儿了,又硬生生地让她给咽了下去,她不打算把这些都说出来,以免节外生枝。

又过了些天,张晓琴把红叶叫到了办公室,将国庆节目终审意见单扔给了她。益丰村的《黄土高坡》那一行字被红笔从头划到了尾,后面标注是未通审,其他村的所有节目全部安全。红叶反反复复地把单子又从头到尾看了七八遍……

"别看了,益丰村的节目未通审是党办决定的,领导衡量再三,那个歌太野性,不适合国庆节庆典的要求。"张晓琴说。她推着她的镜片向上移了几毫米,直接把眼睛带变了形,又说,"这个单子是上面批下来的终审意见,你和程小丽就按这个落实吧。"

她的语调重音落在了上面和终审意见,让红叶没有解释的机会。红叶感到委屈,一个唱遍大街小巷喜闻乐见的歌,怎么就太野性呢?她想不通上面是什么样的考虑和标准,但直觉告诉她,它的枪毙与自己有关,张晓琴肯定是冲着她去的。红叶打算补救,声音直接软了下来,里面还带着些乞求:"我可以让他们再排练一个别的节目……"

"来不及了。"张晓琴完全不给机会,然后扬了扬手,示意红叶离开。

那群人,那群益丰村点将台上每天辛苦排练着的青年们,这么长时间的努力该由谁来给个说法呢?从主任办公室走回自己的办公室,红叶足足走了几分钟。张晓琴虽然扬手让她离开,但为了那群人,她还是和张晓琴好好地理论了一番,不过不管她说了什么解释了什么,所有的声音都会被张晓琴的声音盖住,她的态势完全是想把自己当个苍蝇一样压得奄奄一息。她委屈得无以言表,进自己办公室之前,她又忍不住跑向了厕所,她想找个没人的地方哭上一通,谁知里面竟有那几个面朝大海的女青年正在聊天儿,她只能又折回了宣传办,就这么憋着自己的情绪,失魂落魄地坐回到了座位上。

然后就是发呆,一直发呆。

不知道这样呆了多长时间,直到程小丽走过去拍了拍她的桌子,她才反应过来,询问之下,才知道是益丰村的节目没有通过。

"不应该啊,"程小丽皱起了眉头,"那个不是咱们俩确定第一名报上去的节目吗?"

听程小丽如此说,红叶像是找到了同盟,愤怒和委屈掺杂在一起,直接问她:"张主任说这个歌太野性,野性吗?"

"歌不野性啊,"程小丽直接摇头,又想了一下,"舞蹈好像有点儿。"

自红叶回到办公室,到发呆,到程小丽过来与她对话,郑恺眼睛的余光始终没有离开过,他镇定地看似做着自己手里的事,实际上却细密地观察着一切。当听到程小丽说到这一句话时,他手里的笔失去控制直接掉到了草稿纸上,墨水从笔尖里冒出了一小片,把刚写了几段的文字都给破坏了。不过这突如其来的动静没有引起任何人的注意,接下来,是红叶趴在座位上抽泣的声音,程小丽还拍了拍她的肩安慰了几句,未见效果,索性回到自己的座位上吹着茶叶喝茶去了。郑恺看了几眼红叶和程小丽的方向,觉得自己此时做何劝说都略显不妥,索性也就不作声。

节目的事好像很快就告了一个段落。初秋的天气凉爽怡人,早晚温差大,却也使红叶害上了感冒,打喷嚏流鼻涕又转到了胸腔痛痒嗓子发炎,整整折腾了一个星期。她这一星期跑向医务室的次数是她来乡政府上班这么长时间以来最多的一回,也使她和小赵医生成了朋友。小赵医生很难和别人成为朋友,她天生的洁癖,就是女性朋友来用了她的东西,她都要戴上橡皮手套用消毒水里里外外清洗个遍。不过不知为什么,她不讨厌红叶,她甚至让红叶用自己的铁茶缸泡胖大海喝,还会多给她开些消炎的药。不知不觉,红叶也跟她无话不谈。当她提醒红叶别和程小丽走得太近时,她这样分析:"你想,去验收节目的只有你和程小丽,张晓琴又没见过你们村的表演,就凭一首歌就说那太野性?"

红叶有些疑惑:"她是说舞蹈有点儿野性。"

从小赵医生那里回办公室的路上,红叶一直思考着这句话。她突然记起那天她从主任办公室回去后,程小丽确实说了句:"歌不野性啊,舞蹈好像有点儿。"程小丽是说舞蹈有点儿野性！验收节目现场只有她们两个人，她最有可能定义野性这个词，否则就凭老学究一样的张晓琴，怎么可能说这个歌野性，她怕是听都没有听过吧？她如此想着，脸跟着涨得通红，直接气势汹汹地推开了办公室的门，那门撞击铁皮柜的声音足以证明她的力度足够大。她进门后的第一件事就是用那杀气腾腾的眼神寻找了一圈儿程小丽，不过，遗憾的是，办公室空无一人，连郑恺也不在。她皱着眉头又思索了几秒钟，然后跑向森林小屋的窗台向下张望，只见郑恺跟着程小丽正一前一后地走出乡政府大门，两个人之间好像发生了激烈的争吵。红叶潜意识里感到这争吵或许与自己有关，一刻也没停留，她便疯狂地跑出了办公室的门。

对面的小树林里，郑恺和程小丽一前一后站住了脚。在红叶到达之前，他们已经唇枪舌剑了一番，大抵是郑恺劝程小丽不要再对红叶搞什么下三烂的招数，女孩子善良一些比耍小聪明更让人尊重之类的话。郑恺之所以说出这样的话，是因为他去主任办公室交乡报材料的时候，不小心听到了张晓琴与她的对话，确信了上节目的事就是她做了手脚。平时并不爱管闲事的郑恺在红叶回来之前主动地对程小丽警告了几句，这也引起了程小丽的气愤。这或许是两个人做了同事之后最长时间的一次谈话，话题一度前置到了郑恺送给程小丽的那个生日相框。

"没错，你帮红叶还的的确是同款的相框，但那却不是我的生日礼物。"程小丽义愤填膺地指着郑恺抱怨。

"这和是不是生日礼物有关系吗？"

"有关系啊。"

"东西不是一样的吗？"郑恺不解。

"但意义不一样了。"

郑恺望着程小丽，佩服她的伶牙俐齿。

"算了，她也不是故意的，而且也道了歉，这件事就到此为止吧。"

"你为什么要帮她？"

"我不是帮谁的问题,我是就事论事。益丰村的节目未通过跟你也脱不了干系,我都听到了。"

"没错啊。"

"……"

"我就是要让她难受,"程小丽咧着嘴,诡异地一笑,"不管她是否打破了相框,不管她做了什么,我就是要让她难受,我要让她难受一辈子!"

郑恺本来是想劝说程小丽几句,却没想被程小丽的这句话给吓着了,他原以为她只是发发大小姐脾气,任性的小报复,没想到背后竟有如此深的仇恨在里头,如同红叶在她眼神里所感到的杀气一样。

"我爸当年给红呈祥当过出纳员。我妈生我那年大出血,我爸四处借不到医药费就挪用了厂里的两百块钱,他只是挪用,并没有想过要侵占,他只是想让我妈把我安全地生下来后,神不知鬼不觉地再还回去。没有人会注意到这样的事情,他们接触不到厂里的账簿,红呈祥如果当时可以网开一面的话,我爸就不会坐牢,大我三岁的哥哥就不会走丢,我妈也不会在自责中度日。我成了程家的丧门星,那是一场噩梦!你无法体会到,当夜幕降临的时候,周边是多么的黑暗,时刻会有一双看不见的手掐着我和我妈的脖子,他们翻着白眼,指认我们罪大恶极。朋友亲戚们很怕和我们沾上关系,逢年过节顺手送些水果都像是施舍。"她的眼光又变得凌厉,继续说着:"如今这个仇人的孙女落到了我的手里,这是天意,她要谢就回去谢谢她那个秉公执法不讲人情的爷爷,遇到我,她的噩梦也就开始了。"

红叶第一次听到这样的版本,让她很是诧异。关于红程两家人的恩怨,她的认知一直是单方面的。听了这一番言论,她不知道该不该为程小丽的愤怒找些理由,或许,让她失去了哥哥,她是该恨她的吧。

余晖灌满了天际,映在小树林的树干上,十分柔美,三个狭长的身影很快淹没在了婆婆的树影中,树影轻摇着,阳光从这片叶子跳到了那片叶子。过了一会儿,红叶的影子向相反的方向离去,繁密纠缠着的草丛被踏出了一条步履坚实的小路。一只睡得正酣的乌鸦做了美梦,流着涎沫差点儿掉下了老巢,就在快着地的时候,又慌乱地张开了翅膀,它在红叶面前疾驰而过,一股骚臭的味道弥散开。红叶听出了这鸟的轻谑,皱了皱眉头,那鸟也得意地大叫了两声,飞得更高。

6

近冬的天气已经冷得入骨,寒风如利剑拍打在脸上,大河沟也鲜有人光顾了,太阳照在水面上的时候笼罩着一种过分的安详。老雷几个人又凑到了一块儿,光着屁股、露着白花花的大腿在水里面嬉戏着,水花溅得老高,懈怠着节奏缓慢的轻舞,那晶莹剔透中的阳光又多出了几圈光晕,饱满的水滴完成了完美的旋转,又满意地谢幕。他们十几个人攻击一个人,一个人又反击着十几个人,嬉闹有趣,像是一群永远长不大的孩子。

不远处的点将台上,秀娟呆望着这一切,表情严肃而落寞,她看见那群人向她挥手,她抬起手给了他们一个回应。风吹落了搭在她身上的毛线衣,她拾起又披在肩上,扣牢了上数第一粒纽扣。抬头再望时,那群小青年已经像是褪了毛的野鸭子鱼贯地跳出水面,从大石头上扯过自己的衣服穿好,又一个个地跑向她。

有一阵子的沉默。

一群人按照先后到达的顺序挤坐在了秀娟的身旁,他们不再赛歌,连三五牌的录音机也歇息了。为了能参加新中国成立四十周年的庆祝晚会,老雷团队苦练了好一段日子,他们每个人心中都有一个希望,就是不被待见的小混混儿有朝一日也能挤上大舞台,代表益丰村给乡领导们演出。这种扬眉吐气的机会千载难逢,而且有秀娟拍着胸脯打包票,所有人排练起来也更加卖力气。

　　如今希望放了空,大家就像是当街被猴儿耍了一样,心里不是滋味。秀娟更是自责,她认为这件事没成,完全是自己的责任,如果那天她能控制些情绪,不给程小丽些脸色,或许结果就不会是这样。她没脸去见红叶,对于众兄弟更是觉得愧疚。和她有同样想法的还有一个人,便是二峰。兄弟们心里有不爽但也都理解万岁,但二峰为了迎接红叶和程小丽的检查,甚至放弃了当天相亲的机会,结果两头都落了空,为这事,他被母亲狠狠地痛骂了一顿。

　　"秀娟,你不想解释一下吗?"他煞有介事地问。

　　秀娟轻启着两片嘴唇正犹豫如何接这话,小东子又一次地站了出来。他向来是站在二峰的对立面的,这次也不例外。

　　"唱歌跳舞本是大家的娱乐,只不过这次有了正规排演的名头,就算没有通过预演也不代表我们水平不好,更不能怨到秀娟的身上。"他说。

　　"那你说这事该怨谁?"二峰气愤。

　　"你还是没有明白我的意思,这不是怨谁的问题。"

　　"这个事确实怨我。"秀娟说。

　　"怎么能怨你呢?"

　　"是我打的包票。"

　　"你看,她自己都承认了,小东子你就别再说了。"

　　"我凭什么不能说?你规定的吗?"

　　"你就是喜欢秀娟,也不能这么悖理向亲。"

　　"我喜欢……我什么喜欢……"小东子突然被二峰怼得一时语塞,再望秀娟时,她的脸竟然出奇地涨红。

　　"这个事谁也不怨!"老雷打断了他们的谈话,继而,几乎是对着二峰低吼着的,"多嚷几句,你身上会少块儿肉吗?"

　　"就是。"

　　众人异口同声。他们知道,若雷老大再不终止这无休止的争吵,台上敲个锣就能搭台唱戏了。

以这种方式支持,秀娟感到无比温暖,她带着歉意的眼神扫过每一个人,算是替自己做个交代。当眼神扫到大生子的时候,她方才想起有日子没见红叶了,她眼神的定格,也让老雷想起了这桩事情,心里便陡生了些怨气。大生子是红叶大姨家的表弟,偶尔会参与些村上小青年的活动,但大多数时间还是乖乖地待在家干些农活儿。这次准备的节目因是红叶和秀娟积极促成的,他说服了母亲才得以加入了这支梦之队。如今事情落败,他比谁都沮丧,而作为红叶的亲戚他又有一些愧疚感。这事究其渊源也是应从红叶选节目开始的,乡里没通过终审她至少应该正式来向大伙儿说一声,而不只是让秀娟来承受这份质疑。在老雷看来,这是红叶这等身份家教出身的女孩该有的礼貌。

红家最近正忙活着另一件重要的事。红霞听林芝说红叶对郑恺印象不错,便让她回村里赶紧找个媒人张罗。一开始的时候,林芝还觉得有些不妥,毕竟是新中国成立前出生的那批人,多少沾着些旧中国的封建底子,她总顾及着些女孩子家的面子,若是这个时候先主动,那以后到了婆家还有什么地位可言呢。红霞便说,这件事上你可不能犯傻,郑恺是大学生,又在乡政府工作,他的发展空间可想而知。这么一块肥肉,现在有多少双大闺女的眼睛盯着呢,如果你再因为脸面的原因犹豫下去,保不齐哪天就被别人家抢了先。她细想下来确实是这么个理儿,联想到了自己,真佩服当年那个勇敢年轻的林芝。结果决定一切,红叶真的嫁过去,谁先主动谁先提亲也显得没那么重要了。

益丰村有个不成文的规矩,男女双方若要交往就得有个指定的媒人提亲,否则名不正言不顺乱了纲常。林芝问了一圈儿,得知孙寡妇与郑恺妈有些交情,便迫不及待地亲自登门造访。孙寡妇在十里八村是个有名的媒人,而且是个热心肠子,她听了林芝的想法后,便主动请缨去郑恺家替红叶说合。她乐得此事,红叶是益丰村上数一数二的好姑娘,郑恺又是出了名的大才子,这样的天作之合令她脸上感到荣耀。

不出两日,双方的工作一沟通很快就有了结果,两日后郑家会在乡里的饭店摆宴与红家会面详谈。会面之前,红叶和郑恺进行了一次郑重其事的谈话。两人趁着午间下班前的小空当,一前一后拎着暖水瓶佯装着去门卫室打水,自然地从乡政府的左侧门和右侧门走出五六米后会合,然后穿过一排自行车的遮雨棚,又转到了一处方石砌成的八角桌前停下,这一处躲开了政府大楼的正门与大院的正门,不算偏僻,却很清静。

红叶先是捡了个石凳坐下,郑恺望向她,有些拘谨地笑了笑,之后又故作轻松地择了对面的石凳坐下。

"你知道……"郑恺说。

"如果……"红叶说。

几乎是异口同声的。两个人憋了这一路的话都想先开口化解尴尬,谁知这意外的巧合却让这会儿的气氛更加难堪。

最难为情的其实是红叶,她觉得是母亲给自己丢了面子。那天林芝回到家,兴师动众地通知了全家人这个事情,红叶便与母亲闹开了。来乡政府这么长时间,她已疲倦于与郑恺、程小丽的周旋,她清楚地知道郑恺对她除了兄长般的关心和道义上的支持外别无其他,郎既无情,她又何必多此一举呢。但在这件事情上,林芝无疑是享有话语权的,红湖这次也没有发表反对的意见,他在这两个月里每天被林芝提起的优秀小伙子洗脑,倒也想亲见其人。上一次红呈祥还私底下找他了解过郑恺的情况,对待这个驸马的人选,全家人出奇地全票通过。

郑恺同样遭遇了父母的逼约。其实说起这个事情,他心里还是挺矛盾的。毕竟是受过高等教育在大城市待过的人,他排斥的不是红叶本人,而是传统的包办婚姻,他不想外人评说他攀上了前乡长的孙女,这种世风日下的嘴巴是会杀人的,所以当母亲还在为女方家亲自上门提亲而心生愉悦之时,他第一次与家人黑了脸。

"如果,我是说如果……"红叶觉得自己应该把话说完,她要第一时间向郑恺表明自己的立场,"他们若是今天硬逼我们表态的话,请你和我一起反对好吗?"

郑恺听红叶如是说,竟愣了半晌,然后又带着些复杂的心情说:"既然你是这样想的,我们就当两家人一起吃个饭,就这么简单。"他急着表明自己的态度,但说出这样的话后又有点儿后悔,这份生硬让人非常别扭,至少他自己就已经开始不舒服了。

"你知道……"红叶点了点头,然后露出了笑,"我来宣传办工作不容易,在转正之前,我不想出现任何闪失……我妈那是听我姑和姑父说起你,觉得你是个不可多得的优秀青年,才会动这样的念头,请你原谅她的唐突。说起来,我都觉得挺丢脸的。"

"咳,千万别有这样的想法。"红叶的话让郑恺竟有些无地自容,如今说起来,竟是自己小题大做,小人之心了。他马上应和着红叶,"其实,我和你的想法是一样的,刚参加工作不久,我想好好表现,婚姻的事还是等等再说,是我妈太想早点抱孙子,他们那代人都是这样的旧思想。"

说到旧思想,红叶马上接了话,她觉得这个词更适用于林芝。吐槽自己的母亲让两人终于找到了统一的话题,郑恺也是第一次说起了自己的家事。他的祖上是闯关东到黑龙江的,姥姥一个儿时的玩伴嫁到了益丰村上,郑家老小就一起投奔了这个玩伴,做了他们的邻居。两家人相处得如同一家人,而恰巧姥姥和玩伴又相继怀孕,也就出现了娃娃亲的约定,同是男娃结为兄弟,同是女娃结为姐妹,一男一女结为连理。那个抱团取暖的日子,亲上加亲是再好不过的事。天遂人愿,姥姥生了个女娃,也就是郑恺的大姨,玩伴生了个男娃,娃娃亲的约定从他们降生起就开始算数了。后来,大姨上了学,认识了地主家的儿子,然后他们相爱、毁婚约,再然后私奔。当然,两个人还是被抓了回来,抓回他们来的不是姥姥家,而是地主家,他们不允许儿子和门不当户不对的女子家私订终身。后来,地主家的儿子去当了兵,就一直没再回过益丰村,听说他在国民革命军官至旅长,不过打鬼子那些年战死了。大姨也跟八路走了,多年来一直没有消息,姥姥临死前都没闭上眼睛,她一直和母亲说,她这辈子最对不起的就是大闺女，如果以后真能找到她，一定告诉她，郑家欠她的下辈子还。母亲当年也参与了这档子事。大姨私奔前夜只和母亲做了交代，她拜托妹妹代自己照顾好父母，母亲答应了，一夜未眠。但在大姨第二天天未亮前从窗子逃跑后，她就马上把这件事告诉了姥姥，两人商量后，她又去地主家告了密。大姨从家里跟八路走了之后，她感到愧疚，代替姐姐嫁给了玩伴家的儿子，也就是郑恺爸。

"我当时就想，兵荒马乱的，姐姐跑到外面去多不安全。她是被那个富家少爷迷了心智。你相不相信，他们一旦到了外地，那个少爷肯定会不要她的，她毕竟是穷人家的女儿，他们不相配。"母亲在大姨跟八路走了很长一段时间里，一直是这么跟外人说的，她认为自己让地主把两个人抓回来，是为了姐好，两家约定好的娃娃亲怎么能说毁就毁了呢？她其实当时也有爱慕的对象，但她觉得他们家欠郑家一个说法，在姥姥提起这个事情的时候，当即就同意了。

"这么说来，你注定就是郑家的儿子，不管是你母亲还是你大姨嫁给你爸。"红叶觉得郑恺的故事就是一本书，而且太精彩了。

"可是看起来，她们谁都不爱我爸。"郑恺自嘲了一下。

"那后来，你那个英雄的大姨找到了吗？"

"没有。"郑恺有些失落地摇了摇头，"后来我妈和我爸都通过不同的渠道寻找过，不过，那个年代参加八路的人谁会用真名字。"

"我倒是对你这个大姨挺感兴趣的，若是哪天找到了，我真想见一见她。"

"她若是想回来找我们，早就回来了，她若是想忘记这里的一切，找，注定是无用的。"

"是啊，"红叶也跟着叹了口气，"一段好姻缘就这么活生生给拆散了。"

政府楼外的天空浅云轻浮，久违的阳光调皮地变幻着色彩，真是一番好景。两人聊了许久，都差点儿忘记了时间，红叶听了一个好故事，感到通体顺畅,再向远处望时,她竟看到了秀娟和老雷。秀娟有些跟不上老雷的步伐,只能一跑一颠地追着搭话,终于累得跟不上了,便索性站在原地耍赖撒泼。老雷一路上想着事,突然听到女人尖利的叫声方才停下脚步,无奈地摇了摇头,当即走回去屈了膝盖半蹲下来。

"谁要你背,我又不是你媳妇儿。"秀娟见势嗔笑了起来。

老雷见秀娟逗他闷子,只虎着一张脸回头捡了枝树杈在她的周围画地为牢,然后指点着画好的圈儿说:"那你就在这站着,别动啊,谁动谁小狗。"

"你才是小狗!"看到老雷扔了树杈大步流星地向前走去,秀娟跺起了脚。

汇报节目演不成,老雷着实落寞了一阵子。在村里待得憋闷,他一个人去了县城父母的鱼店里打零工。毕竟在部队里待过几年,吃苦耐劳有根基,干起活来也不含糊,父母便商量着要在年后回乡里开一家分店让他管理,一是货源有优势,二是想让老雷真正安稳下来。老雷这次意外地同意了父母的意见,亲自回乡里水产站开证明,回乡的路上他碰到了秀娟。小妮子这次的遭遇更是馨竹难书。城里的三姨又托人给她找了个差事,在一个研究所里当清洁工。由于上次迟到的事,秀娟心里总觉得亏欠了三姨什么,这次便得了消息立马前去报到。秀娟在研究所干了两天,第三天一个干部喝多了酒,又吐又尿,把她刚刚费力清洁过的成果毁了个彻底。她闻着腥臊的味道,干呕着,对方却当着她的面小便,她与他理论起来,却被对方一阵羞辱。平时强悍的秀娟这次委屈地哭了鼻子,她心里发誓,就算一辈子都走不出那个穷村子,也不会再干这种低三下四伺候人的活儿。于是,她只在研究所干了三天就辞职了。当她向办公室要工钱的时候,主任阴阳怪气地告诉她,研究所不会给一个连厕所都不会扫的人发工资。秀娟当时气得发了狠话:我告诉你们,不要狗眼看人低,我秀娟总有一天会杀回这座城的。

秀娟跺着脚,跟随着老雷目光再往前看时,她惊喜地看到了远处的红叶,她正向她微笑着。要不是被红、郑两家大人这么闹腾,红叶还不会和郑恺郑重其事地聊这么多,这一次的畅谈,心里的隔膜去除了,相互之间的微笑也自然多了。不过,她仍纠结在那个当了八路的大姨的故事里,她觉得她是活出了一个女人真正的人生,而郑恺的母亲……她内心里并不赞同。不过,这毕竟是别人的家事,这故事演演变变,有多少真实的成分呢。只是意犹未尽,情犹未了,回头再找机会问郑恺些有趣的吧?

郑恺也看到了远方的两个人,一前一后,一男一女,看着活蹦乱跳的秀娟向他们跑来后,他的目光又定格在了老雷身上。虽是第一次见,老雷知道,眼前儒秀的书生定是上次大生子口中那个乡政府的大学生了。他的气质确实是乡村青年所不常有的,再看他与红叶之间的互动也不生疏,想必这个传言是真的。

秀娟第一次见到了传说中的大学生,斯文得过分的年轻人,浑身散发着诱人的荷尔蒙。她夸张地偷瞄了一眼郑恺后,心里开始羡慕起红叶的福缘,这样的男子,该是只有红叶才相配吧。

"不打算给我介绍介绍吗?"

秀娟的问话让红叶红了脸,便迅速抓住了她的手,生怕再生出什么幺蛾子来,她用最快的语速介绍了彼此。当郑恺绅士地伸出一只手以示友好时,秀娟接下来的话吓到了两人。

"我知道了,你就是那个和红叶好的大学生。"说完,秀娟大方地握住了郑恺的手,用力地上下摇晃了几下,红叶竟不知如何接话,更不敢再看郑恺的表情。她拉住秀娟央求她手下留情,秀娟却并没买账,眼睛仍不老实地审视着郑恺,"我看这人挺好的,还澄清个啥?"

秀娟看不出这个男子有哪一点儿令红叶不满意,她想想自己,又下意识地回头看了眼远处的老雷,方才想起了正事。听郑恺说水产站的站长是他的兄弟,秀娟当即拍手叫好,并迫不及待地向远处的老雷大喊起来。秀娟的帮忙让老雷感到了从未有过的羞辱,他本打算借他们寒暄的时候悄无声息地溜去水产站办事,结果被秀娟这一嗓子吼得他转身便走。或许只有他自己知道这么做是为了什么,也或许并不知道,没人知道他对红叶的小心思,是他自己人为地把自己与红叶的一举一动联系起来,他气恼着别人的同时也在气恼着自己,就这么胡思乱想步不择路地走出政府院门。不料,迎面一辆驴车不偏不倚地跟他撞了个正着,他惊魂未定,驴反倒被吓得一声长嘶,驴车上的女人紧跟着翻落在地。

这女人不是别人,老雷定睛望去,她便是上次与林芝撕架的李四媳妇儿。上次李四家的柴火垛被烧的时候,村长老程当面应承过会尽快找到真凶,但没有人证物证找到真凶并不容易,李四两口子囤秸秆的计划也就泡了汤。天气越来越冷,他俩只得赶着毛驴坐着板车到乡里买煤。今年是个瑞雪年,煤价跟着飙升了一半,问过几家煤店也没碰上价格合适的,李四媳妇儿的火气又找了上来,嘴里没完没了地唠叨埋怨起来。

"要是让我知道是哪个缺德的家伙干的,我一定扒了他的皮,抽了他的筋,让他永世不得翻身。"

"也不一定是有人故意干的,谁能有那么大的仇呢。"李四安慰着老婆,却没想到他越安慰她火气越大。

"就是红家人干的,这事赖不到别人头上。"

"村长那边也没断案呢,这事你可别到处乱说。"李四又甩了两鞭子,小毛驴应付地走快了两步后又回到原来的速度。李四又补充道:"再说,那天红家人可都在地里呢。"

"他们就不能雇人去放火,红家人什么事做不出来!"

小毛驴懒得听李四媳妇儿的磨叨,竟然把耳朵耷拉下来盖到了脸上,它不负责任地驾驶致使它直接撞到了老雷,自己反倒吓得大嚎了两声。还是李四眼疾手快,一把拽住了缰绳,毛驴前蹄腾空而起,直接把坐在后面的李四媳妇儿颠下了板儿车,硬生生地来了个狗啃泥,裹在头上的围巾也被扯破了个大口子。老雷上次领教过这个女人的扯皮功夫,心里虽有些不顺却也并不想招惹她,见李四媳妇儿从地上站起身并无大碍后,他索性转身离开。李四媳妇儿岂肯白白摔这一跤,以迅雷不及掩耳之势直接揪住了他的后衣领。

"兔崽子,撞了人还想跑?"

"兔崽子骂谁?"

"兔崽子骂你!"刚说出这样的话,李四媳妇儿就知道上当了,她直勾勾地怒视着对方。

老雷嘴上得了便宜也不过分炫耀,无奈地解释说:"是你的驴撞到了我,没出什么大事,我也就不计较了,你自己回家该批评批评,该打骂打骂。"

世界上哪有这样的道理!李四媳妇儿简直气疯了,在她的眼里事情可不是这样的,老雷明显是贼喊捉贼,倒打一耙啊!在这一思一忖间,老雷差点就消失在眼前了,她本能地快走了几步,上前粗鲁地再次揪住他的衣领,大喝着,不许走!老雷挣脱几下竟然都宣告失败,本已压抑的邪火复燃了起来。

村民越围越多,指指点点的,给人的感觉是老雷被当街抓了包,百口莫辩了。村民们理所当然地这么认为,无论从衣着貌相,还是表情态度来看,老雷都成了实打实的贼,他们准备着看好戏,却也有扛着锄头的等待着助上一臂之力。

被李四媳妇儿四肢紧锁着走不掉了,老雷索性把刚刚的火气一股脑儿地发泄出来,当即胳膊肘儿一掀,差点儿把她甩了个趔趄,李四媳妇儿倒也灵巧,一个转身竟站住了。她冷笑了一声,心想这世道真有初生牛犊白送虎的傻瓜,当即叉腰伸出兰花指来了一段著名的泼妇骂街,难听的话引得众人哈哈大笑。老雷被这哄笑声激怒,索性不再跟这女人理论,当即回头捡起了根干树枝直冲着对方呼啸而去。

事情就这么升级了。李四反应过来的时候,李四媳妇儿已经坐在地上抱住了老雷的大腿,她再次耍泼似的把脑袋伸过来,嘴里大喊着:

"你打啊,你不动手就是后娘养的。"

"谁怕你谁是孙子!"

没等双方激辩的声音落下,老雷手里的干树枝便扬起向对方的脑袋抽去。秀娟是第二次见李四媳妇儿与人打架,平日里一贯维护自己形象的女人已经尽失了颜面,她此时被老雷扯住了头发拼命地躲闪着,一旁的李四涨红了脸跟不上节奏地劝架。秀娟刚要出手叫停,耳边又传来李四媳妇儿那不堪入耳的骂街声,她停住了脚,心想着就凭这张嘴打她一千遍也不嫌多,甚至有围观的几个老爷们儿挥着拳头为老雷大喊加油,像是对他们平日里遭了老婆欺骂不敢回手的一种发泄。

但这场战斗远不能与林芝那场相比。无论怎么说,男人打女人说出天去也是男人不对。趁观众倒向还没有明显的时候,秀娟出现在了老雷和李四媳妇儿身边,她淡淡地对老雷说了句:"这么多人看着,不嫌丢人哪。"

老雷看了眼秀娟,硬生生把腿从李四媳妇儿的手臂下抽了出来,李四媳妇儿回手一把又抓住了他的衣角:"你别跑!"

老雷眉头又是一皱,李四忙上来说好话,他劝老婆把大事化小小事化了。有着秀娟和李四从中劝架,老雷又抬眼看到了李四媳妇儿落魄的模样,索性收手。李四媳妇儿在益丰村生活了大半辈子,还没遇到过老雷这等不知深浅的家伙。当她从秀娟的口里确认了他是刚退伍回来的雷家公子,才想起了村里确实有过这么号人家。她不能再纠缠下去,毕竟她并没有占到什么便宜,而此时,她又看到了远处红湖、林芝和郑恺爸妈以及孙寡妇有说有笑地朝这边走来,便催促着李四赶了毛驴离去。

7

　　郑、红两家的这次宴会成了两人传闻的佐证,一对金童玉女的佳话也成了乡政府大院里的谈资。程小丽受不了这个,在红叶没来之前,她对郑恺的感情还没过分在意,可她来之后,这种平衡就被无意间扰动了,她抓不住这份情感,就像夜空抓不住飞鸟。她找了个机会,直接和郑恺开诚布公地谈了一次。为了不让红叶掺和进来,她拜托张晓琴直接留下红叶加了晚班,把任志远翌日的政府汇报表格又按不同的要求重做了一遍。

　　路漫长而纠结,少有的光线在两人身上掠过,之后又是一片黑暗。程小丽跟在郑恺的旁边走着,她不吵不闹不飞扬跋扈的时候很温顺,如同邻家的小猫,郑恺推着自行车刻意地与她保持了距离,此起彼伏的脚步声敲得人心发慌。若不是小树林里程小丽的那番话,郑恺还只觉得她是个被宠坏了的任性的官家小姐。那之后,他便不这么想了,在他的眼里,这个瘦弱的女孩更像是一只猛兽,随时散发着噬血的暗香,她是危险的。幼年时的记忆让她对一切失去了信任,靠近她的人都是刽子手,他们的耻笑、捉弄,甚至侮辱,让她在每一个噩梦醒来的夜晚都很难再度入眠。

　　快到岔路口的时候,她突然停住脚步,猝不及防地转过身一把将郑恺抱住,两个人贴得如此地近,呼吸仿佛都凝固了,郑恺慢慢地吞咽下一口唾沫,喉结的运动成了这一刻最突出的表现。这是有生以来除了母亲之外第二个拥抱过他的女人。她的身体很软,胸前的肉团压得他无法呼吸,她的头发有一种特别好闻的气味,他本能地屏住了呼吸然后推开她,不过这一招并未管用,程小丽像是长在他身上一样,四肢都在延长着把他裹得更紧。

"你就那么讨厌我吗?"

"没,没有,是我高攀不起。"郑恺慌乱着还在挣扎。

"我说你攀得起你就攀得起。"程小丽丝毫没有让步。

"程小丽,你现实一点好吗?你,和我,本来就不是一路人。"

"那我可以走到你那条路上去啊!我不在乎!"程小丽无辜地皱起了眉头。

"不是那么回事!"郑恺终于用了力气挣脱开,本想大声阐明自己的立场,见程小丽有些落寞的样子,他又软下心来说:"今天话既然已经说到这了,咱们就把它说得明白点,咱们俩不合适。"

"我喜欢你!"

"可我不喜欢你。"郑恺有些咆哮,说完这句话,他又有些后悔,这对一个女孩子确实有点过分了。

"你喜欢红叶是吧?"程小丽开始恼羞成怒,歇斯底里地大喊着,"我告诉你,你可以不喜欢我,但是也不能喜欢她,我得不到的,谁也别想要。"

郑恺的脑袋顿时"嗡"的一下就炸开了,他开始混乱,分不清这个女孩的身体里到底住着什么,是魔鬼吗?他的手一直没有停止颤抖,甚至有点儿害怕,他从来没有过这样的感觉,整个心神都是抽离的。他不打算再与她纠缠,扶起自行车,头也不回地向益丰村骑去,任凭她在黑夜里一遍一遍不断地呼喊着他的名字。

红叶本来答应了回家和爸妈一起包冻饺子的,突然被扔下这么一大堆活儿缠住,自是感觉委屈与无奈。七点一刻的时候,她终于整理好了一本表格,手掌用力地按了按太阳穴再揉搓了下眼睛,这时肚子开始叫了,她想了想,把另一本表格装在包里准备回家熬个通宵。她锁了办公室的门,然后向外摸去。走廊里的灯好像是坏了,楼里面一片漆黑,她又紧走了几步,借着窗外的光去拉另一处灯绳,灯泡并未亮起来,她有些害怕,轻绕过长廊到了大门。大门已经上了锁。张大爷今天在废品收购站多卖了几十斤旧报纸,开斋为自己准备了二两小烧酒,一碟子花生米,听着收音匣子里咿咿呀呀的样板戏,有板有眼地走上那么一遭,几十米远大楼里的拍门声已经被淹没在了愉快的一顿一扬的唱板中。

一切都是徒劳,乡政府大楼此刻随便一个声音都能让红叶的发根竖起,传言似一条条无形的线就这样被牵引过来。早在几天前,她就听小赵医生跟她说起过这个政府大院的诡事,这个大楼建好的第三年,三楼半那间阁楼里就有人跳楼自杀了。放废旧报纸的阁楼当时还是间办公室,漂亮的女办事员是革委会副主任的助手,她的祖上三辈都是商人,父亲成了走资派,她面临着被牵连的危险,她乞求副主任帮助留下她,副主任答应了,趁机与她发生了关系。可过了没几天,她就接到了下放到大队的通知,这份通知是县里直接下发的,当时红呈祥还为她走了趟城里,却并没挽回什么。她无法接受这样的事实,去找副主任说理,他是在明知道自己没有能力帮她的情况下,玷污了她的清白。她心里恨,恨自己无能,恨朗朗乾坤没有光明,她带着绝望和对这个世界的诅咒,直接从办公室里跳了下去。看到她惨样的人都说可惜了,她那么漂亮的脸蛋儿被毁得面目全非。就是从那个时候起,那间三楼半的阁楼便被锁起来,不再参与办公。也许是这个女办事员的怨气太重,她的魂魄一直不肯离开大楼,每隔三年的当天,这幢大楼里都会有人跳楼身亡。这太邪乎了,没人能找出原因,即使信仰马克思主义无神论的历任公社和乡领导私下找了灵媒,也无法破解这一份咒怨。

就这一会儿工夫,那个女人的影像就突然间钻进了红叶的脑袋里,越想甩掉却越发清晰。她大叫着,声音已经变调,她尽力地摸着长廊的墙壁向自己的办公室走去,厕所里传出哗哗的水声,每一声都滴在她的心里。她紧闭着眼睛摸路向前走,终于摸到了走廊的最后一间,她哆哆嗦嗦地掏出钥匙插向锁眼儿,不知是钥匙没有选对还是锁眼儿没有找到,怎么用力都无济于事。红叶拼命地晃动着大门,嘴里念叨着,快点,快点啊!人儿尽崩溃,钥匙应声砸到了脚面,她蹲下身去捡,手又碰到了一团毛茸茸的东西,"吱"的一声撞到了她的胳膊后转身逃跑,她疯狂地叫了起来,"啊!……啊!……"

"我好像听到叶儿的哭声了!"

乡政府大门外,红湖一边拍着门一边把耳朵贴在大门上,听了半天也没听出什么动静,林芝断然认为是红湖出现了幻听。本来说好今天等红叶回家一起包冻饺子的,面啊馅的都已经摆满了桌子,可等到六点半钟还不见女儿回来,红湖有点坐不住了,催促着林芝先是到了郑恺家寻找,见两人都没有回来,又拉着老婆一起到了乡政府。按说门卫室的灯亮着,该是有人出来应承一声,可张大爷战场上打仗那会儿伤到了耳膜,加上他刚喝完二两小烧酒醉意正浓,两耳也就不闻窗外之事了。此时,收音匣子里新闻联播结束的曲子又大肆地响起了,他像是个指挥家在和着曲子玩得正欢。

红湖拍了大门二十来分钟的时候,郑恺骑着自行车返回了乡政府大门口,又跟着一起拍了十多分钟,这才使尿急出外方便的张大爷听见。郑恺跟程小丽分开之后,心里一直憋闷不畅,甚至有些恐惧。他设想了无数种可怕的故事,唯独没想到今天是乡政府大楼里那个邪乎的传说满三年的日子。若不是回到家母亲说起农历日子,说是林家的小小子办满月她去送了些礼物,他都不会如此紧张,他回想起这几天乡政府里疯传的这个事情,又听父亲向他说起红叶父母来家里寻过女儿,腿也跟着战抖了起来。

郑恺冲进乡政府大楼的时候,红叶已经在宣传办外的墙根处晕过去不知多少时间了。人在极端恐惧下容易晕死,红叶觉得她是跟着那个怨死的女办事员走了。她穿着条雪白的裙子,在阳光下飘啊飘啊,她真美,美得让红叶都觉得羡慕。她追随着她,空气中飘荡着好听的乐音,她伸出了一只手,微笑地拉着她,然后她突然又哭了,眼里流出了血泪,她的另一只手猛地又掐住了红叶的脖子,她呼吸困难,想喊救命,却怎么用力都发不出声来。

"红叶,你醒醒,醒醒……我是郑恺,你快醒醒!"

郑恺用力地抱起了红叶。她的身体冰冷,如同寒夜的铁,她下意识地抓紧了他,嘴里吐出了些莫名的话来。他平生第一次感受到心被撕裂的痛,他一句话也说不出来,只是紧紧地抱着她,用体温唤醒她的意识。

好像有一个世纪的时间,那个拉着红叶手的女办事员才一声声唤着她的名字慢慢飘走。她醒了,呆望着郑恺,当她明白自己已经被解救出来的时候,竟哭得像个孩子,我以为我死了,我以为再也见不到你了。看着她哭,他的眼泪也断了线,我以后再也不会离开你了。

初冬的清晨,那风一样的少年身边多了个笑靥如花的女子。乡政府大院的中年妇女们嘴里又换了新的主题,没有妒忌也没有贬损,金童玉女们的爱情本就是一个童话。食堂里多了两个显眼的身影,靠窗的位置像是写了姓甚名谁,每一天都是空给他们的,还有热气腾腾的排骨和西红柿炒蛋,红红火火的颜色食进了嘴里度过了流年。张大爷捂着被扯的小胡子控诉着两人的恶作剧,四只灌好开水的暖瓶已经晃荡在两人的步履间,笑声笼罩着苍穹,别无他物。

这天是周末。如往常一样,乡政府下班铃刚过,郑恺和红叶便双双拉着手在程小丽面前晃过。那天在食堂吃饭的时候,红叶突然想起了什么,便向郑恺建议每周末都相约去下个馆子,虽说工资不多,但一周就这么点儿奢侈的盼头还是让两个人兴奋。吃了几周的乡里饭馆,这一次红叶建议回益丰村吃小馆。前几天闲谈的时候,郑恺说起了小时候邻居张大妈做的酱鸡爪,那是他童年时最难忘的回忆。后来张大妈死了,丈夫去了秦皇岛的女儿家,那个味道也成了他的一个念想。红叶想起了村西头一家小酱食店做得地道,问了郑恺并不知晓,便主动请缨带路。

这家店在益丰村里已经开了小十年,最早还不是个饭店,因为老板娘刘婶祖传酱料的手艺,村里好这口的人会给些辛苦钱托她帮忙酱制。后来刘家试着开起了小饭馆,卖些酱制好的熟货,炒些家常菜,没想到生意还不赖。红叶小时候只有在过年的时候才能尝到刘婶这祖传的酱鸡爪,大些了,母亲逢年过节也会叫她过去买些回来。这等有知名度的酱货店郑恺倒未曾一闻。他与红叶虽是同村但不同组,且高中就去读了县一中,大学又在省城上了三年,所以对于酱鸡爪如此偏爱的青年听见红叶的介绍,便食欲满增、手舞足蹈起来。

小店不算大,七八张大大小小的桌子不规则地或摆在窗前,或摆在地中,只有两张靠近门边的桌子是空的。当郑恺和红叶拉着手走进去的时候,刘婶便拉开了主人家灿烂的笑。她平日里接触红叶的机会并不多,红家人在整个村子里到哪儿都是带着尊贵和神秘的。这会儿,红家的公主带着传说中的驸马进店,刘婶直感觉到蓬荜生辉,遂声调提高了两个八度,尖嗓都破了音。她私底下是对这种书生气质的人有着敬仰的,虽说小店的生意大部分都是村里的那群待业小青年照顾着,但她还是不待见他们。当她万分殷勤地给两人重新摆放了位置,手里的抹布在桌上擦了又擦后,眼睛不自觉地还是向靠窗的那一桌瞥了一下。

那一桌坐的也不是别人,正是老雷、二峰、小东子一伙,秀娟也掺和其中,几个人正玩得兴起。说起这事也巧,自从上次老雷办好水产站的许可证后又去县里鱼店帮了段时间的忙,这天刚好得了个空回到村里,便碰上了来找他的秀娟。老雷不在的这些日子,秀娟几乎每天都来他家看看,今天终于碰上了,便催促着几个哥们儿小聚。兄弟几个又凑到了一起分外开心,不等老板拿来瓶起子,便已经在凳子上噼噼啪啪地拍开了瓶盖迫不及待地撞了杯。待一桌子人天南地北、胡吹海喝一通过后,小东子突然站起身来提议,让老雷现场再给大家伙儿来一首《黄土高坡》,这首为了参加新中国成立四十周年而准备的、被张晓琴批评为太野性的歌此时提得正是恰到好处。

"就黄土高坡,乡里不让咱演,咱自己演。"秀娟借着酒劲拍手大叫。

于是,几个人随手便抄起了酒瓶子、筷子等工具敲得桌子叮当乱响,周围的顾客侧目而视,却没人敢言语。

"不管是东南风,还是西北风,都是我的歌我的歌……"

老雷唱到副歌,几个人随口相和,大有气震山河之势。一曲唱罢,众人借着酒劲儿大嚷:"再来一个,再来一个,老雷。"

这一出当然是前话,红叶和郑恺落座后,这一波早已经闹过去了。两人叫了一盘酱鸡爪,一盘地三鲜,外加个拍黄瓜,红叶还特别嘱咐刘婶鸡爪的味道稍微重一点儿,郑恺喜欢吃入味的东西。刘婶记好了单子才得了机会与这对甜蜜的情侣攀谈:"红叶,这是你对象吧,真俊啊,哪天办喜酒可得告诉你婶子一声,我也去沾沾喜气。"红叶听刘家婶子这么说,不好意思地点了点头,心里却有着说不出的欣喜,或许只有在远离那间绿色小屋的平凡地界里,她才会有这样的踏实,郑恺握紧了她的手,她感觉整个世界都在里边。刘婶笑吟吟地端上满满一盘子酱鸡爪,红叶从中挑了个大个儿的递给郑恺,舔着嘴唇看他吃下了第一口,并在他赞允地点头下开心地笑了,她的笑是整张脸都舒展开的,就像是一朵鲜花的绽放。

这一幕也正巧被唱得酣畅淋漓的老雷看见,他的眼神立马变得凌厉,脸上肆意的笑也僵硬住了。顺着他的目光,秀娟看到了红叶和郑恺,像是发现新大陆一样,她从凳子上跳起脚,神一般地飞到了红叶身旁。

"秀娟!你吓死我了!"沉浸在甜蜜中的红叶被秀娟拍得惊魂未定。

"我和老雷我们几个在这聚会呢。"秀娟哈哈一笑,回头一指,然后借着酒意又笑眯眯地审视了郑恺一番,双手大拇指比画着:"听说你们两个好上了?这回能说了吧?"她一脸天真地望向红叶,生怕她再怪罪于她。

红叶正羞于如何开口,远处几个人不知因为什么事又兴奋地吼了起来,秀娟一时兴起,便拉着红叶一起入伙。红叶哪里愿意再接触这群人,况且有郑恺在,她委婉地推托,拉扯间,却让酒意甚浓的秀娟以为她是不好意思,自作主张地把他们拉起了座位。

这一切都落在了老雷的眼里,自从他发现红叶的那一刻起,她的每一个表情他都没有错过。在他的眼里,秀娟的强行相邀有些胡搅蛮缠,他实在看不下去,在酒精的作用下他直接冲到了秀娟旁边,大叫着:"人家不愿意,你非让什么?"

"就是,你经过老雷同意了吗?"二峰又补充了一句。

"二峰,你是不是傻,我看上次红叶踢出包的不是小东子而应是你!"

"你不提这茬儿我还忘了,"二峰突然找到发泄的理由,"上次小东子医院检查花了一百多块钱可都是老雷垫上的,姓红的,你什么时候还?"

二峰不提,红叶差点都忘了入职那天犯下的大错,她一直侥幸地以为这事已经翻篇了,这会儿被二峰说出了真相,她的脑袋就像是一团糨糊被扯得七零八乱。见红叶不做回应,二峰不知深浅地上来拉红叶的手臂,郑恺护人心切,下意识地推了对方一把,这个力度可能没有掌握好,也可能是二峰酒醉没有站稳,整个人就重重地摔在了地上,脑袋也正好磕在了桌子腿上。他狰狞着摸了一把脑后,手掌上一片鲜红。

已经不需要任何宣战的台词,场面一触即发。乌泱泱的一群小青年抄起桌子凳子直向郑恺和红叶的方向劈来,刘婶的酱货店顿时风沙四起,扬尘满天。

"有本事冲我来。"郑恺大吼了一声,双手摆起了架势,他又侧眼看着秀娟和红叶,挥起一只手将她们推到了一旁,继续吼着,"这是男人的事,女人,都出去。"

这一推,是红叶所能感受到和郑恺认识以来最大的气力了,像一阵洪流,她被怔怔地卷到了大门边。秀娟也一下子清醒了,眼看着其乐融融的酱货店变得乌烟瘴气,知道是自己闯了祸,她直接跳到了兄弟们与郑恺的中间,张开双臂拦住了双方。但这无济于事,她很快被同伴轻松地拎到了墙角,噼噼啪啪地一顿对打,夹杂着刘婶高八度的警告声,店里的桌椅、窗玻璃都成了受害者。郑恺一人难挡众手,身上的衣服被撕破了,手臂上、额头上、侧脸处都破了皮、出了血,当二峰手上的木凳砸向郑恺的头时,红叶不知是如何挡在两人中间的,凌波微步、罗袜生尘的速度都不足以相比,她闭着眼睛准备迎接这一闷头。

一声沉重的闷响过后,木凳子被一只脚踢飞出了几米,窗玻璃应声而碎。随着一声大吼:"都给我住手!"拉开架势的众人仿佛被钉住了手脚,时间在那一刻停止了。这一脚是老雷踢的,这一声也是他喊的。他愠怒的眼神正逼视着眼前的红叶,足有半分钟的时间,他好想把一肚子的话都倒出来,但他知道他不能,他憋在心里,硬生生地咽了血。

红叶喘着粗气,睁大了眼睛,她吓得浑身抖动,看着他说:"上次的钱我会还你的。今天这个事不是我不愿意和你们一起,我是怕坏了你们的兴致。"

"是怕我们坏了你的兴致吧?"

"你怎么说都行。今天这事是郑恺手重了点,我代他向二峰道歉,和上次一样,医药费都算我的。"红叶说着话,还作势保护着郑恺,以免他因激动或是保护自己再动起手来。

"你一个大男人,让个小女人保护算是什么种!"老雷重重地向地上吐了口唾沫。

郑恺用力地推开红叶,他眼角眶上的血已经顺着眼睑滑到了脸颊,他依然在气势上没有输给对方。

"你说吧,想怎么解决?"

"你想怎么解决?"

"很简单,只要不伤害到红叶,一切由你们做主。"郑恺的一只手碰到了红叶的手,紧紧地握了起来。

老雷知道这一次他输了。虽然在红叶的眼里他一直是个痞子,但至少不该是个是非不分无恶不作的混蛋,这一仗打得窝囊。现在不管自己说什么做什么,与眼前这个人模狗样的穷书生来比,他都输了,他甚至妒忌他有保护红叶的权利。看着红叶惊恐与坚毅的眼神,他直接把手里的半瓶酒狠狠地摔到地上:"不喝了,走。"

8

时令冬至,漫天的雪羽轻盈地扎落在干枝上打着旋儿安身,渐渐地,树枝被包裹起来,结实得不再摇动,远远望去,像是一排排立挺着银装的步兵,整齐划一地拉开了年的序幕。

李四媳妇儿上次买煤回来后心里一直憋闷着,想换钱的柴火被人烧了个彻底,凶手至今逍遥法外,乡市的煤又贵得离谱,这个冬天如何打发还真是让她为难了。与李四商量过后,她又只身去了趟村委会,她想好了,如果村长不给解决这件事,她便使出女人通用的那点儿本事,一哭二闹三上吊,村长看着这样卖力的表演保不齐要安抚群众给个说法。女人们都是经历过这样一个阶段的,年龄的不断增长,脸皮也会不断地加厚,等到什么都不在乎的时候,人生的修炼便已炉火纯青了。

李四媳妇儿出现在村委会的时候,老程和孙寡妇正坐在火炉子边烤手,他时不时地把孙寡妇的手抓在自己的手里帮她取暖,说到兴起,还用手刮刮她的脸蛋,她娇羞着躲开,手又拍打在了他的背上。这一幕甜蜜的调情让李四媳妇儿吃惊得差点合不上嘴巴,这太出乎意料了,远远比她那堆柴火垛的事来得让人震惊。大概是发蒙了一分钟的时间,她有了新的主意,并没有马上打断眼前两个人的暧昧,而是直勾勾地盯着这两个人,看着他们笑得前仰后合。

很显然,她的这招非常奏效。当老程和孙寡妇发现这鬼魅一样的女人出现在背后的时候,吓得七魂都跟着出窍了。也许是做贼心虚被人抓到了小尾巴,老程很快就答应了李四媳妇儿提出的无理要求,每斤煤由村委会补了她五毛钱的差价。李四媳妇儿心里乐得开花,这跟她卖了柴火垛的收入差不了多少,而且还省去了寻找买家讨价还价的麻烦,坏事变成了好事。她当面谢了老程,又顺便解救了尴尬的孙寡妇,直接拉着她出了村委会的门。她盘算着,这个时候向她打听些关于红家的那桩事,应该会有一些内幕的消息吧。

村街上,北风迎面犹如刀绞,两个女人的大围巾把脸遮得密不透风,没一会儿,冰气便成了一道挡风的墙。李四媳妇儿又着袖管,走起路来一步三摇,厚厚的大棉裤裆拖到了膝盖,远远望去,像是临产的母猪又多了些许奶水。

"孙家妹子,我听说,红家跟郑家弄到一块去了?"李四媳妇儿怕自己说不清楚,又往下拉了拉大围巾。

"是啊,两个孩子还挺般配的。"孙寡妇小心地应对着。

"我看不见得,红叶一初中毕业的农村姑娘,跟人家大学生哪能般配么,郑恺他们家同意这事?"

"怎么不同意?郑恺他爸妈都挺喜欢红叶的。再说,女孩子要啥文凭,嫁人了,能生养就行呗。"

"孙家妹子,你给姐说句实话,他们俩发展得这么快,不是那啥了吧?"李四媳妇儿撇了撇嘴,渴望着孙寡妇能竹筒倒豆,"你放心,我绝对不会往外说。"

孙寡妇听到李四媳妇儿如此说,反倒想起了自己刚才与老程的暧昧,她猜想着对方是把这当了话柄,赶忙阐明自己的立场:"婶子,这可不能瞎说,要是传了出去可是要出大事的。"

孙寡妇这么说也是有原因的。两周前老雷回了趟县里,按照老程的要求他从鱼店捎回了批冻海鲜,这批海鲜是给上级领导准备的年货样品,当然,他也特意给孙寡妇准备了一份。这天接到消息的孙寡妇上门取货,她怕给老程惹出不必要的麻烦,直接把自己裹成了个大肉粽,浑身上下只留着一双小眼睛。到了老雷家,她轻拍了几下门,见里面没有动静,便猫着腰从窗玻璃向里看去,屋里烟雾缭绕的根本看不清躺在炕上睡觉的人,她心里一阵子火气直接上脚踢了两下子门。就是这重重的两下子把老雷给踢醒的,他心里猜着定是秀娟又来找他,直接穿着大裤衩光着上身就来开门,没想到这一幕把两个人都给惊着了。老雷为了表示歉意直接送货上门,孙寡妇得了海鲜很是欣喜,顺道回下房取了袋黏豆包塞在了他的手里。这一来一去,两人扯在一块儿的消息就在益丰村不胫而走,在这样一个北方寒冷的冬天,算是一枚配料十足的炸弹,炸得全村跟着乱颤。

秀娟是第一个来拍老雷家门的人,她无法忍受老雷喜欢上一个寡妇。上次饭店事件过后,秀娟很认真地和他谈论了一番,她其实心里一直喜欢着老雷,她不管村里人的疯言疯语,无视长舌妇们的指指点点,她甘愿成为她们嘴里的野孩子。她一直觉得自己走在了老雷的路上,只有她和他才是最相配的,她一直等待着有一天他会对她说,娟儿,嫁给我吧,没有你的日子有如白开水。但是,她一直没等来。她环视着老雷的房间,衣物横飞,狼藉一片,满屋子的乌烟瘴气,她用手来回拨弄着光线下的烟圈儿,却被刺鼻的烟味呛得猛烈地咳嗽,再往前走,脚下的大绿啤酒瓶子差点绊了她一个趔趄,视线的尽头,方便面袋,酒瓶子,烟头……应有尽有,她知道,这里该有个女主人了。

"老雷,收了我当你女朋友吧!"

秀娟的这句话说得干脆,不遮不掩,老雷反而不知如何作答。这些天,村里的谣言搅得他难受,他甚至有些害怕听到女人这字眼儿,心像是被掏空了,又塞不进什么。

"老雷,我不知道你在躲什么,你知道,我是一直喜欢你的。"

"我现在还不想谈这些。"

他不想欺骗秀娟,但也不想向她说出自己喜欢红叶的事实,因为喜欢红叶是他自己一个人的事。秀娟不明就里，只道是凿实了他与孙寡妇的传言，气愤地放下狠话："一个二十岁就嫁了汉子，孩子还没出生就克死丈夫的寡妇你都敢要，你，你真是垃圾透了。"临出门时她还顺手抄过一个铁榔头扔向窗户玻璃，一阵噼里啪啦之后，两个人就此分道扬镳。

孙寡妇这边也没什么好消息，自从出了这档子事后她就没敢再出过门。寡妇门前是非本来就多，她不该惹上这身骚气。娘家从邻村打来电话，让她把女儿楠楠接回来，说是她嫂子又害了喜，希望这胎是个儿子。世风日下人情冷暖，她心里知道这是嫂子容不下她娘俩，顺手拿了件亲手做的小棉裤出了门。当她走出房门的时候，却遇上了前来兴师问罪的村长老程，没等解释，一个巴掌就扇了下来。孙寡妇与老雷的事刚开始传的时候老程并没怎么当真，他很清楚村里有着这么一拨张家长李家短的好事者，但这阵子这事传得邪乎，走到哪里都能听到谈论，有板有眼仿佛亲眼所见一样。他再也沉不住气了，就算孙寡妇不是他明媒正娶的媳妇儿，她如此行事都像是给自己硬生生地戴了顶绿帽子。李四媳妇儿闯进村委会的这会儿，是老程为了缓和与孙寡妇的关系特意找她来给些物质补偿的。孙寡妇心里明白自己图的是什么，也不和老程闹，得了好处自然和他有说有笑。

林芝开始和红湖商量着红叶与郑恺的婚事，她觉得这件事宜早不宜迟。这次红湖却并不怎么配合，他拈了些烟丝放进烟袋锅锅，划了个火，满足地猛抽了两口。在他看来，婚姻就是条贼船，聪明的贼上得来下得去，或许还能当上船长，笨贼上得来就永远下不去了，他不想干涉女儿的感情。说到最后，林芝终于失去了耐性，直接把手里的毛线团扔到了他的脸上，毛线团在炕上翻滚了两下碰到炕沿直接掉到地上去了："这都快过年了，他们老郑家要是有心也该来过礼了。红叶是女孩子，什么时候没吹喇叭进洞房那都不算数。"

"她还没满十八岁，你着个什么急，让她多陪咱俩待两年不是也挺好的吗？"红湖慢悠悠地下了炕，捡起毛线团塞到了林芝的手里，又吧嗒了一口旱烟。

"不急行吗?她和郑恺也处了有一段时间了,万一这事黄了,以后谁还敢要咱们家闺女啊。"

"照你这么说,婚姻就是一锤子买卖,谈不成就得遭别人嫌弃?"

"女孩子家最重要的就是贞洁,你看那随便跟了几个男人还不结婚的,哪个是正经的女人?"

"我还跟过几个,我也是不正经。"红湖简直是无奈。

"你是男人!在以前,男人有个三妻四妾的都光明正大,男人是天生的风流种,谁会说什么。"

红湖知道没法再和林芝这歪理道道理论下去,她每次都会以无理胜有理,最后大获全胜。他用力地抽啜了最后一口烟,又把烟袋杆儿在炕沿敲了敲,烟灰便集成堆顺着炕沿壁落到地上,他又拎起双鞋在炕沿壁上磕了磕,然后穿好,背着手向外走去。

"你要干啥去?"林芝见红湖要跑,忙上前一把抓住了他。

"你抓我干啥,武子不是今天要回来了吗,我去社里给他捡两块大豆腐。"

今天是红武回家的日子,去年他是村里唯一考上县一中的学生,红家还为此放了鞭炮。村子里文化人不多,但是他们对于学习好的娃仔格外看重,毫不吝赞美之词,李四媳妇儿就说过,我们家全儿是要上县一中的,他在班级里可没出过前三名。当红湖又重复起这句话时,林芝的醋坛子算是打翻了一地:"就他?不是我说话不中听,他们家就没积那阴德。快去买你的豆腐吧。"

这话好像穿过了密不透风的火炕,每一处电线杆子,每一堆草垛,绕过猪舍飞到了李四两口子的饭桌上,他们正端坐在火炕上边包着冻饺子边商量着给李全班主任送礼的事。李全明年就要中考了,他现在是乡里中学的重点保护对象,为了在临门一脚前让老师多费点心,两口子决定趁过年给班主任意思意思。可商量了一大天也没商量出到底该买点什么,最后还是李四做了个终结："买啥都是心意，你就看着办吧。"但李四媳妇儿却不这样认为，她心思比老爷们儿细致。买东西送礼是门学问，她知道全儿的班主任还没结婚，最终决定买上两米牙签尼的料子，让他去成衣店做身体面的西装。李四还是嫌这礼有点贵重了，便说自己的儿子学习好，送不送礼意义不大，这倒戳中了李四媳妇儿的命门，她因这个跟李四大吼了起来，吼到最后，觉得无趣便扔下手里包了一半的饺子，穿上鞋子去了乡里。

农历腊八，腊者，逐疫迎春，佛成道节。

郑家终于下了和红家会亲家的帖子，打算晚上碰面择个黄道吉日。农村人办喜事琐碎多，郑恺、红叶虽说算是自由恋爱，但婚礼上却需要有个介绍人，孙寡妇出了那档子事，自然登不上大雅之堂，所以找个合适的人选也是会亲家的议题之一。再接着，也是最关键的一环，就是讨论聘礼和嫁妆。郑家有郑家人的底线，红家有红家人的打算，说白了会亲家就是一场势均力敌的婚前谈判。

林芝得到这个消息自然心花怒放，不管谈判谈到何种地步，年后嫁了女儿就算是了了一件大事。清早天刚擦亮时，她便忍不住屋里屋外地张罗起来，惹得红湖、红武齐齐抗议。对于儿子她虽无计可施，但对红湖她却极为理直气壮，直接一把掀起了被子，蜷在炕上的红湖浑身只着一条退下半个屁股的旧内裤，恼羞之下便飙起了脏话。你来我去的大吵让红叶头疼，索性早饭也不吃了，直接装了饭盒匆匆离去。她心里一阵子闷火，直害怕自己以后的婚姻会步入这种无止境的吵闹中，是生活改变了女人，还是女人改变了生活。

这段日子，程小丽也在一直反思，她找不出中间是哪个环节出了错，直接把郑恺逼向了红叶的手里，看着两人每天出双入对的幸福模样，她恨得牙根儿直痒。但很快，用来报复红叶的机会就来了。

清晨的乡政府大院门口异常热闹，早餐的叫卖声、上班人员的寒暄声交互升腾。红叶今天穿了一件好看的红色棉袄，衬得她的面色更加白皙。

她早到了半个钟头,便将自行车停放在了乡政府的大门口,父母的争吵一路上都在烦扰着她,但当她站在大门口张望着即将到来的郑恺时,一切都烟消云散了,她相信她不会成为第二个林芝,郑恺也不会是第二个红湖,他们之间不会成为父母的复制品,自然不会因此喋喋不休。她想到了这些,嘴角扬起了一丝笑,她想不出以后她若是和郑恺吵了架会是因为什么,他那么好的脾气,怕是想吵也吵不起来。

对面的小树林里,程小丽正在给两个鬼祟的男人指着红叶的方向:"就是那个红衣服的姑娘。"两人当即点头做出了接活的表示,程小丽开始和他们谈起了价钱。这两个人是她通过表哥找来的,一个长脸浓眉毛,一个圆脸大胡子,没什么正当职业,平日里替人打击报复恐吓赚点零花钱。据说这个长脸眉毛在城里名声不错,给钱干活,从不废话。

"只管吓唬吓唬,别给我闹出什么大乱子。"

几个人谈好了价钱,程小丽还是有点不放心,又叮嘱了几句,那个长脸眉毛倒不温不火,圆脸胡子却沉不住气了,略嫌这姑娘啰唆,直接伸出一只巴掌:"咱可说好了,五十块钱,一分也不能少。"

程小丽鼻子一哼,从裤袋里掏出二十块钱递了过去,心里只骂着这些江湖上的混混不知天高地厚,连她程家人的竹杠也要敲上一笔。她的再三叮嘱听得长脸眉毛也皱起了眉头,他的眉毛不皱的时候只是比一般人浓重,一旦皱起来便像是两只冬眠的蚕蛹趴在了眼眶上,程小丽抬头看到这画面时就忍不住扑哧一声笑了出来。正待她想解释点什么,却远远地望到了郑恺和红叶。郑恺双手在嘴里呼了几下哈气,待温热了,把手盖在了红叶的耳朵上,红叶甜蜜地对着他笑,两人彼此的眼光里充满着幸福,然后手牵着手,有说有笑地迈进了乡政府大楼。程小丽气得牙痒,心里咒怨着那对渐远的背影。

午后,一辆小轿车驶进了乡府院子,程永峰在众人簇拥下走进了政府办公楼。他此次前来长发乡是县里最近一次领导班子之间的联合互检,更多的也是为各乡镇主要领导之间一次串亲戚拉友谊。吴恩泰亲自向任志远要了人,指名让郑恺参加晚宴,郑恺跟任志远说:"领导,真是不凑巧,今天我和红叶两家会亲家。"任志远看着郑恺想把自己置身八万里以外的态势直接把他拉进了科长办公室,然后以一个老领导或者兄长的口气推心置腹地跟郑恺说:"你以为全长发乡政府谁都有陪新任副县长吃饭的机会吗?上面点名叫你去,八成是想要把你当后备干部来考察,会亲家早一天晚一天,老婆又飞不了,孰轻孰重你自己好好想想。"这样的劝谏令郑恺哭笑不得,但是在他的心里和红叶会亲家还是比较重要的。他正想组织一下语言推托掉任志远的好意,任志远却拍了两下桌子强调说:"这事还没对外公布,但是我可以先透露给你,程永峰过了年可就到县政府去上任了,你可别糊涂。"

回了办公室,他还一直沉浸在改日还是不改日、去还是不去的犹豫之中,心里总觉得这一次被点名并不那么简单。他是比较优秀,但也不至于全乡政府他最优秀,非他不可,他又没什么背景,从来也没指望过自己能攀上仕途。他把他的担心、直觉以及要陪同大领导的事一一说给红叶听,他说的思绪万重,她听得有板有眼。在去张大爷那随便逗了个趣的工夫,她就打消了他的所有顾虑:"还有什么样的机会能比这个更重要了呢?晚一天会亲家,我又不会飞了。"

下班后,郑恺送红叶到了自行车棚,他拉着她的手悄悄地说:"老婆,爸妈那边就全靠你解释了,要是他们责备下来,该打多少板子等我回去了再领教。"

红叶嗔笑着,直接把手轻拍到了他的脸上:"那我得马上给你做一个加厚的屁股垫,否则你这屁股可就开花了。"

郑恺趁红叶不备,一个吻就这样轻轻地落在了她的唇上,他的唇软软的柔滑着她的齿尖,虽不热烈却极尽温存,红叶喜欢这样的吻,里面有郑恺浓浓的宠溺和疼惜。当郑恺带着炙热的目光再次看向她时,她竟有些不舍,便又投到了他的怀抱,直到陆续有人经过,红叶才羞红了脸低头推车向外走去。郑恺诙谐一笑向前追去,胳膊夹住了她的脖子在众目睽睽之下又亲吻了下红叶的脸颊,他贴着她的耳旁说:"就让他们妒忌去吧。"

"你少喝点酒,早点回家。"

"遵命,老婆大人。"

"老婆大人"是红叶这十七年以来听到过最好听的称呼。她与郑恺挥手告别后,便骑着自行车向家的方向驶去,她的心暖暖的,甜甜的,那个大河沟旁的影像又一幕幕地出现了,她在厨房里做着菜,他在后面抱住了她的腰,那个和她长着一样眼睛的小女孩此时扑向她的怀里,她开心地掐了掐她粉嘟嘟的小脸蛋儿。郑恺升了职,她转了正,两个人的小日子就这样绵绵长长,恩爱相持,她的头发白了,他的胡子长了,两个人手挽着手走在益丰村的夕阳里,那是人间四月天了吧。

乍寒的天儿干巴巴地冷,风也懒得动。街上有几处卖灶糖的摊子,生意人吐着哈气大声地吆喝着,圆脸胡子扔下了一块钱,拎着袋灶糖跑回了小树林。他从里面拿出两块黏在一起的长条糖递给了长脸眉毛,长脸眉毛也不多语,接过灶糖直接放进了嘴里,用力地嚼着,那脆生劲儿随着哈气裹得声音含混不清。

"那丫头别是他妈的把咱哥俩给耍了!"

他低头看了下表,又向乡政府大门处仔细地望了望。圆脸胡子没有立即接话,嘴里的灶糖遇到温度与牙打起了架,他倒腾半天才倒出口来:"放心,一只苍蝇都逃不过去。"也是在这时,红叶骑着自行车从政府大门驶出,跟门卫室的张大爷说了声"明儿见"就一脸幸福地向前骑去。她有节奏地骑着车子,轧得地上的雪都跟着咿咿呀呀作响,哈气隔着厚围脖缓缓地飘散,嘴里竟不经意间哼唱出那首《黄土高坡》来。

"哎,是不是这个?"长脸眉毛用手肘触碰着圆脸胡子的胳膊。

"是了,哥,就是她。"

话声刚落,两个蒙面的黑影便从小树林里蹿了出来,自行车应声而倒,继而传出红叶凄惨的叫声。红叶知道自己是遇到坏人了,只想着如何求救和逃跑,她大声地喊着救命,然后又握紧了拳头,想要努力地站起身来,却接连着两次滑倒。长脸眉毛很快地捂住了她的嘴巴,红叶即使再用力也叫不出声来了。

等控制住了红叶,长脸眉毛便直截了当地告诉红叶他们此次的目的,"你只要离开那个叫郑恺的家伙,我们保证不动你一根毫毛。"

听了这样的警告,红叶反倒不怕了,她小心地挪移着身体,手指试探着碰到了一棵小树,顺势站起身来,她看着面前的两个人问:"是有人叫你们来吓唬我的吧?"

"少废话,让你咋办就咋办,我们可没耐心跟你在这耗时间。"圆脸胡子不像长脸眉毛那么讲究,凶神恶煞地从腰间直接拔出了把匕首搭了过去。

红叶看着刀过来,心里一紧,但她强撑着让自己不动声色,她继续向两个人表明自己的立场:"郑恺是我的未婚夫,我们今天就要订婚了,你们回去告诉那个人,我不会,也不可能离开他,让她别费心思了。"

"我告诉你啊,我现在跟你说话客客气气的,别敬酒不吃吃罚酒。"长脸眉毛说。

"什么酒我都不吃,你们就传个话,有什么事让她自己来和我说。"

"我操,多大点儿的丫头就敢跟我们耍横!"圆脸胡子直接用匕首把儿重重地打向了红叶的头,红叶感到一阵眩晕,再接着,有咸咸的液体快速地流向了她的嘴边。红叶用手捂住了额头,感觉有一个敞开的口子,她用力地往下按了按。

"还嘴硬不?"圆脸胡子见红叶出了血,看了眼长脸眉毛,长脸眉毛瞪了他一眼。

"我们已经是夫妻了,你让我离开他,这不是开玩笑吗?"红叶的声音已经虚弱了很多。

"呸!谁不知道,领了小本本才算合法。"圆脸胡子盯视着红叶,几近要靠近她的脸,她那双惊恐而灵动的大眼睛突然让他着迷起来,他一直盯着看,她越躲闪他越心动,呼吸急促间让他的荷尔蒙萌动起来。只在这一瞬间,他便改了主意,放下匕首跑过来与长脸眉毛商量,长脸眉毛听了圆脸胡子的想法后,当即给了他一巴掌:"成你个屁。拿人钱财替人消灾是道上的规矩,你还真以为你自己是混黑社会的?"

但这一次,圆脸胡子像是铁了心一般讨好着同伙,甚至直接把他早上分到的十块大票硬塞进了对方的口袋。他是第一次见到像红叶这样冰清玉洁的姑娘,她的那双眼睛像块宝石一样吸摄着他的魂魄。见两个人激烈地争吵着什么,红叶感觉到了一丝诡异,只道是分赃不均起了内讧,她一边小心地盯着对方的视线,一边慢慢地挪到了自行车旁,什么都不多想扶起车身蹬上就跑。可她哪里是两个壮汉的对手,只骑了没几步就被圆脸胡子飞身按在了地上,长脸眉毛跟上一巴掌拍了过去,利索地将红叶的胳膊锁在背后,疼得红叶只喊救命,圆脸胡子趁势又将围脖堵住了她的嘴。

"服个软有他妈那么难吗,你这么耗着我们谁也没法交差。"长脸眉毛一边骂道一边吐着唾沫离开。他第一次碰上这么难做的买卖,索性同意了圆脸胡子的请求,他是有办法让红叶求饶的。

小树林里,只剩下圆脸胡子和红叶两人,他整理了一下脸上的面巾,轻轻地向红叶走来。他扯掉了她嘴上的围脖,又轻抚她的嘴角,笑道:"郑恺是他妈谁无所谓,反正从今以后你是我的了。"说着,他饿虎般地扑了过来,雨点般的吻向红叶袭去,红叶发了疯似的躲闪,用尽全身的力气与他撕扯,头发被抓得凌乱,红袄领口也被扯破了,挂钩在下颊处划出了一条血痕,她大喊着救命,声音变了形,直到这一刻她才真正地意识到危险。她向圆脸胡子求饶,她说:"大哥,她给你多少钱我双倍给你,你放了我,我一定不食言。"可圆脸胡子此时精虫上脑,什么钱不钱的根本就入不了耳朵,这一刻,就是给座金山他也不会放弃眼前这曼妙的女子。

"你省省吧!跟了我,爷保证你吃香的喝辣的,准不会比乡下丫头过得差。"圆脸胡子双手掐紧了红叶的脸,使红叶的脸又瘦长了三分之一,他的嘴很快地就凑了上来,感觉摆在他眼前的就是一饕餮盛宴,他一口下去,想象着肥汁鲜美,却直接磕到了红叶的脑门上,他疼得大叫,看着红叶脑门上也是鲜血淋漓,他气得直接扇了红叶一个大嘴巴,然后更用力地捏住了红叶的嘴巴。

"大哥,你放了我,我爷原是长发乡的乡长,你想要什么我一定答应你。"

"我爷还是省长哪!"圆脸胡子一阵狂笑。

"你让我离开郑恺,我答应你,我答应你……"

"晚了,现在说什么都没有用了!今天晚上,你是我的!……"

9

小树林约百米的地方出现了一辆驴车,挥着鞭子与驴对峙的人正是老雷。自从惹上了孙寡妇这档倒霉事后,老雷便去了县里父母的鱼店帮忙。他本来就烦村里那群老光棍老娘们闲着没事扯淡,他们竟还把屎盆子扣在了他的身上,要不是孙寡妇一柔弱女子楚楚可怜,他怕是能把整个益丰村掀个底儿掉都不稀罕。但这天,鱼店又接到了村长老程的电话,预订了一车海产品给乡政府干部送礼,送货的活儿自然落到了老雷身上。他本不想搭理这桩子事,可父母好说歹说,许了他五百块的赏钱,算是诱惑成功。

老雷不会跟钱过不去,两眼一闭毛驴鞭子一甩,豁出去了,他想着只要在乡政府下班前把海产品送到,赏钱就自然到手了,没料想半路上一个轮胎爆掉,走了几里地才找到修胎的地方。折腾大半天总算把东西拉了回来,整个人也累完了,他气得狠命地踢了几脚驴屁股,弄得满脸挂霜的驴小弟委屈地大吼了几声。做驴也凄惨,被人踢还得照旧给人干活,驴小弟也只能认怂,但经过这片小树林的时候,驴小弟突然又不听使唤了,一声接着一声大叫,老雷赶了几次无果后,气得直接抡了它几鞭子,等它消停了,老雷又听到了救命声。

此时的夜,小风浮云隐月,加上小树林里传出了这样的声音,着实让人毛骨悚然。老雷抖了抖身上的冰霜,壮着胆子任驴慢悠悠地前行,他心里也打着鼓,因早前总听村里的老人家们讲聊斋讲小狐仙的故事,他更是觉得这小树林里传出的就是小狐仙的声音,那一声声孱弱凄惨的救命声叫得他心慌。他打了个寒战,用力地甩了两鞭子拼命地赶着驴往前走,驴小弟被鞭子甩得发了脾气,前脚一扬发出一声嘶吼,差点把老雷掀下了车。老雷气急败坏地下车去踢它的屁股,却紧张得尿急,只得捡了两块砖头垫在车轮底下,凑到近前的大树根儿处解手。

拨去浮云的下弦月悬在半空,微光使整个树林看起来阴森可怕,老雷用力地挺了挺身,尿液还是悬在半程不肯出来,他抖了抖,便又听见瘆人的叫声,索性收回了家伙,不打算方便了,要真是大半夜闹了什么鬼,缠上身可就不好玩了。在往回走的途中,他听到了一声男人的号叫,像是被地雷炸到了的反应,这点他有经验,接着,又是女人一声接不上一声的呼救。红叶在圆脸胡子靠近她的时候,用尽力气咬住了他的耳朵,无论他怎么挣扎,她都不肯放开,圆脸胡子那半个血肉模糊的耳朵就生生地被她咬了下来。她满脸鬼魅,他满脸狰狞。疼过了劲儿,圆脸胡子找了根胳膊粗的树干向红叶披头砍去,就在这个时候,老雷不知道怎么地出现在了他的身后。

"大哥,你这是遇到鬼了?"老雷试探地问。

"少管闲事,给我滚远点。"

没想到还有人应了他的话。老雷仗着胆子觉得有趣,又向前凑了几步,看到了圆脸胡子和树跟前的女人,他又硬着头皮搭了腔:"怎么着,要不要帮忙?"

"大哥,救命。"红叶拼命地吐出了半只耳朵,呛得她连声咳嗽。

老雷一听,呀,这小狐仙向他求救了,莫不是这大块头是个魔啥的?他心里一紧,打算打道回府,向前走了十来米,又听见小狐仙大声地哀嚎,他正犹豫着要不要管这等闲事,没想到圆脸胡子直接暴跳如雷地向他扑了过来,咆哮着,他吓了一跳,本能地向圆脸胡子的头上打了一拳,这一拳打在了圆脸胡子的左耳上,疼得他又大声号叫起来。老雷再看自己的手时,鲜血淋漓,他动了动手指,没什么异样,心里气呼呼地埋怨了自己两句,干什么不好,惹这等闲事,还是走为上策。他这一次下了决心,头也不回地向小树林外走去,这魔与仙之间的恩怨关他屁事,他可不掺和了。

然而圆脸胡子像是鬼魅一样缠上他了,没等他走出林子,他又猛扑过来,直接将老雷扑倒,嘴里呜里哇啦地说着根本就听不出个所以然的话,他的手向老雷的脚上摸去,可他哪里是老雷的对手,老雷在部队里的摸爬滚打绝不是打诳的,别说一个圆脸胡子,就是两百公斤的铁杠他都举起来过。没几招式圆脸胡子就被打得爬不起身来,老雷指着他让他离开,他起初还试着向红叶的方向移动,但老雷的手指和眼睛一直跟随着他的方向,他索性自认倒霉摸了棉袍拎了皮带骂骂咧咧地跑了。

老雷被这突如其来的攻击吓得清醒过来,他做了个深呼吸,一口冷气直灌进他的身体里,接连咳嗽了好几声,心里直骂着这个大块头没礼貌。他这次真的准备离开,等他平稳过气来,又仔细地捋了捋今天晚上发生的事,最后他还是没较劲过自己的好奇心,打算看一眼自己救过的狐仙长啥样再走,起码他和二峰、小东子说起来也算是打过魔见过狐仙的人。他走近绑着红叶的大树凑上前去看了一眼,这一眼不看还好,看过之后,他直接被满脸血迹的红叶吓得"妈呀"一声,差点跌了个倒仰。树桩下,红叶已经连冻带吓奄奄一息,她的头发乱成一团,额头的伤口处正滴滴渗出血来,最恐怖的是她的嘴,由于咬掉了圆脸胡子的半只耳朵,那鲜血几乎已经凝固在了周围,看起来真像是吃人的妖精。老雷心想,就算是狐仙,也不至于害他这个救命的恩人,他不打算看了,用雪搓了搓手上的血,转身就走。

"大哥,"红叶轻轻地唤道,"谢谢你。"

虽然红叶的声音很轻,但在这种精神高度集中的夜里,老雷每一个字都听得清楚,他没有一刻停留,继续向前走。

红叶继续更大一点儿声地说:"好心人,你能把我送到益丰村吗?"

听到益丰村,老雷的脚步突然停住了,他转头问:"你是益丰村的?"

红叶气若游丝:"是,我遇到坏人了,你能送我回去吗?"

老雷思索了一秒,然后转回身又向红叶走去。他解开了绑在她身上的绳子,又借着月光仔细地看了看她,她的手已经冻得红肿,基本上动弹不得,她试图将已经被撕扯烂的红袄穿上,却根本达不到这样的目的。老雷索性帮了她的忙,直接将红袄给她穿上,然后又捡了可以扣起来的盘扣扣紧。红叶缓缓地抬头看向老雷,月光下他的脸非常柔和,当老雷与她四目相望时,她竟然惊叫了起来,然后一把揽过老雷紧紧地抱住了,之后就是放肆地失声痛哭。

"我是红叶,我是红叶,我是红叶……"她控制不住地喊,一遍又一遍地喊,"我是红叶……"

老雷认出了红叶,他看着她愣得没了知觉,红叶的声音像一缕烟一样飘进他的脑袋,他用力地闭上眼睛,刚才的一幕在他脑海里旋转,他攥紧了拳头,浑身的鸡皮疙瘩马上就要爆开了,愤怒的火焰已经喷出了体内:"畜生!畜生!我要杀了他!啊!"他发出一声声的嘶吼,他的心瞬间像刀子剜过了一样,恨不能此时将那个大块头碎尸沉河。他望着红叶几乎已经看不出模样的脸和已经被撕得凌乱的袄裤心痛得掉下泪来,他紧紧地抱着她,紧紧地抱着,一遍遍叫着红叶的名字不想再放开。不知过了多长时间,他把她抱回了驴车,在她耳边许诺:"有我在,别怕。"

红叶瘫在了老雷的怀里,她已经感受不到温度,她觉得自己的血液都已经冻成了冰,老雷的那丝温暖成了这个夜里她唯一的稻草,那种温度让她知道,她还活着,她一辈子都记得。

"我还是清白的,你相信吗?"红叶从老雷的靴子口处拿下一块冻得血肉模糊的东西,"这是那个人的耳朵。"

老雷这才知道,那个大块头为什么要一直跟他过不去,原来红叶从嘴里吐出的那半块耳朵直接吐到了他的靴子口上。红叶拿着那半块肉像是在向老雷炫耀着什么,在这之后,背后又是一阵子发凉,她一阵痉挛,手里的半只耳朵也跟着飞了出去,驴小弟被打了个正着,正想嘶吼抗议的时候,嗅到了血腥,一口吞了下去。

"我信。"老雷把能脱下来的衣服全给红叶包裹上了,他紧紧地抱着她,然后一字一顿地讲给她听,"你放心,我明天就去拿下那个狗日的人头给你。"

怕是这样的惨状吓坏了父母,按照红叶的要求,老雷并没有连夜把她送回益丰村。两个人在老雷乡里一个兄弟家落了脚,老雷抱着红叶进的屋,面对着兄弟的询问他只皱着眉头训骂了两声,兄弟便不敢再多问。他用热毛巾帮她清理好了伤口,她没感到一丝疼痛,她向老雷和盘托出了所发生的一切,请求他保守这个秘密。

"若是这事闹得大了,我就真的没法活了。"

"秘密可以保,但是害你的人不能饶,一个都不能饶。"老雷发了毒誓,"你放心,这事天知地知你知我知,若有人敢拿这件事为难你,要么他死,要么我死。"

这一夜,她昏睡过去,他整夜未眠。

会亲家成了红、郑两家人最后一次约见。红湖、林芝和郑恺爸妈大眼瞪小眼地在饭店里等了整整一个晚上,茶水喝了一壶又一壶,饭菜也热了又热,还是没有等到那两个祖宗。

红家的灯亮了通宵,林芝衣衫未曾褪去,两眼无神地窝在炕头,红湖的大烟杆儿把房间熏得挂了色。十七年里,女儿的乖巧在益丰村享有盛名,寻常人家会拿她当作榜样来教育自己的孩子,你看看人家红叶,那样的家庭也没娇着,再者就是,你要是能赶上人家红叶一半,咱家祖坟可就冒青烟了。而今,红叶的一举一动,哪怕一个闪失都可以毁了红家人的颜面。

红叶被老雷护送到了家门口,看着她走进去后,老雷方才一步三回头地离开。他嘱咐她千万别和父母动气,若想保护住这个秘密就得先扛住一切的质疑。红叶在这点上是清醒的,没有人会拿着女孩子的贞洁大做文章。林芝一夜醒醒睡睡，有点儿动静就会突然翻起身，反反复复地折腾了几次，终于等回来了女儿。她直愣愣地看着她，她昨天早上出门穿好的红袄被扯了很长的口子，尽管红叶理顺了头发，脸上却也难掩憔悴。额头的伤口，脖子上被掐过的痕迹，这一切都逃不过母亲的眼睛，她清楚女儿身上发生了什么，一个巴掌就拍了过去，红叶的脸上又多了几根手指清晰的痕迹，没有任何一刻让红叶的这张美人脸更丰富多彩的了。林芝的尖叫声让红叶浑身打了个激灵，她的眼泪实在是控制不住，她觉得对不起林芝，哪个母亲不把自己的女儿当成珍宝，希望在出阁前保护周全，她希望她的巴掌可以把自己打得更疼一些。

"还没结婚呢，你说，昨夜里是上哪鬼混去了？这都是怎么回事啊？"

红叶出现了幻听，里面还掺杂着圆脸胡子那淫荡的笑声，她用力地捂住耳朵，母亲的身影，父亲的身影，母亲的身影，父亲的身影，交叠着，放大着，她眼前一黑，瘫倒在地上。

红叶在家里休息了一天，是林芝去村委会给任志远打了电话请的假。郑恺在办公室里的一整天都心神不宁，昨天他陪乡长吴恩泰和程永峰喝完酒酩酊大醉后回家，吐了一地，闹了一夜。本想着第二天上班时向红叶诉诉委屈，红叶却请假了，他不便去问任志远自己女朋友请假的原因，只想快点下班好去家里探望。这一天，办公室里只有程小丽和他两人，两个人一整天竟都没说上一句话。程小丽一整天都心神不宁，只想下了班在长脸眉毛和圆脸胡子那里打探到昨天的情况，她不敢看郑恺，心虚得一整天都在看表挨时间。

郑恺见到红叶的时候，她正在火炕上睡着觉，林芝用手肘碰了碰女儿，熟睡中的红叶翻了个身。郑恺看到了她额头上的一处擦伤，询问了未来岳母缘由，得知是骑车子摔伤了才宽了心。郑恺贴着红叶坐下来，心疼地用手抚着她的伤处，佯意责怪着她的不小心，红叶见到他却只想哭，想抱着他放肆地哭，告诉他昨天发生的一切，告诉他自己的委屈，但她不能。她一整晚听着郑恺详细地描述着与程永峰、吴恩泰三人的酒局，他们喝了足足五瓶老白干,喝到后来已没大小,是吴恩泰的司机送他回的家,说到最后,他向红叶发誓今后再也不会如此放任。他还向林芝和红湖道歉,希望二老再定个日子,两家重新确定订婚的事。

郑恺走后,红叶翻过身却怎么也睡不着,昨天的一切恍若隔世,脑海里那个小树林成了她的噩梦,挥之不去。她恨在小树林里恐吓她的两个男人,恨那个差点毁掉她清白的魔鬼,脑中有无数把刀将他砍成了碎片,她还是觉得不够;她更恨那个指使他们的人,程小丽,这个蛇蝎心肠的女人,过去的一切难道都没法过去了吗?我同情你的身世,想要和你修好,上辈子的恩怨一定要在我们这一代人身上延续吗?你想报复到何种地步才肯罢休,阻止我和郑恺成婚,毁了我的清白,下一步你还想满门抄斩吗?好啊!来吧!我已经差点死过一回,以后,没什么好怕的,从今以后,我寸步不让。她在意识里浑身插满了战旗,战旗被风吹得呼呼直响。她又看到了老雷,他站在自己的面前,向她伸出了手,如果他没有出现,如果,大块头的耳朵没有吐到他的靴子口,如果,他走得再快一些,如果,他没有听到自己的呼救,如果……她不敢再想,圆脸胡子那狰狞的脸带着血迹向她一点点靠来,她一刻都不敢再闭上眼睛,她喘着粗气,心里默念着,老雷,老雷,那张狰狞的脸就会退去了,这个名字代替了深呼吸成了她未来一段时间里解除噩梦的符咒。

老雷回到家后大睡了一觉,大约在午时三刻的时候起了身。他穿好衣服抄起柜子里藏着的马刀走出大门,他还捎带着一大捧新鲜的草料扔到了驴小弟的面前,驴小弟一脸懵懂地朝他哑叫了两声,他随即在它的脖颈处拍打了两下说:"吃吧,都是犒赏你的,吃完还有。"他要好好地感谢他的驴小弟,若不是它在小树林死命赖着不走让他无意间救下红叶,恐怕这辈子他与红叶都再无交集。万物皆有灵,他觉得他救下红叶这件事就是上天冥冥之中安排了个机会,而驴小弟就是天上派下来的使者,他打算以后把它当祖宗一样供着,绝不会让它再干重活,他要善待它,给它养老送终。

他离开驴小弟走出院子大门，打了一记响哨后便奔向了村口。这个响哨是村子里小青年们的集结哨，只有老雷打得出来，不说声音有多洪亮，单就是哨音的清奇也是别人模仿不来的。秀娟也听到了哨音，下意识地跳下炕摘下墙上的衣服就往身上穿，姥爷问她，你要去哪儿啊？她才定下神，是啊，自己要去哪儿啊？自己不是和老雷闹掰了吗？索性又把穿了一半的衣服扔在了炕上。有阵子没听到老雷的集结哨了，她开始担心起什么。

老雷赶到村口的时候，那儿已经集结了十来个人，同样的疑问显现在这些人的脸上，在他们印象里，老雷可是有日子没开荤了。二峰和小东子一个对视，没多问什么，直接说："老雷，你吩咐吧。"

老雷没有什么开场白，直入正题："全力寻找一个左耳朵撕伤的家伙。"他给几人分配了走向和任务，众人手里的铁棒便齐齐地在地上持续地敲起响来。老雷团队的宗旨向来是不问缘由只管干活，可这次二峰还是问到了最关键的细节："如果人找到了，你打算怎么治？"

老雷闭上眼睛，脑海里还是昨晚浮云隐月下那圆脸胡子狰狞的嘴脸，满是鄙陋，满是血痕，他恨不能大手一挥，马刀直接削掉他的脑袋。

"往死里打，打死了我偿命。"他狠狠地吸了口指间剩下的半根香烟，又将烟蒂扔到脚下捻灭。

话说，长脸眉毛和圆脸胡子本该第二天一早就去找程小丽要那剩下的三十块钱的，但是圆脸胡子被活生生咬掉了半只耳朵，连夜找了家私人的卫生所包扎。第二天，长脸眉毛来家找他才发现出了事，偷鸡不成反蚀把米，活该他受罪，直接数落到圆脸胡子挂不住脸。圆脸胡子心里憋闷，决定把这笔账全算在程小丽的身上："我这耳朵不能让那婊子白咬了！"

"难道等人家姑娘给你送面锦旗来？"这句话噎得圆脸胡子半天说不出话来，下意识地推了把长脸眉毛，没想到这一推的力度没有控制好，直接把长脸眉毛推到了桌角，一声脆响，那条蚕蛹上泅出些血来。长脸眉毛用手抹下了一大片血迹后，气急败坏地骂着："我看你他妈就是只疯狗。"

下午时分,两个人才一起来到乡政府院外找到程小丽谈余款结算的事,圆脸胡子把价码涨到了一百块,原因是他耳朵上和长脸眉毛上的纱布。程小丽心里直嘀咕,吓唬个红叶不至于两个人双双受伤吧?红叶是穆桂英还是花木兰?她直接将余下的三十块钱扔给了长脸胡子:"道上有道上的规矩,如果还想有下次合作的话,就讲点信誉。"

"要是早知道这是个难缠的主儿,给我们五百块钱也不会接这活。"

圆脸胡子粗暴地扯下了纱布,露出带有血痂的半只耳朵,他编排了另一个故事,细数了红叶的壮举,说得程小丽都差点信了红叶的神通广大,毕竟这两人的伤是真实的。买凶的主儿最终成了受害者,这有点滑稽,确实没有职业道德。但程小丽怕吃眼前亏,只好说回去找表哥商量一下,圆脸胡子竟抓住了她的衣领,继而又露出了那张狰狞的脸,吓得程小丽面色铁青。长脸眉毛出来做和事佬,程小丽只好借坡下驴,从口袋里翻出了八张大团结扔了过去。

从昨天下午一直守在小树林的老雷已经差不多二十四小时没合过眼了。看全了买凶的戏码之后,他再也无法控制住自己的情绪,直接提起了手里握着的砍刀。蹲在一旁的小东子问他:"哥,左耳朵撕伤的就是那胖子吧?那还等什么呀?"小东子说着也提起了放在地上的棍棒,打算冲出去了。老雷突然想到红叶嘱咐她的话,怕这事闹得人尽皆知,那他允诺给红叶的话不就是脱裤子放屁?是的,这件事天知地知你知我知,人找到了,怎么解决就是他自己的事了。小东子听话地带人离开去找二峰等人会合了,小树林里只剩下了老雷一人。

那边,圆脸胡子迅速拾起了地上散落的人民币塞进了口袋,程小丽一脸厌恶的表情,她从口袋里又翻出了张纸条递给长脸眉毛说:"你们要多少钱我都给了,顺便把这个送到我指定的地方,咱们的事就两清了。"两个人拿了钱扬长而去,留下程小丽气急败坏地冲着大树猛踢了几脚后离开了。

该先解决哪一个老雷有些犹豫,接着他狠狠地往地上吐了口唾沫,打算回头再和程小丽算账,便顺着那两人离开的方向摸去。圆脸胡子与长脸眉毛分好了钱当即告别,他哼着小曲数着手里诓来的钱得意地笑着。老雷一路跟上,在他出小树林前一记闷棍将他打倒在地,圆脸胡子痛得"嗷嗷"叫了两声,老雷不由分说地举起碗口粗的棍子冲着圆脸胡子直劈了过去,圆脸胡子脑袋顿时开花,鲜血横飞。

"好汉饶命,好汉饶命。"他跪在地上,带着哭腔,口里哇哇地告饶着,但这却无济于事。

树林背后有一个人此时正在看着这幕戏,这个人便是秀娟,她思来想去之后还是决定来看个究竟。在去找老雷的时候,路上碰到了大生子,听他说兄弟们要去教训个什么人,而且拿着家伙在村口集结了,她就感觉要出什么事,老雷有日子没这么兴师动众了。

"狗娘养的,"老雷一脚踹向他肥硕的屁股,刀架上他的脖子骂道,"老子今天就送你上路。"

圆脸胡子被打得已经没了声音,他认出了老雷,就是那天晚上找自己麻烦的人,他知道自己不是他的对手,只能跪在地上不断地求饶:"好汉饶命,好汉饶命。"

"饶命?你就是有十条命都不够饶的!"老雷直接用刀背啪啪地拍他的脑袋,吓得树林里的秀娟一阵毛骨悚然。

"说吧,给你个机会,把这件事的来龙去脉都给我说清楚了,差一点儿我都饶不了你。"

"是是,都是道上混的,我们也是拿人钱财,替人办事。你要找就去找事主吧。我,我就是看那个叫红叶的小妮子长得水灵,我不是真想欺负她,我是想让她给我当老婆……"

秀娟听到这儿吓了个倒仰。她白天去看红叶的时候,只道她是前晚骑自行车摔了跤破了皮,没想到竟遭遇了这么大的委屈,她气得拳头直接拍在了树干上。这一动静惊起一只休眠的冬鸟,也惊动了老雷,他本能地向四下望去,秀娟只得猫着身子转身慢慢离开。

10

村里的事就是这么奇怪,红叶会亲家一夜未归遇到坏人的消息不到半天的时间就传遍了大街小巷。郑恺妈得知这件事儿后就犯起了嘀咕,李四媳妇儿说得有鼻有眼,连红叶红袄领撕了长口左额头破了皮都描述得不差,她还说,林芝知道这件事后差点气得晕厥过去。准儿媳妇还没过门就开始被人公开指指点点,这在郑家是绝对的大事,郑恺妈一晚上都没吃上口饭,待郑恺回到家逮着就问:"小恺,红叶前晚没回家,说是遇到坏人了?"问出这句话后她又开始后悔,她知道这样的话一旦问出,要么无中生有被诟病,要么鸡飞蛋打一场空。

果然,郑恺被母亲的这句问话触到了炸点:"红叶就是骑自行车摔了跤,在乡里同事家住了一晚,怎么就遇到坏人了呢?"他在回家的路上一直被村里人指指点点,便逮着一个孩子问清缘由,知道是红叶遇到坏人的事在益丰村已经妇孺皆知了。

"这样的话你自己都不信,还来跟我解释。"母亲停顿了下,压着火气望向儿子,"我不想多说,红叶那孩子我是很喜欢,但咱们老郑家是本分人家,若真是她遇上了什么见不得人的事儿,这个门就不能进。"

"这是造谣!"郑恺开始咆哮,"村里人说什么你都信,我说什么你就不信!我现在就去把她找来,你们可以当面对质,那么好的姑娘,你们还怀疑她的清白,谁想往她身上扣屎盆子,我绝不答应!"

儿子如此地暴跳如雷,父母亲都给惊着了,心虚地对视了一下便不再作声,像是做了亏心事一样。大约有一个小时的冷战时间。一个小时相持过后,郑恺妈开始老泪纵横、摇头捶胸:"都是我造的孽,我的错,我没脸去见郑家的列祖列宗啊,我怎么交代……小恺啊,妈是为你好,妈这辈子什么都不图,就想快点抱上自己的大孙子。"

郑恺妈哭得伤心,没等郑恺再插嘴,老人家一下子就抽搐过去了。自此,郑家陷入了一片紧张、惶恐与混乱之中。郑恺和爸连夜将妈送到了医院,守了一夜,到凌晨的时候人才在急救室里缓过来。翌日凌晨,检查报告递到了父子两人手上,疑似肺癌。这是一个谈癌色变的年代,任何事情与癌症挂上了钩,那就基本等于判了死刑。郑恺一个人坐在县医院的木头椅上欲哭无泪,他痛恨自己的执拗使妈濒临死亡边缘。

红叶知道郑恺妈进医院的事已经是第二天了。她的身体状况本可以请假在家休息几天,但是村里疯传她遇到坏人的消息,使得林芝和红湖在家里轮番对她进行审问,她死命否认。她的意识里知道,只要她承认了这桩事,那她的清白就再也说不清了,她把这个宝押在了老雷身上,他答应过她,这个事情天知地知你知我知,她选择相信。

郑恺没来上班,程小丽也不在,她犹豫着是否要去向主任请个假,但回头想想又觉不妥,郑恺妈若是病得严重,郑恺一定会给她打个电话的。这反反复复的想法纠缠了她一个上午,吃了午饭后,她还是决定下班后去趟医院。程小丽这两天在县里开会,吃住在县里,第二天中午她领了材料后本打算吃了午饭再回乡里,后来去县政府食堂看了几眼菜谱感觉也没什么胃口,直接骑上自行车就回了乡里。

自从红叶出了事后,老雷整个人都不好了,虽然教训了圆脸胡子,但他还是放心不下红叶,每天大早上守在红家的门外,等红叶骑着车子溜出大院,他也骑上车子跟在后面,距离几十米,他可以观望到她的背影,她又不会感觉到他的存在。跟了一天,下班的时候红叶第一个骑出了大院,他没等到程小丽,又担心红叶一个人不安全,索性跟着红叶回了益丰村;第二天,早上送完红叶进大院后,他去县里办了点事,办好后又拼命地骑着车赶了回来,刚骑到小树林,他就发现了几十米开外的一个身影,他直接拐进了树林,等那个人骑到跟前时,连人带车直接被横木垫飞,摔出去老远。

程小丽还没恍过神,一只大手便把她拎进了树林里,嘴巴被捂得严实,连喊叫的机会都没有。这样老道的手法远胜过长脸眉毛和圆脸胡子十条街,程小丽浑身一阵子恐惧,她眼睁睁地望着老雷,嘴里呜里哇啦地喊叫了半天。等她折腾够了,老雷才说:"你别害怕,我不是真土匪,要是真的,也不跟你费这些工夫。"

程小丽配合地点头如捣蒜,老雷这才把细围巾扯了下来。

"你到底想要干什么?"

"我想要干什么,凭你这么耍奸使滑的脑袋还想不出来?我看全乡政府就你胆子最大了吧?"

"我不明白你在说什么。"

"好啊,既然你想装傻,我就不跟你兜圈子。红叶的事是你干的吧?上次眼拙,还真以为你们俩重归于好,没想到你一个小姑娘这么缺德,还真下得去手。"

"你跟红叶什么关系?"程小丽斜眼看了眼老雷。

"我跟她什么关系跟你没关系,"老雷有些不耐烦,"我今天就是要给你一个警告,以后你再敢对红叶有一个坏念想,小心你后面有双眼睛,我会时时刻刻盯着你的。"

"无凭无据地怀疑我,有本事你去报警啊!"

"报警?"老雷哈哈一笑,"对付你这种下三烂的人麻烦不起警察。我就告诉你一句话,你不是有钱请得起流氓吗?我比你请的那些流氓更流氓,不信你试试!"

老雷只是给了程小丽一个警告。虽然之前他的脑袋里想出过数十种惩罚她的方法，但红叶还要在宣传办里待下去，他没办法时刻在她身边保护着。程小丽服了软，他也达到了目的，便先行离开了。老雷走后，程小丽揉捏着摔痛的手臂，回想起上次去益丰村验收节目时他在台上唱《黄土高坡》的那个风骚劲儿，想着红叶竟和这样的人有深交，她顿时又得意起来。

程小丽回到宣传办张晓琴那里交了材料，听说了郑恺家里的事，直接请了假又返回到县医院。经过办公室的时候，她瞟了一眼红叶的背影，心里狠狠地诅咒着：你的噩梦才刚刚开始，等着瞧吧。程小丽的到来给郑家带来了一丝希望，她的姨父是县医院内科的主任医师，这种关系比任何雪中送炭都来得实际，在这一点上她就远远赢过了红叶。不过程小丽没想到的是郑恺妈的病如此重，心里的那点儿小心思也去了不少。姨父是仰仗着程永峰的关系才升任的主任医师，所以当着程小丽的面，他的语气和措辞都十分中肯。

红叶赶到县医院的时候天已经擦黑，她还是趁空去买了些水果。医院走廊里空无一人，她在每个病房的小玻璃窗处查看了一番，终于让她找着了郑恺的身影，顿时心里一喜，敲门轻轻推入。程小丽也在，她正站在郑恺妈的病床旁削着苹果，两个人对视的一刹那，气氛一下子尴尬起来，红叶的眉间明显出现了愤怒的表情，但一秒钟过后，她又礼貌地向郑恺爸挤出些笑来。

"红叶？快进来，这么远还麻烦你来医院。"正在郑恺犹豫着要不要把她让进屋时，郑恺爸直接带着微笑邀请了客人。

"听说婶子病了，我过来看看。"

红叶这时脸上的笑才真正地绽放开来，她走进了病房，把手里的水果袋递给了郑恺，郑恺随手把它放在了一个大的水果篮旁边，塑料袋子显得孤零又落魄，但红叶没有注意到这细微的一幕，只是憨然一笑。她向郑恺妈的病床前凑得近了些，身上的寒气让郑恺妈从睡梦中醒了过来，还没等红叶说什么话，她便迅速地咳嗽起来，红叶慌忙地去帮她拍背，却被郑恺妈礼貌性地拒绝了。

"妈,红叶刚下班就过来看你了,还给你带了水果。"郑恺机灵地将红叶拉到了自己的身边。郑恺妈虚弱地笑了笑,示意红叶坐下。

"婶儿平日身体挺好的,怎么突然生了病,是不是最近累到了?"红叶问。

郑恺自然不敢接话。他看着母亲皱紧了眉头,私下里用力地按了下红叶的胳膊,她倒也不问了。过了半晌,程小丽说要告辞,郑恺妈虚弱的情绪才又激动起来,她挣扎着试图要挺起身来拉程小丽的手,程小丽忙顺势把手递了过去:"婶儿,你好好养病,我家离医院近,你想吃什么就跟郑恺说,我让我妈给你做。"

病房是程小丽托了关系帮忙调换的,郑恺妈知道这样的待遇是托了贵人的福,她庆幸郑恺身边有这样的好同事,她甚至感动得热泪盈眶,不住地轻拍着程小丽的手。程小丽在众人的注目下离开,她此时对于郑家有着非凡的意义。红叶留下来打扫,整个病房一会儿就整洁了不少。在她的思想里,侍候郑恺妈是天经地义的孝道,可郑恺心里不是滋味,他不知道母亲在病床上的这一刻,还会否坚持向红叶当面质询些什么。他无法把这种压力残忍地落在眼前柔弱而善良的女孩身上,他多希望会亲家那天自己没有选择去陪什么书记喝酒,多希望妈没有被检查出病来,多希望两家人能够坐在火炕上热热闹闹地嗑着瓜子,聊着天。

但,现在这一切都不可能了。

年关将近,秀娟家里却冷瑟得孤零,那间老屋被大雪压得又低矮了半分,像是快要嵌在了土里。仅有的一扇窗子,右下角的玻璃上也破了个角,风便一股脑儿地逡巡而入,不时地发出嚎叫的啸声。秀娟姥爷突然被这股风吹得咳嗽了好一阵子,嗓口处总有口痰不上不下,使他难受地放大了些声音。等这一切过后,他望着无所事事的秀娟说:"再去村委会问问吧,这两个月的五保金也该下来了。"

"这两天我都去了三趟了,老程说还没下来肯定就没下来嘛。"

"没准今天就刚好到账了呢？"

秀娟没好气地望了姥爷一眼，看到他充满希望的天真劲儿，心里只道，这老头真是自欺欺人，村里要发那十几块钱早就发了，天天往后推，那肯定就是没戏了。

"要去你去吧。"秀娟直接卧倒在炕，面对着火墙佯装睡着了。

"这几天啊，我这老寒腿又犯了，"姥爷自言自语地说着，"不然，我也不指望着你。"

秀娟被姥爷的这句话戳到了痛处，又折起了身："就会用这招吓我，下次能不能换个别的。"

"别的地方不疼。"姥爷一本正经地说。

秀娟气得嘴巴直咧，拎着棉袄出了门。自从跟老雷闹了脾气，秀娟就鲜少出门，她讨厌看见村里任何跟他们认识的混混青年，更怕会在村街上撞见老雷，她怕自己一个激动会将他赶出益丰村，从此再也不相见。她小心地向村委会走去，心里祈祷着，却远远望见老雷骑着自行车在村街上八字晃荡，开心的口哨吹得通响。

"真是怕什么来什么。"秀娟转身便跑，嘴里嘀咕着，"老娘我要找你算账！"

也没跑上两步，老雷的自行车便横在了她的前面："哎哎哎，你这还生我气哪？"

"你谁啊？"

"别那么小心眼儿，我那还给你和姥爷留着年货呢。"老雷上前拉住秀娟的胳膊。

"谁稀罕！"秀娟依然不依不饶。

老雷知道她这小孩子脾气发起来没个完，直接硬拉上她就走。每次闹矛盾老雷都是这么霸道地解决，但谁让秀娟吃这套呢，她侧坐在自行车后座上向他讲起姥爷要她去村委会领补助金的事儿，老雷一个急转弯，自行车便直接奔向了村委会。

孙寡妇自从与老雷传出了那么一段绯闻后,在整个村子里便成了口水翻飞的女人。女儿楠楠被从姥姥家发配了回来,她更是下定决心春节过后就离开村子到县里过活。她要在县里租个小点儿的容身之处,给女儿找个小学校就读,再往后的事她不敢想,一个没了男人依靠的女人,在世上注定是艰难的。离开前,她去找了村长老程,她跟着他明里暗里这些年,要一笔青春损失费是不过分的。当她出现在村委会的时候,老程正用大铁茶缸子喝着茶,他是有多久没见过孙寡妇现在的模样了,单调黑灰色袄子,深蓝色的围巾,低调的色彩更显得她清丽顺眼。

"我年后打算和女儿去县里了,"她和老程实话实说,见老程面无颜色,只是低头吹了吹大茶缸里的叶子,话语便来得更加干脆,"我这次去县里,以后可能就不回来了,我打算在县里找点活干,供孩子读书。"

"东西都收拾好了吗?"老程放下手里的缸子,不紧不慢地问着,"有没有什么我可以帮得上忙的?"

"有。"孙寡妇看了眼老程,此时她眼中的这个村长与往日不同,他像是一座金山,她破了头皮也要撞进去,"我现在需要点钱,要在县里租个小一点的房子。"

"多少?"

"五百,"孙寡妇冲口而出,然后又顿了下来,"三百也行。"

老程走进里间的屋子直接打开了一个抽屉,孙寡妇跟了进去,很快,几叠大团结就出现在孙寡妇的手里:"别怪我上次出手,你知道,我对你是认真的。"孙寡妇点了点头,把钱放在了棉裤袋里,然后开始解自己袄上的扣子,又动作麻利地解掉了老程的裤带,湿吻一点点地印在老程的脖颈上、胸毛上。老程被这激情点燃,像是用尽全身的气力压在了她的身上,吻得孙寡妇一阵哼唧,然后利索地抽去她系在棉裤上的布绳,直接进入。

云雨过后,孙寡妇拢了拢凌乱的头发,喘着粗气向老程说:"帮楠楠找个县里的小学吧,我在县里没什么认识的人。"

"为什么要走?我说过会一辈子对你好的。"

"像我这样的女人,已经没有这样的奢望了,谢谢你过去对我的好,我永远都记得。"

自从上次老程对她大打出手,她已经对全天下的男人都死了心,除了身体,她不会再多施予他们任何别的东西。自尊这个玩意儿,在孙寡妇的眼里已经被磨得渐渐没了样子,为了女儿,她什么都能舍得出去。

老雷和秀娟两人是这个时候进入办公室的。本来两个人还在说笑着商量怎么向老程讨要姥爷的补助金,这一幕发生后,却直接让这件事变得容易。秀娟的眼前是一对苟且的男女,木桌为床,衣衫凌乱,老程肥大的臀肌还在一上一下地抖着,秀娟当时就结巴得说不清话。她死命地拉着一旁的老雷说着:"咱咱咱们,还是改天再来吧。"

"干吗改天再来,现在正是时候。"老雷嘴角一咧,一脸坏笑,直接一个大巴掌捂住了秀娟的眼睛将她转到了自己的身后。现场一片混乱,孙寡妇捂着脸胡乱地穿着衣服,老程边爬下木桌边提着裤子系上腰带,嘴里语无伦次地骂骂咧咧:"你们,找,找我有事?"

"她找你有事。"老雷一笑,把手从秀娟的眼睛处移开,然后把她从身后扯到了前面,秀娟吓得忙又躲了回去,她不敢再看老程,嘴上也直打着飘:"我,我姥爷让我来取补助款,上,上个月和这个月的。"

"这点小事儿,你今天不来,我也会给你姥爷送去。秀娟,跟你姥爷说,村上过年给他发一袋面和十斤肉,"老程扯过一张纸,在上面写了几个字,递了过来,"你拿着这个去供销社取就行了。"

秀娟一时之间没反应过来,倒是老雷帮她接过字条放到她手里:"拿着,村长给你家的福利。"

"还有,"老程又从抽屉里拿出五十块钱递了过去,"这是三个月的补助金,告诉你姥爷,我有时间过去看他。"

"好,我回去就告诉我姥爷。"秀娟战战兢兢地接过了钱。

"还有其他的事吗?"老程一脸和蔼地笑,双手交叉在胸前询问着眼前两个站着不动的人。

"她没事了,我倒有一点儿,"老雷看着整理好衣物正要出门的孙寡妇,一根手指指向了她,"如果以后村上哪个王八蛋再扯我和这个女人的事,我可得找主任出来评评理,我还想讨老婆呢!"

"村里的人都是些扯老婆舌的,我保证你下次不会再听到这个。"老程把柄握在别人手里,自知该息事宁人,说着,他从右边一抽屉里拿出了一条"大前门"扔到桌上,"这个拿回去抽吧。今天的事儿你们嘴上可有个把门的,否则我也不是吃素的。"

"村长,你老放心,准不会坏了你的事。"老雷一点儿没客气,把烟拿在手上掂了掂,一把拎着秀娟转身离开。

姥爷做梦也没想到,秀娟出去这一趟竟然弄回来一大车的战利品。他高兴得像个孩子,跑出跑进,宝刀未老似的往屋里扛面。秀娟一边帮着老雷从车子上往下拿东西,一边向姥爷邀着功:"姥爷,我小将出马一个顶你俩吧?"

"还是我们娟儿有本事,补助金怎么能买回这么多东西来?"姥爷看到这原本空荡荡的破旧屋子一下子多了这么多稀罕物,笑得合不拢嘴。秀娟更神气地从口袋里拿出五十块钱直接拍在炕桌上:"哪里是补助金买的,面粉和肉是村长给的,这些海物是老雷送的,还有,这五十块钱才是你的补助金。"

"村长真是好人,知道咱家困难,还送了这么多年货过来。"

"我看他可不是什么好人,跟咱村那个孙寡妇,啧啧,姥爷,你都不知道他俩多羞人,他们在村委会……"

老雷看秀娟没有打住的意思,直着急一姑娘家怎么可以向自己的姥爷描述那不堪的事,他无奈地摇摇头,一把拎过秀娟的脖领教训道:"就你多嘴。去,洗手去,咱们包饺子。"

"对对,包饺子,老雷,在家吃。"姥爷开心地拍着巴掌。

"那是一定,我去和馅。"老雷一脸的傻笑。

11

离大年三十儿没几天了,乡政府里已经基本半放假的状态。任志远的办公室被他打扫得非常干净。人逢喜事精神爽,他年后到邻乡做纪委书记的事已经定了,虽然这几天不用再来政府报到,但他坚持要站好最后一班岗。

红叶做了很长时间的心理斗争才去和他请的假。年前医院里人手不够,护士都调休着减了半,她打算这几天替替郑家父子,白天由她来护理郑恺妈。任志远不但给了她一周的假,还让她给爷带了些年货,他甚至偷偷地告诉了她些内幕,诸如,她转正的事已经申报上去,年后没什么问题就会通过审批;宣传办新一轮的选举,郑恺很有希望接任张晓琴的位置。最后他还不忘叮嘱红叶:"你俩办喜酒的时候,一定得请我喝一杯。"

事情很顺利,红叶回办公室整理了年前归档的资料,并将它们一排排摆好。也就是在这个时候,小赵医生跑进来通知她去门卫室接听电话,才知道爷出了事。红家为爷的事儿大办了三天,起灵入葬,爷的眼睛一直都没有闭上。红叶认为爷是因为自己的事才会有未了的凤愿,加上自己前些天出的事,一度哭到晕厥。郑恺是在爷出殡的那天才从医院赶过来的。这两天,他母亲的检查报告出来确诊是肺癌晚期,她情绪失控地闹着出院回家,为了稳住母亲,他只好在医院里硬拖了两天。红叶理解他的难处,但在这人客百众的场合,他的表现还是让红叶的心里有份失落。好在秀娟一直陪伴着她,为她打气陪她哭,凡是需要红叶动手的事情她都帮忙料理。这世间,莫说亲情爱情友情,若不经营,都将会散去,她突然有些害怕郑恺会随着时光的消磨一点点地散去。

行进的哀乐队里,红叶发现了老雷,还有二峰、小东子,他们几个人腰间也都系着孝带,一路上卖力地吹着喇叭,红叶挤不出时间向他们致谢,但在她停驻的眼神里,老雷已经感受到了一切。为老爷子挖土,抬棺,下葬,老雷几人不遗余力,像是自家的嫡孙,这也让大生子分外感激涕零,他以为这些是兄弟情。

郑恺妈的病像是一记重棍狠狠地敲在郑家人的头上,如同判了死刑。这几天,老太太完全消极抵抗,甚至产生了轻生的念头。郑恺爸几夜未合眼,待她睡去后,独自在病房外狭细的长椅上抽起了闷烟。他种了一辈子地,老实巴交的从来不与人交恶,眼瞅着好日子就要来了,郑恺妈却得了绝症,他觉得遗憾和愧疚。"小恺啊,别怪你妈,"半晌,郑恺爸扔了半截的烟蒂用脚踩灭,然后语重心长地说了起来,"她这辈子跟我没享着什么福。她生你那年大出血把子宫给切了,之后就不能生育了,她就希望你能早点娶个媳妇抱上大胖孙子,别让郑家断了香火。她虽然没上过什么学,但是她和村里那些妇女不一样,她说她这辈子没能为老郑家多生几个子嗣,对不起列祖列宗。你上了大学,她不知有多高兴,她说郑家从此就有文化人了,就不会再过以前那样面朝黄土背朝天的日子。红叶那丫头我和你妈都挺稀罕的。唉,造物弄人啊,你妈听说红叶会亲家那天晚上的事,就犯了疑心病,她说老郑家到你这辈七代单传,要是红叶有个什么不清白的名声,或者再怀了别人的种,就是到了那边也没法和祖宗交代。"

郑恺终于理解了母亲执拗背后的缘由,他乱了分寸。父子俩在病房外的长廊椅子上坐了一整个晚上,昏黄的灯头被风吹得摇摆不定,拉长的影子也在白墙上试探地,来去无踪。他一夜未合眼,挺着僵硬的眼皮,最终做了个看似深思熟虑的决定:"爸,我的婚事,现在暂且搁搁吧,给妈治病最要紧，多少钱都得治。"

"我正想和你商量这个事，"郑恺爸点了点头，"你妈这病，不是一天两天的事，咱家的房子和地兴许能卖些钱。我想着，只要有一线希望，咱就不能放弃，人在，家就在。"

正在父子两人商量着筹集治疗费的时候，程小丽来了，她不仅带来了一大桶母亲为郑恺妈熬了整晚的土鸡汤，还带来了郑家此时最需要的好消息。医院最近将引进美国的先进医疗技术，主要是针对肝、肺、心脏的患者，说是治愈率已经在百分之五十以上，程小丽让姨父把郑恺妈列入了第一批治疗者名单里，并嘱咐郑恺妈一定要保持好心情，相信科学，积极配合治疗。她打开了里三层外三层地围裹着的保温桶，病房里一下子就被浓浓的醇香浸满了，她盛了一碗，又用汤勺送到了郑恺妈的嘴里，这一刻，这个体贴入微的女孩浑身都罩着一层光环。

有了新的希望，郑恺妈宽心了许多，哀莫大于心死，程小丽的话在某种意义上说，强于几百块一针的特效药。看着母亲病后程小丽所做的一切，郑恺的心里也开始发生了变化。这样的变化用感激来形容似乎是小了些，在现实面前，他开始放下清高的姿态与骄傲的头颅，他甚至会反思曾经对她的恶意揣测和冷漠的态度。他亲自送她出的病房，一直送到了大门口，他第一次感谢程小丽为母亲所做的一切，甚至希望她能原谅他过去对她的态度。程小丽刻意不去打断他的话，等他说完，才笑出了声，然后从背包里拿出了个大信封交到了他的手里："车到山前必有路，这是五千块钱，你先拿着给你妈治病。"见郑恺并不接信封，程小丽又强行地把它放到了他的手里。

郑恺拿着信封的手有些抖，矛盾与妥协纠缠不清，谢绝掉这份唾手可得的好意，等于是给母亲的死刑装了一个加速器，他不能这么做。程小丽是带着郑恺的感激、愧疚与醒悟走的，她心里的愉悦比任何时候都要强烈。

爷的丧事办完了，所有人都散去的时候，红家像是劫后余生一样萧条。红叶这几天心里一直都不太顺畅,像隔着块东西似的,直到现在,她才担心起医院里郑家的事,她希望自己能为郑恺妈的病做点什么。这个时候,钱,是救命的药,她向母亲张了口。林芝摇了头,她给红叶分析这里的道道:"郑恺妈得的是什么病你很清楚,这个病不会好的,多少钱都不够往里砸,直到她死为止。"

"现在的医疗条件好,没准能治好呢?"

"你说的自己都不信吧?我明告诉你,就现在,你和郑恺两个人的婚事我和你爸都得再考虑考虑了。"

红叶了解母亲,她给出这样的分析在她意料之中,但她还是希望能在这个时候得到些援助。她心疼郑恺,虽然不知道多少钱能治得好郑恺妈的病,但她总感觉自己已经一只脚踏进了郑恺家,也算是他们家的一分子了,夫妻就是要有福同享有难同当的。

三十儿的早上,红叶按照妈的交代给大姨送了些年货,又去村委会老程那里送了条"大前门",主要感谢他在爷的事情上的费心,二是希望他在新的一年里大事小情上有些照顾,这是红叶有记忆以来每年要完成的节目。等这一切都处理完了,她便趁林芝不注意,用铝饭盒装满了刚出锅的饺子,骑上车就奔去了医院。

红叶赶到医院的时候,郑恺妈还在病床上休息,郑恺趴在旁边的桌子上小憩。十分钟之前,郑恺爸见两个人都睡着了,就一个人去了街里。这是一个勤勤恳恳的老实人,一辈子都没碰过郑恺妈一根手指头,他感恩她代姐姐与他履行婚约,从拜堂那一刻起,他就发誓要一辈子对这个女人好。如今,郑恺妈的病虽如大山一样压下来,但作为一家之主,天还没有到塌下来的地步,年,还是要过的。他随着人群一路走过去,看看这个郑恺妈平时舍不得吃的,看看那个想让她尝一尝鲜的,手里的袋子越叠越多,他的步伐也开始厚重。

红叶没有叫醒熟睡中的郑恺,她拿了把椅子坐在他的旁边,就这么安静地看了一会儿。这个孩子般睡容的男子此刻让人心疼,她好想抱紧他让他在自己的怀里好好睡上一觉。她叹了口气，拨弄着他额前的一缕乱发到耳后，然后又蹑手蹑脚地把郑恺妈干净的内衣裤拿出来摆放好，将脏了的床单叠好放进布袋里。郑恺这时候醒了，他眼前的红叶逐渐地放大，直到整个人就站在了他的面前，他以为自己做了梦，用力地揉了几下眼睛才确认下来，便马上释放出懒洋洋的笑容，他伸出手将红叶拉到了自己的身边坐下，在她的手背上轻轻一吻。只这一个动作，之前所有的不愉快所有的误解就都烟消云散了，能见到她，就是最好的。红叶托着郑恺消瘦的脸，心疼地来回揉捏着，感觉这半年的光景如此恍惚。她到乡政府上了班，认识了郑恺，并跟他开始谈婚论嫁，本来一帆风顺的会亲家由于郑恺缺席泡了汤，她也差点遭了毒手，一个叫老雷的混混儿成了她的救命恩人，郑恺妈检查出了绝症，爷也走了……世事竟如此无常，比说书人的故事还曲折离奇，她把脸埋在了他的肩窝儿，他双臂用力地抚摸着她的背。

郑恺妈醒了，她或许是口渴去抓床边桌上的杯子，却不小心将它碰到了地上。玻璃粉碎声使抱在一起的红叶和郑恺惊醒过来，然后，他们闪电般分开，在母亲面前，两个人的恩爱不知什么时候变得偷偷摸摸，成为不光彩的事。红叶低着头去收拾着地面，郑恺过来安抚着找不到丈夫的母亲，她没来由地大呼大嚷着郑恺爸的名字，然后竟号啕大哭起来，郑恺一个大男人用尽办法也没将母亲安抚住，坐在床角跟着抹起了眼泪。

整个病房在除夕的早晨笼罩上了一层悲伤的色彩，这或许是一家人能在一起过的最后一个年了吧，红叶想到这里，心里就跟着疼，看着郑恺哭，她躲在床边也跟着落泪。郑恺爸大概是在这个时候推门进的房间，他看出了端倪，便大声招呼着郑恺和红叶帮忙接手里的东西，然后又嘱咐两人出去走走。之后，他从塑料袋里拿出了根冰糖葫芦，放到郑恺妈的嘴边哄她咬下了一颗，郑恺妈被酸得伸出了舌头，幸福地抱住了郑恺爸。郑恺拉着红叶走出了病房门，向左望去，走廊的长椅上一对母子坐在那正聊着天，见郑恺望过来，便起身换到了稍远点儿的椅子上。郑恺向她报以感谢的笑，他拉着红叶坐下，手从她的额间滑落到了脸颊，他掌心的温度依然是那初晨阳光少年的温度,这温度足以让红叶的整颗心融化掉。

"红叶,你别生我妈的气,她在床上躺久了,心焦。"

"我能理解婶儿的心情。郑恺,你放心,我会和你一块好好照顾她的。"

郑恺又拉起了红叶的手用力地握着,然后揽过她的肩膀吻了吻她的额头:"一切都会过去的。"

"钱的方面我们一起想办法,总会有办法的吧。"

郑恺没有把程小丽借给他五千块钱的事告诉给红叶,他有很多的顾虑吧,总之在妈治病这件事情上,他已经几乎没有底线了。想到这儿,他又有一阵子的难受,听着病房里父亲叫自己的名字,他应了一声,然后对红叶说:"叶儿,你先回去吧,你爸妈还等着你回去过年呢。我妈这病不是一天两天的事,你在这也陪不起。"

"郑恺,虽说咱俩没会成亲家,"红叶站起了身,她深情地望了眼郑恺,又道,"但在我心里已经是郑家的媳妇。"

郑恺再一次紧紧地抱住了红叶,此生他都不会放手了吧,他想。半晌,他又在她耳边轻声地问道:"叶儿,你能告诉我件事吗？会亲家那天,到底发生什么了？"

"你也怀疑我吗？"红叶吃惊地瞪大了眼睛,挣脱开了。

"不是！"

"就是！"

郑恺话刚出口便马上觉得不妥,见红叶如此大的反应,马上承认错误:"叶儿,你别误会,就是我妈一直为这事不开心,我只想知道事实,你不想说,我以后便不再问了。"

"什么都不要说了。"红叶声音哽咽着,一字一板地说道,"你妈是认为我一夜没回家,干了什么见不得人的事了！我告诉你,郑恺,我红叶清清白白,我不可能也不会做那种不三不四的事。"

这场战争迟早是要爆发的,红叶和郑恺心里都清楚,但是没想到会是在这个时候,这个敏感得随便一句话就能炸出个坑的时候。这个时候,无论是谁再多说一句话,都将葬送他们之间如履薄冰的关系。是时候离开了,红叶想,与自己的身家背景、漂亮的脸蛋相比,名声是过不去的坎儿。她拼死保住了自己的贞操,却没有办法左右别人的揣测和猜疑,她委屈,甚至愤怒,她的伤心甚至多过了爷走的时候,她无法控制住自己内心的抽搐,眼泪像是雷声后的雨点,断了线,也断了念。

不知哭了多久,她再抬起头的时候已经站在医院的大门口,眼前站着老雷,他手里扶着自行车,等着她从情绪中走出来。老雷之前答应好父母三十儿回城里一起守岁的,他还破天荒地起了个早,洗了头擦了身子,头油抹了二两,还涂了面油,母亲给他准备好的内衣裤、新衣服、袜子、鞋子一一上身。他在镜子前臭美了好一阵,想起了小时候每年新年的时候,不管家里多穷,母亲都会为他从头到脚准备一身新衣服,心里便涌上来些温暖。人越成长,越容易忽略最原始的亲情,他内心最柔软的地方仿佛被什么撞了一下,鼻子甚至有些酸了。他马上转身去小屋的炕上收拾鞭炮烟花,准备带到县里和父母晚上吃年夜饭时一起放。谁料就在他折腾的时候,外面的丝袋子碰到了火墙炉边的火星,一下子就燃了起来,先是一两声啪啪响,接着就开始噼里啪啦到处乱飞。老雷不管三七二十一拎起袋子就向门外跑去,还没到门口,丝袋子里的爆竹撒了欢一样拥挤着向外蹿去,火借风势,爆竹百花齐放,成了益丰村第一波迎接新年的炮仗声。

老雷受伤惨重,整个右手臂被炸得血肉模糊,像战场上被炮轰了一样。以前在部队的时候,他玩大炮炸伤过手臂,那一次差点丢了一只胳膊,好在部队里有业务熟练的军医才保了下来。这一次,他有点害怕了,这小县城里上哪去找这么专业的医生,弄不好可真是要制造个残疾出来,他顾不上许多,骑着自行车疯狂地向县医院奔去,刚进大院就看到了红叶。他以为是郑恺妈的病情恶化了,他就站在那儿等着她哭完。红叶看到老雷的时候也吓了一跳,眼前站着的是一个满脸满身黑乎乎的人,额间的头发更是焦了边际,可惜了那二两发油,那烧焦的味道刺鼻,红叶不禁连着咳嗽了几声。

"鞭炮炸的。"老雷解释。

红叶没接话,又上下审视了一下老雷的伤,看着他手臂新衣服里部分的肉都给炸得黑焦,便想掀起进一步检查。

"没事儿,你别紧张,小时候经常被炸到,上点烫伤膏就行了。"老雷忙抽回了胳膊,以免让她看到更血腥的伤口。

"就你自己一个人吗?"红叶向远处张望了一眼。

"这种事,别的人谁还能干得出来?"

"我是问,你自己来的吗?"

"啊,对,"老雷本想幽个默,没想竟误会了红叶的问话,马上又说,"就我自己一个人来的。"

"那我陪你进去看看吧。"红叶转身又向医院走去,老雷本来还有些害怕,这会儿倒愉悦起来,他跟着红叶快走了两步,没想到自己因祸得福了。

"郑恺他妈的病,是不是又严重了?"他试探着问红叶。

红叶摇着头,不想再提关于郑家的一切。

老雷右手臂大面积烧伤,伤口已经有些脓化,护士一边摇头一边清掉手臂上的坏肉,这种剔除骨肉的疼痛撕心裂肺,但在红叶面前,他眉头没皱一下。红叶第一次这样近距离地望着老雷,想想初识时自己的傲慢与偏见,她有些想笑,有些人始于初见,却终于了解;有些人始于误解,却终于自省。

年三十儿的医院到处是人,护士忙起来的节奏也跟往常不一样,能减则减。红叶把护士落下的步骤都一一捡起来,不时地提醒着,这让对方非常不悦。老雷的眼睛一刻没落下这所有的细节,他忍不住地偷笑,当红叶发现时也调皮地回了他一个温馨的笑。这一阵折腾后,伤口终于处理妥当,护士黑着脸告诉老雷需要住院观察两天,伤口怕感染,老雷却完全不同意。刚才和红叶聊天的时候,听她描述了红家人每年过年时的样子,爷刚过世,这个年也就能减就减了,他突然就做了个决定,不回县里陪父母了,今年的年,他要陪红叶。

被老雷的嬉皮笑脸缠得没法,护士索性按照他的要求让医生开了几天的烫伤药放行。药房里,排队的人拐了几道弯,红叶跟着老雷没能找到座位,只好站在队伍的最后面一点一点往前移动。排了差不多一半的时候,老雷内急,把药单子交给红叶自己去了厕所。在他离开时,红叶还问了句自己都想死的话:"你自己能行吗?"

"不行你帮我?"老雷才不会放过这个好机会,会心一笑然后逗她,看着红叶整张脸红一阵白一阵的,他忍着笑向厕所走去。

厕所里,人声沸杂,郑恺和郑恺爸正一边方便一边为刚才的事聊着天。郑恺叹了口气,甚至有些沮丧:"如果我和红叶那天会亲家把亲事定了就不会这么麻烦,我妈现在看见红叶就烦,我都不知道怎么和红叶说。"

"你也别怨你妈,"郑恺爸劝道,"村里人那么传,她心里能不急吗?红叶真的没跟你说那天到底发生什么事了吗?"

郑恺摇了摇头:"爸,我了解红叶,她是个本分的姑娘。"

"我也相信红叶的为人。可是无风不起浪,你妈现在得了这个病,你俩在你妈面前就注意点儿吧,你妈她现在看不了这个。"

老雷在隔壁听得清清楚楚,他甚至没心思方便。只有他知道那天的真相,红叶是清白的,不只她的人,她的心,她的灵魂都是清白的。村子里的人胡说八道他管不了,但跟她谈婚论嫁的人都在怀疑她,他忍不了,他几乎是等不及老朋友方便完就拉上了裤链,然后恶狠狠地冲向了隔壁,用那只好手指向了郑家父子大骂:"你们他妈的说的还是人话吗?"

"你是谁啊?"郑恺爸确信老雷是指向他和郑恺的,便又望向了儿子,他又有些后怕自己和郑恺刚才讨论的话到底有多少让外人听了去。

"老雷?"郑恺认出了他。

老雷不等郑恺再多说话,一记重拳过去,直接把他打了个趔趄。郑恺的鼻子马上就喷出了鲜血,他看他的眼神里充满了火焰,他看他的眼神里充满了猜疑。周围如厕的人不知什么时候围成了大圈,看客永远不会嫌事小。

郑恺爸推开老雷,大声地呵斥着:"你为什么打人啊,有话就不能好好说吗?"

"我告诉你,红叶是个好姑娘,能娶到她算是你小子有福气,你们老郑家要是敢对不起她,我卸了你的腿。"老雷一脸鄙夷地指着地上的郑恺,他又刻意地握了握拳头,然后气呼呼地转身离去。

红叶领好了药等了老雷一会儿,见人还没回来,就寻着厕所的方向走去,还没走到地方,就见老雷从里面冲了出来。两个人说了会儿话,就有说有笑地向医院大门口走去。这一幕,刚好被从厕所出来的郑恺父子看到,郑恺胸中的怒火直接冲到了头顶,握着拳头就要冲上去讨说法,却被郑恺爸生生地按下了。其实,他们都不知道,这个时候该向红叶去质询些什么,即便质询了又能给她什么样的承诺。

老雷跟着红叶回了村,虽然他给出的理由很牵强,但红叶并不想多问他家里的事。她早就耳闻过他的父母不是什么正经人,也知道村里人提到雷家人时是什么样的表情,老婆子们会不约而同地说,那就是个破鞋。破鞋这个词是对女人最恶毒的形容,红叶骑着车子驮着老雷在路上画弯的时候,这个词就一直在她的脑袋里盘旋,在他们的眼里,她或许与这个词已经不远了。

12

年三十儿这天中午,村长老程的儿子程伟开了辆不知什么牌子的车进了村。时隔十来年,还是有人从风挡玻璃里认出了这个当年的混世魔王。

"嘿,那不是程伟吗?"

汽车喇叭按得通响,村道上鸡飞狗跳的,路人听到这突如其来的尖笛声,纷纷避让,三三两两地议论着这个狂妄的家伙。李四媳妇儿刚好从庙里回来,为了给李全祈福,天没亮她就去了十里外的山神庙,不仅烧香拜佛,还特地求了张签儿,她让庙里的师父给解过,但还是有点儿不甘心,全儿学习这么好怎么可能就只抽了个中签?她这么想着横穿过了村街,程伟的大喇叭声并没有及时传到她的耳朵,等她意识到了这一点,车已经冲到了面前,她应激反应般地向后倒了下去。

紧接着,杀猪般的刹车声在空灵的村道上空戛然而止,程伟踩着刹车的脚也狂抖起来,他气急败坏地摔了车门下车骂人:"你他妈没长眼睛……"一句粗话刚悬在半空中,便看到老了一倍的李四媳妇儿,这张他一直念念不忘、刻在心里的面孔,如今再见,却已是满目疮痍,他倒抽了口冷气,低呼道:"李秀?!"

李四媳妇儿仰头望见了大一圈儿的程伟,两个人在这目光交会处都愣住了。当年那对年轻男女嬉笑怒骂在眼前闪过,空气中还依稀回荡着爽朗的笑声,只道,村街旧巷应犹在,只是朱颜改,时空仿佛在这一刻静止。程伟最先从这虚幻中抽离出来,他马上扶起了李四媳妇儿,关切的眼神儿在她身上不断地打量着,却一时不知如何开口。李四媳妇儿被这一扶也缓过了神儿,本能地撒开他的手,这一瞬间的接触使她浑身上下像被芒刺滚过一般。眼睛里早已蒙上了一层雾霾,不是泪水,也不是怨怼,而是一种近似歇斯底里的呐喊,这喊声积蓄了太多年,如今再提起却早已过了期限。她头也不回地逃掉,只感到村街上无数根手指向她戳来,就像一根根利箭射中了要害。

  林芝也是这场大戏的观众,当她兴奋地拿着醋瓶子回家的时候,红湖正在炕上卷着他的烟卷儿。她回来的第一件事并没有马上报告自己的所见所闻,而是四下里探望女儿的身影,待确认红叶不在家后,一股火气便蹿到脑顶,直指着红湖质问:"那死丫头该不会又跑去医院了吧?!一点深沉都没有,赔钱货!"林芝气得将炕上的东西胡乱扔了一通,发泄够了,她又喘了口气叹道,"他爸,你猜我刚才在道儿上看着谁了?"

  "不是一大早上就撞见鬼了吧?"红湖顿了顿手上的烟卷儿,也不看她。

  "大过年的,你嘴上能不能积点德!盼我早点儿死给你小老婆倒地方是不是?"林芝大骂。

  "那是碰到谁了?"红湖想到今天是大年三十儿倒也没火上浇油。

  于是,红叶妈非常详尽地描述了刚才在村街上那精彩的一幕。程伟回来本不是什么大新闻,但是大年三十儿,他与李四媳妇儿表演的这一出巧合的戏却让村里人过足了戏瘾,当年那出痴男怨女的段子在十几年后又被翻了出来,成了除夕夜一道不折不扣的大菜。

  "你说这家伙一走就是十几年,他现在回来干啥?不会是来找儿子的吧?"林芝越说越起劲儿。

  "你别瞎说!谁告诉你李全是程伟的儿子?村里人瞎嚼舌头你可别

跟着起哄!"

"这事儿十几年前村里就传得沸沸扬扬的,无风不起浪!你说这孩子不是程伟的,难道你俩在一起的时候就有了?!"

是的,程伟回来了。恍然间,这个生活了二十几年的院落,已与他有了十几年的距离。院中央铺满了红砖,并拼成好看的图案,菜园子被红漆木条齐整整地围了起来,连房上的瓦片也垒得更为结实。他笑了,那个当年三步两步越上房顶,踩得瓦片吱吱作响的浑小子又回来了。眼前依稀映画着父亲母亲拿着扫帚疙瘩追得他满街乱跑的情景,万千感慨,他的眼睛跟着湿润起来。年年月月花相似的表象不知不觉染上了岁月的痕迹,催促着年华老去,昭示着另一个时代的开启。他看着眼前这情这景,无奈其已然面目全非。

老程听见动静推开房门,父子俩对视了良久。十几年的光景已催得父亲鬓白如霜,腰板也不那么挺拔,这一刻,他有些愧疚,他不知道母亲走了这么些年,父亲是如何挺过来的,但他更不知道的是,他失踪的这十几年,父亲是如何挺过来的。老程看见儿子这么人五人六地站在面前,一语未开一个飞脚踢向了他的屁股,大骂:"你个狗日的,你还知道回来……"

老程脱掉鞋子,追得程伟满院子乱跑。

"爸,爸,这大冷天的,你赶紧把鞋穿上。"

"你别跑,我就穿鞋。"

"你别追,我就不跑。"

"你个狗日的,还跟你老子讲条件?"老程穿上了鞋子,"我还以为你早让局子给毙了!"

程伟听着父亲的责骂,一种幸福浮在脸上,好多年没有人这么骂过自己了,这才是亲人的味道。他一边躲着父亲时不时的飞脚,一边将后备厢里孝敬父亲的烟酒糖茶搬向房内,老程嘴里不停地埋怨,心里却一阵温暖,他感觉程伟回来了这个院子就又像个家了。他问着程伟老婆孩子的状况,程伟轻描淡写地告诉他:"那娘们儿跟着美国鬼子跑了,我现在又光棍一条了。"

"这回也让你尝尝被人甩是什么滋味。"

程伟听父亲这么揶揄自己倒也不生气,一只胳膊搭到父亲的肩上,神秘兮兮地问道:"咱爷俩半斤八两谁也别糟践谁。我可听说你这几年也没消停,说说,给我找几个小妈了?"

爷俩这么闹腾了一阵,很快就坐在一张小饭桌上喝起了烧酒,聊着过去的人过去的事,笑得很大声,但最终程伟还是绕到了李四媳妇儿身上。对于当年欠下的情债,他一直心有愧疚,特别是在村街上撞到她的那一瞬间,他几乎认不出这个乡野村妇就是当年那个美丽的丫头李秀,他的心像被猫爪挠过,说不出来的失落,他犹豫了下,还是决定问个究竟。

"爸,我碰到李秀了。她,现在过得怎么样?"

"你别招她。"老程好像早就料定儿子会问出这样的问题,喝了口酒又夹起了颗花生米送到嘴里后说,"你当年不声不响拍拍屁股就走了,她一个大姑娘差点没被村里的唾沫星淹死,就差跳井了,好在李四不嫌弃她,两个人安安稳稳过了这么些年。我告诉你程伟,你但凡是有点良心,就别再去招惹她。"

李四媳妇儿自从见了程伟回来就开始坐立不安,一整天都慌里慌张的。当李四看出媳妇的异样问其缘由时,她只回道:"我只是在想,早上去庙里怎么就只求了个中签。"李四媳妇儿的心始终无法平静,十几年过去了,她已经几近把程伟这个混蛋从记忆里抹去,已经开始安稳地过上属于自己的小日子,甚至已经习惯了这个三口之家。程伟为什么在这个时候出现在村子里,为什么偏偏是自己撞到了他的车?难道这就是她李秀的命数吗?

三十儿晚上,益丰村家家户户的树干上都挂起了红灯笼,照得夜空喜气洋洋的。从这一个窗户看向那一个窗户,全是热闹非凡的场面,炕上摆满了花生、瓜子、冻梨冻果,乌泱泱的人围在一块,看着春节联欢晚会,满屋子的喜悦被玻璃窗上的冰花折射到悠远的太空。

红家因年前办了白事,一切与红色有关的物什全都避免,但大屋小屋还是开得通亮,林芝觉得只有通宵的灯光才能阻住远去人归来的脚步。

　　点将台已被老雷、二峰、大生子和几个同村的青年布置好了。虽不绚丽,但也算是应有尽有,瓜子花生、苹果橘子、大虾糖高粱饴、啤酒大白梨汽水摆满了台子,另一端,刚点起的一圈蜡烛,烛芯随着风忽悠悠地跳着火焰。秀娟被小东子找出来的时候,正在家里和姥爷看着12英寸的黑白电视,里面传出来的是毛阿敏的歌声。他听小东子说是老雷叫去点将台放炮仗的,心里不免嘀咕:"老雷?他不是回县里了吗?他昨儿个亲口跟我说的。"

　　"不知道,我们这帮哥儿们也是被他现找出来的,他还准备了一大堆吃的,还有啤酒呢。"

　　听小东子说是老雷让她把红叶也一块叫出来玩耍,秀娟的脑袋摇得跟拨浪鼓似的,她比任何人都清楚红叶的立场和处境。别说大过年的找她出来和这帮"坏分子"一起聚会,就是平日里提到了老雷这个名字她也是避之不及的。事实让人大跌眼镜,红叶在他们拍门叫人后,带着红武直接从灯火通明的屋子里走出来,这次林芝不但没有阻拦,甚至还给姐俩带了些吃货。爷刚去世,这屋子里免不了有他不舍的魂魄,即使开遍了大灯,林芝还是有所忌讳,怕给姐弟俩带来一年的坏运气。

　　点将台的所有准备工作已经完毕。老雷远远地望见了穿着黑袄的红叶,心里一阵高兴,她包裹得结实的围巾在头上绕了又绕,只露出那睫毛结了哈气的眼睛,她一路走来,仿佛其他人都成了背景。他像是被施了魔法一样一动也不得动,只顾着傻笑。爱一个人很简单,即使她爱着另一个人要和另一个人结婚,他还是离不开她的眼眸,她的身影,远远望着,足够了。

　　红叶走到了跟前,她用力地把围巾拉下唇角,露出了一脸的微笑,众人欢迎的掌声就这么响起来了,像是这场宴会的女主角隆重地降临一般。红叶开心地和大家一起鼓掌,她本以为老雷白天只是说说,没想到一晚上竟变出这么大的场面。她喜欢这种同龄人在一起热闹的场景,好像只有这样才更有年味。以前她是个乖孩子,乖到对任何人任何事都辨出个是非黑白,但是慢慢地,她成熟了,长大了,她似乎领悟到这世间很多事情并不是她所以为的那样,不是好的也不一定是坏的,不是对的也不一定是错的。好孩子的名头禁锢了她太多的思想,在那个框框里让她对待任何人都过分地严苛,她不希望这是真实的自己,至少在这个新年过后,她希望有一个全新的改变。

啤酒"咚咚咚"地倒了一杯又一杯,啤酒泡沫沿着杯壁流下来,整个点将台被点燃了。所有人围成了一圈儿,红叶挨着秀娟,秀娟挨着老雷,大家开始碰第一杯酒。老雷今天异常地兴奋,或许过去二十多个年都没能带给他年的意义。他不顾自己手臂上的绷带,直接托着杯子跳上了台子:"今天是蛇年的最后一天,过了十二点就是马年了,非常开心大家都能凑到一起,为了咱们的友谊干杯。"

众人纷纷高举杯子,大声喊道:"干杯!"

老雷又道:"咱们每个人都说一句祝福的话吧。"

小东子响应道:"好,老雷,就从你开始吧。"

老雷道:"好,那我就祝各位在新的一年里财源滚滚,万事如意。"

众人齐道:"好。"

小东子接着说:"我祝大家芝麻开花节节高。"

秀娟又说:"那我就祝各位在新的一年里有爱的爱情甜蜜,没爱的早日找到意中人。"

大家笑,二峰接了一句:"我的妈呀,秀娟,你是着急嫁人了吧?"

秀娟一脸的不好意思,打了他一巴掌:"去你的。咱们除了红叶有主儿外,都打着光棍呢,都赶紧找主儿。红叶,该你说了。"

红叶听到秀娟如此说心里一阵茫然,她现在也说不清楚自己到底算是有主儿还是没主儿,她不愿去想,至少是在今天。她举起杯子淡淡地说道:"我祝大家身体健康,心想事成。"说完,一仰脖,整杯啤酒灌进肚子。

大家起哄、鼓掌:"好,喝酒喝酒。"

老雷跳下点将台来跟秀娟和红叶碰杯。秀娟开心得重重地拍在老雷受伤的手臂上:"老雷,你最够哥儿们。我祝你新的一年里,开新店,卖大鱼,英镑美元滚滚来。"

秀娟一边说着一边手里不住地开合着召唤着,样子极其可爱搞笑。她不知老雷炮仗炸了手臂,这用力的一拍令红叶感觉到了一阵疼痛,是感同身受,她下意识地望向老雷,老雷也正巧望着她,她担心的样子让他心里吃了蜜糖一样,美滋滋的。老雷将秀娟手里的啤酒瓶抢了下来,告诉她:"酒是老爷们儿的事,你,就一杯,给你们准备了大白梨。小东子,给秀娟和红叶换大白梨。"

秀娟见小东子拎着玻璃瓶过来,直接将杯子口捂紧,嚷着:"我也要喝啤酒,我不喝大白梨。你们男人就能过年,我们为什么就不能呢,那点啤酒晕不倒我。"

"上次在刘家饭馆是谁先耍酒疯的?"小东子提醒了她一句。

秀娟见小东子也不支持自己,气得跑上去追着小东子要教训他。

"秀娟有量我知道,过年嘛,大家开心就好。"二峰给秀娟说情,秀娟给他竖了个大拇指,接着,她又转回头把红叶的杯子抢了去,里面的饮料被远远地扬了一地,"红叶,今天都换啤的,不醉不归。"

酒过三巡,远处已有人家噼噼啪啪地燃放起了烟火。秀娟似是喝得过猛,非常兴奋,她大声地跟小东子、二峰划着拳,嘻嘻哈哈地乱嚷。老雷和红叶则坐在一边的台子上,望着夜空,他甚至能嗅到红叶身上好闻的气味。他闭上眼睛,便感觉那好闻的气味在环抱着他,那么柔软那么温暖,他甚至享受这一切,享受酒精麻醉后他对于她所有美好的想象。他有过那么一瞬间,想要不顾一切地把她拥入怀里,但他还是控制住了,眼前的人美好如清风,素袄衬得她宛若仙子,他不忍毁了这份难得的友情。

半响,老雷拿起杯撞了一下红叶手里的杯子,脸上带着些宠溺的笑。

"红叶,能够认识你,真的挺高兴的。"

"我也是,你这人挺有意思的。"

"郑恺要是敢欺负你,你告诉我,我碎了他。"

红叶听老雷这么说,有些心酸,她喝了口酒,坦然一笑:"他没有欺负我,我们挺好的。"

"他妈的病怎么样了?听说不太好。"

"肺癌,说是晚期了,不知道会怎么样。"

"我听说现在他妈对你有点意见?"老雷问。

"听谁说的?"红叶一愣。

"我今儿在医院厕所听了那么两耳朵,他妈到底因为啥?"

"……就是因为会亲家那天的事,他妈怀疑我。"

老雷听到这儿,激动得一拳头捶在了台子上,这回的右手臂实在禁不住折腾,疼得他"哎哟"了两声。他不好意思地看向红叶,傻笑道:"咱们村的老娘们儿都这么疑神疑鬼的,实在不行,我给你作证去。"

"你作证?作什么证?证明那天我和你在一起?"红叶突然被逗笑了。

"嗨,我光想着助人为乐了,这么做只会越帮越乱,"老雷自嘲了两声,"不过,红叶,你记住了,我答应过你,那天的事天知地知,你知我知,如果我死了,这世界上就不存在那天的事了。以后,不管你遇到什么事,你只要知会一声,哥儿们就算是在天边,也会跑回来帮你的。"

13

年后,乡政府大院又开始喧嚣了起来,红叶与郑恺终于在办公室里见面了。郑恺明显瘦了一圈儿,脸色灰暗,颧骨高突,整个人也没什么精神。红叶直后悔自己的小性子害得他受了这等苦楚,便更多了一分愧疚。政府的委任状到了,郑恺被提拔为宣传办主任,红头文件是县里直接下发的,这在政府机关里算是越级提拔。

最先给郑恺祝贺的是程小丽。过年后的她变得更加美丽,甚至有些淑女风范。她换了发式,波浪大卷让人看起来妩媚成熟,或许是过年间吃得多了些,面间白皙饱满,却也自带三分桃花。红叶记不得是什么时候与她的关系开始别扭的,或许是选节目后,或许是她偷听了小树林里的谈话,也或许是加班被关在政府大楼里,更或许是……她遭毒手的那个晚上,心里杀她千百遍,再见面时却也只是些许别扭而已,那个打了很长时间腹稿的报复红叶一直没有去做,她知道,无凭无据的对质,只会闹得政府人尽皆知,那样,她就算保住了纯洁,在众人的嘴里怕也是没那么清白了。

她离她远远的,像是躲瘟疫一样。所以当程小丽妩媚地向郑恺献着各种殷勤的时候,她都释然地笑笑,她知道她是做给她看的,她不会上了圈套。这么来去之间倒像是一场闹剧,直到小赵医生来送家里过年的嚼货时见状嘲讽,红叶才有了发泄的空间,小赵医生故意夸张地做出了个捂嘴的手势:"过年的猪肉吃太多,现在看见点儿腻的就想往外呕。"红叶顺势递给了她块手帕,算是对她的赞许。小赵在红叶处闹腾了一会儿,大抵是讲些过年时家里的趣事,没多大一会儿就走了。红叶虽和小赵热闹着,但目光却有意地观察着郑恺,甚至程小丽。不知是哪里出了问题,一个新年节假的光景,好像一切都变了,郑恺不再像以前那样对程小丽冷漠如冰。女人是敏感的,自他与她在医院就某个问题产生矛盾之后,这种敏感便与日俱增,甚至一切风吹草动都可以与此关联上,她觉得最使人害怕的,是他与自己对立的人和颜悦色,与伤害过自己的人谈笑风生。

整个宣传办里唯一暴躁的人就是张晓琴,她为这个位置等了整整十年。本以为任志远升迁,主任一职自然该落到她这个副主任的身上,现在却被一个后辈夺了去,她无从发泄,只能气得满屋子大嚷,凭什么,凭什么?!红叶还听到了隔壁张晓琴的办公室里她与程小丽大吵的声音,时而模糊时而清晰,她下意识地望了眼郑恺,他的脸上不知什么时候起就少了表情,他本就是那种喜怒不形于色的人。

午饭过后,她和郑恺散步到了凉亭,她开门见山地问:"你妈,我是说婶儿,现在怎么样了?"

"一直在医院治疗,现在看不出来有什么好还是不好,不过医生建议要继续住院观察。"他说。

"那医疗费,你借到了吗?"

郑恺沉默地点了点头。红叶不知道郑恺这点头代表着什么,但是她知道面前的这个男人眼下遇到了前所未有的困难。她向他说出了自己的打算,首先她会向父母借一些,然后再去大姑家看看,姑父看在自己学生的分上也会借点,再然后她打算周末的时候去县里找份兼职,虽然钱可能不多,但总比没有好得多。郑恺不忍心打断红叶的计划,只能用拥抱来回报这个善良的姑娘。他把头埋在她的胸间,用力地大声呼吸,好像只有抱着她的时候,他才会暂时忘掉医院里那无休止的未解的难题。

郑恺升职当上了宣传办主任的消息传到了林芝的耳朵,她思量再三,对于两人的关系又松缓了些,早上红叶出门的时候她让她给郑恺捎个话,让他周六晚上过来吃饭,她想亲自向郑恺要个口供,再决定是否把女儿交到他的手上。郑恺以准姑爷的身份第一次被邀请去红叶家吃饭,这让他心里欣喜甚至忐忑,想着过去的种种茬子,暗自庆幸事情又回到了原点。他一整天都在酝酿着到了红叶家该做何种表现,脸上应该是什么样的笑容,甚至进门的第一句是应该和谁打招呼,所以当水产站站长张文龙来邀请他和红叶周六去参加老父亲八十大寿寿宴的时候,他竟有些不高兴,他非常忌惮这毫无预料的节外生枝。算起来,他和张文龙还多少沾了些亲故,虽然出了五服,但论算起来还是一个祖宗。张文龙的老父亲是个地道的农民,卧床十来年让他挨到了八十大寿实属不易,张文龙是个孝顺儿子,他希望给他办得热闹些,不但请了政府里的同事,还特意雇了吹打班的乐队。

这么大的事情要在平日,郑恺都会帮着张罗张罗,可偏偏他已经答应了林芝的宴请,这次宴请的意义远比上一次的会亲家重大,他犹豫着如何向张文龙告这个假。但张文龙说,是朋友的就把别的事给推了,别的不求,只求各位给捧个人场,程小丽也答应去了。程小丽也去,这样的结果比父亲要过八十大寿的意义还重大,张文龙的脸上感到无上荣光。本来乡里年轻人去祝寿也没什么,但这期间,小赵医生偷偷地告诉了红叶一个消息,在爷去世和郑恺妈住院的这段时间里,她不止一次看到郑恺与程小丽的接触,她甚至还看到了程小丽拉着郑恺的手,根据她的判断,他对她的态度越发暧昧不清。红叶联想到这几日的第六感,也觉得中间似乎是发生了什么变故,便故意向郑恺扔了炸弹:"张文龙那边你去吗?"

"唉,怎么都赶到了一天?按我们这关系,不去是真的不太好。"郑恺对红叶做了个无奈的表情,他不知道红叶提问他真正的目的。

"那就去吧,人这一生可就一个八十大寿。"

郑恺见红叶的语调有些不太对劲,刚要说什么,红叶又接着说:"而且乡里熟人都去,程小丽也去。"

"你想说什么?"

"她去,我就不去。"红叶斩钉截铁地说。

"红叶,其实程小丽这个人挺好的,我们以前可能都不是很了解……"

"程小丽是什么样的人你应该比我还清楚吧?"

"有些事情我们只是看到了表面,她家境好,可能是娇气了点,但人还是不错的,我相信你俩能相处好的。"

"我们两个能相处好?"红叶嘴巴半天没有合上,郑恺的话听着多像是旧时调解大房二房的托词!她为什么要跟一个处心积虑害她的人相处好呢?红叶痛恨郑恺没有立场,直接回绝了他:"这个,永远不可能。"

"你怎么变得这么不可理喻?"郑恺开始皱眉。

"是你先变得不可理喻。"红叶差一点就说出来她偷听了他与程小丽小树林里的对话了,差一点就向他讲述她曾受到的委屈和侮辱,但郑恺还是抢先一步地质问了她:"你和那个老雷是什么关系,他凭什么替你出头?"

他还是问了,没忍住。这是他与她相处后问出的第二句让他懊悔的话,但覆水难收,红叶想起老雷跟她提起在厕所听到的那么一耳朵的事,原来,原来,无法解释,无法辩驳,红叶深吸了口气,只身向乡政府大楼走去。

程伟回到益丰村后果真驻扎不走了。他每天开着那辆大声响的轿车在村子里瞎转悠,引得家家户户议论纷纷。看到这场景,李四媳妇儿更是不敢出门,她每每听到村路上汽车喇叭声就像听到了招魂铃,急步转身回屋闩上门闩,然后脸紧紧地贴在门上用力地听着外面的动静。

对于这件事,除了李四媳妇儿,最有兴致的是林芝。她每天趴在院前的栅栏上,一看就是个把小时,她总希望能从中看出点什么道道来。她向红湖抛出了自己的最终结论,程伟定是回来寻找多年失散的儿子的,看他人五人六地衣锦还乡,平白捡个大胖小子那是意外之财。红湖平日里的态度是不参与不评论,等林芝发挥完八卦精神他会来句总结:"老娘们儿就爱瞎掺和。"但这次不同,他好像也在思考着程伟突然回来的原因,他觉得他回来八成是有大事情的。

程伟回来确实是要做件大事。他要在益丰村修建个养鱼池,已经选了好些天,终于选定了大河沟一带的一片水域。村委会这边的占地合同当然没有问题,他便开着车到乡政府水产站报备批文。到了乡政府,他也不急着去水产站,而是直接奔去了宣传办。会宁县整个县城说来也算不得大,谁和谁都可能碰巧攀上亲戚。论辈分,程小丽得管程伟叫叔,因为往上一辈子追索,程永峰是村长老程的堂侄子。虽然老程当了一辈子村长不愿意与程永峰搭上关系,但程伟可并没有遗传老爹的刚正不阿,他知道朝中有人好办事的道理。

程伟走进宣传办的时候,仿佛时光一下子跳跃了。他环视着整个房间,墙皮被重新粉刷过,但墙棚角那块被自己当年用红漆调染过的痕迹隐约还在,窗户框的颜色由红色变成了蓝绿色,只是那一排排红红绿绿的暖水瓶依然会发出吱吱的响声。李秀、林芝几个漂亮的姑娘在办公桌前写着大字的标语,另两个男生搬进了红皮大鼓,他用红漆在墙上写着"毛主席万岁",回头挑逗女生的时候,红漆直飞到了墙棚上,嘻嘻哈哈的岁月被一笔带过,如今已是面目全非。

他笑了笑,算是对过去的告别。办公室里只有红叶一人,任志远的东西搬走以后,郑恺就把自己的东西搬进了主任办公室,张晓琴不肯搬出来,两个人就坐了对桌。宣传办办公室里就剩下红叶和程小丽两人,程小丽不在,程伟就直接向红叶问起了人,红叶听说是来找程小丽的,回应着不在便也没有过多地搭理。程伟在程小丽的座位上稍歇了片刻,当红叶转过头望着他的时候,他竟有一阵子的恍惚,误以为昨日的小伙伴也一同穿越了回来,便颇有兴致地与红叶拉起了家常。

"姑娘是哪里人?"

"益丰村的。"红叶没有抬头,笔下沙沙地行文走字。

"我也是益丰村的。"程伟眼睛一亮。

红叶抬头打量了他一眼,感觉这人的穿着打扮不像村里人,她也从没见过。在她狐疑的时候,程伟热切地自报家底:"我十几年前就出门了,最近刚回来,我爸是你们村长。"

红叶突然想起这号人来,妈这些天在家里就一直念叨着,原来他就是甩了李四媳妇儿的那个风流鬼。想到这儿,她又抬起头仔细地审视了一番,心里不禁笑出了声,马上点了头。

"你知道我?"程伟看到红叶这个表情,马上追问着。

"不,不知道。"红叶把头摇得拨浪鼓一样。

两人有一搭无一搭地聊着。程小丽和郑恺一起说说笑笑地推门而进,郑恺告诉红叶三八妇女节乡党委要组织一个演讲比赛,宣传办由程小丽和红叶参加。红叶没接他的话,办公室里突然一下子静默了,这种静默让郑恺感到尴尬,程小丽向其耸了耸肩,表示同情。这时,她发现自己的座位上多了一个人,没等她开口问,程伟便站起身主动打了招呼:"是小丽吧,我是老叔。"

他看到程小丽有些惊讶,又接着说:"我走的时候,你才这么高。"

他把手掌平摊开,比画到自己的腰部。

"程伟老叔?听我爸说了,你在外边发了大财。"

"一点小财,一点小财。"

程小丽拉着程伟坐下,听着程伟说着来意,自道小事一桩,刚要应承下来,却一眼扫到了红叶,便转了主意:"老叔,我们郑主任和张站长是亲戚,看看他肯不肯帮这个忙了。"

红叶听程小丽故意把这个事抛给了郑恺,便知道她这是冲着自己来的,很明显,她自己去找张文龙或许比郑恺更有面子。但程伟不明就里,对着郑恺各种示好赞美,让红叶心里别扭极了,直接甩下钢笔出了办公室。

红叶周六果然没去参加张文龙父亲的生日宴。回家的路上,她的脑袋里混乱得像锅粥,是自己坠落在爱情里变得小肚鸡肠,还是除了郑恺自己的眼里已放不下别人。她无法释怀程小丽对她所做的一切,她知道,还会有更猛烈的暴风雨。想到这儿,她背后一阵通凉,她会对郑恺下手吗?

郑恺和程小丽一起参加了张文龙父亲的生日宴。一开始,他只是和红叶赌气,后来,当生日宴举行到一半的时候,他又开始有些后悔,他和红叶是从什么时候开始互相怨怼、互相针锋相对了呢?但是赌气中的情侣总是要冷战一段时间的,谁都认为自己不是理亏的一个,心中的气难消,索性这么地过去了有一周多的时间。郑恺依然游走在乡政府与医院之间,每天的时间都是无缝对接,自然也没空主动来找红叶和解。红叶这一次是真的动了小脾气,无论如何都不肯再去巴结郑恺,她甚至一个人的时候偷偷地哭过,如果两个人就此结束她会怎么样,她会心痛吗,只是想想就会心痛,但这是原则问题,她不能主动求和。

也就是在这一段时间里,程小丽与郑恺走动得多了,每天下班回城都要去医院看一眼郑恺妈,嘘寒问暖的。有一个周末,她甚至拉着父亲程永峰到医院看望郑家,大箱小箱的补品把小小的病房堆满了半间,在这喧闹的医院里,郑家人也仿佛一瞬间升了级别,周身荣光。程永峰关切地向郑恺妈询问病情,郑恺妈激动地像是皇帝微服垂青,病也一下子好了许多。有程永峰的关照,医生、护士,甚至院长都对郑家高看一眼,服务起来分外周到。等把程永峰父女俩送走,郑恺妈召开了个家庭会,郑恺爸和郑恺分坐在病床的两旁。郑恺妈笃定地望向儿子问:"小恺,我问你句话,你得如实告诉我,程小丽那边你一共借了多少钱?"

"妈,这个你甭管,借多少我都会还的。"郑恺搪塞着。

"他们家不会无缘无故对你这么殷勤,你又没什么可图的。"被母亲看出了破绽,郑恺连忙否认:"妈,你别胡思乱想……"

"说实话,程小丽这孩子挺好,不过,官儿家的孩子一般都娇性,不一定适合你。你妈不是嫌贫爱富的人,你要是对程小丽没啥意思,你得早点让人家姑娘知道,要不然以后总是个事儿。你不用为了给我治病花钱就处处委屈自己,我这病我知道,治不治也就那样了,我不希望我的儿子因为钱低头,你知不知道?"

"妈,我知道。"

"等我出院,就把你和红叶的事给办了。这几天,我在这躺着,都想清楚了,红叶那孩子我真的挺喜欢的,不管外人嚼什么舌根,我儿子喜欢我就喜欢。"

"妈……"郑恺听到妈说出这番话,眼泪差点就迸了出来,"红叶是我这辈子认定的人,等你的病好了,我就娶她进门。"

母亲的提醒是有道理的,郑恺心里早就明白,这段时间他对于程小丽明里暗里的暧昧已经有些默认了,不知不觉已经债台高筑。但他也知道,拒绝程小丽的帮助就等于断送了母亲的性命,他现在连拒绝的资格都没有,只要一闭上眼睛,脑袋里就不断地翻滚着大大小小的数字,一直高涨着甚至撑破了天际。

小酒馆里,程伟拿着一瓶军供茅台给老雷倒酒,从父亲的口中知道,这个小子在益丰村翻个身也会引发不小的震动。几杯酒下肚,程伟推心置腹大谈这些年的混迹史,从一开始在广州深圳一带干过的差事,诸如夜总会里的细琐事都描述得惟妙惟肖。这年头,从沿海一片发达地区回来的人都会以一副阔佬的姿态讲述自己过滤后的发家史,让人羡慕也让人嫉妒。老雷佩服程伟的视野,也赞赏他的魄力,毕竟是在外面大江大浪里打拼过的,所以,听他谈起未来的愿景,老雷只觉得汹涌澎湃。

程伟的计划不只是在益丰村里养点儿鱼这么简单,他还要迅速地扩张到整个县城甚至更广阔,他要做产业连锁,那是个大的手笔,他邀请老雷与他一起共商大计。老雷并不是头脑发热的人,自知天下没有免费的午餐,便只客套地回应几句,以待后观。

自从郑恺妈在医院里对郑恺说了那番话后,郑恺才真正意识到这么长一段时间来是自己忽视了红叶,是自己让她受委屈了。下班后,他直接横在了红叶的自行车前,没等她说一句话,直接将她紧紧地抱在了怀里,嘴唇不停地在她的脖颈处游走，嘴里喃喃地说着，对不起对不起，都是我不好。红叶的心软了下来，一肚子的委屈瞬间就散了，她抚着他的背给他安慰，心里感激郑恺终于先开口了，他将她抱得更紧。

在这之后，郑恺每天下班都会等红叶一起走，一起骑车去县医院看望郑恺妈，他刻意与程小丽保持了距离，换而言之的是过分地客气。

大概是一个月后了，县医院的主任亲自到郑恺妈的病房来，建议她可以回家治疗，可能是认为继续治疗下去用处不大，也可能是因为关系户长期伺候下去吃不消，于是，郑恺在乡里找了辆小货车，把父母还有一些行李一并拉回了家。回村的路突然变得漫长，河道两岸的景色也有些荒凉，他心里一瞬间有了不太好的想法，感觉这可能是他和父亲母亲最后一次一起走这条路，顺着风的撩拨，眼泪也跟着飞了起来。这一瞬的想法让他恍惚了一阵子，越是怕想起的时候它越无孔不入。

李四媳妇儿在村街上看到了小货车，她没有直接上前招呼，而是转身奔去了供销社，不一会儿的工夫便拎着袋水果过来探望。也就是年前年后不足两个月的光景，郑恺妈整个人消瘦了一圈儿，面部浮肿，没有光彩，她戴着女人坐月子时才戴的帽子，看起来一下子老了十岁。李四媳妇儿的心里突然有些难受，她下意识地看了眼郑恺爸，感觉他的眼神里带着些埋怨，她知道郑恺妈的病发或许与自己脱不了干系，心里的愧疚无以形容。

她听着郑恺妈讲述着医院里这些日子的经历，感叹人生之路，山一程，水一程，相信该相信的，放下该放下的，遇事往好处想，不奢望不强求，流云过千山，本就一场梦幻。李四媳妇儿觉得她是得道升仙了，听闻她对红叶的一切偏见也都不见了，还大赞红叶是个好姑娘，并希望郑恺与红叶能在自己活着的时候结为百年之好后，李四媳妇儿便决定打道回府。走之前，郑恺妈又向她打听起程伟的事来，见其表情僵硬，又是释然地一笑，她告诉她，释然一切，便是成全自己。

李四媳妇儿没在郑恺妈这里捡到想要的信息，自己的事儿却被拿出来奚落一番,自是感觉憋闷,路过红叶家的时候,她又习惯性地贴在墙角仔细地听着里边的动静。远处,老雷几人正扛着铁锹、镐头嘻哈走来,看到李四媳妇儿如此德行,老雷便回头跟几个兄弟耳语了一阵,小东子、二峰等人就开始一边推打,一边厮闹,互相抢着铁锹、镐头溜到了李四媳妇儿的身边。一个眼神过后,二峰的铁锹便冲着李四媳妇儿的屁股直拍下去,疼得她"嗷嗷"叫了起来,老雷等事成之后马上走上前给李四媳妇儿道了个歉,又大声"训斥"了小兄弟一番。村上混的小青年平日里本来就是没个正经的,李四媳妇儿在红叶家大门前不敢张扬,也只能吃哑巴亏。老雷看着她不敢声张的窘迫样还不忘奚落几句,那个赶毛驴的四婶儿就这样在兄弟们的口中出了名。

14

这天早晨,天比以往亮得都晚,太阳开了小差浑然打了个盹,姥爷也没有像往常一样掀开秀娟的被子满屋子叫喊她起床。秀娟得了特赦睡到了饱,直到肚子饿得不行方才爬了起来。姥爷还在睡,破天荒的事儿,秀娟边穿鞋下地心里边犯起嘀咕,她掀开的锅里没有一粒米,便舀了瓢水喝了个水饱,回屋里又唤姥爷,姥爷已经没了呼吸,他在睡梦中去了天国,他的样子像平日里一样安详。

恐惧、无助顿时让秀娟没有理智,她在屋子里乱哭乱转了一通之后终于冷静下来,便拿起衣服向门外跑去。鱼池边,老雷正带着一众人挖着土坑说笑打闹着扯皮,上次程伟请他吃饭的时候,他顺口就答应下找帮手挖鱼池的事,酒醒后虽然有点后悔沾上了程伟,但又一想,这群家伙每天扯皮的工夫用来挣点钱也是好事。所以,一干人等扛着锹拿着工具便在老雷的带领下开始破土动工了,挥汗如雨地挖了有小半个月,几个兄弟的兴致劲过了,嘴里便也开始嘀咕起来。给程伟这号人干活,钱不到口袋,心里总是有些悬着,他们就提议让老雷去程伟那说说,能不能早点结账。听到这几个兄弟如是说,其他的兄弟也都跟着应和起来,这程伟骗大姑娘臭名昭著的事迹益丰村上没有几个人不知晓的,眼看着刚开工的大好形势就这么被吵停了。

秀娟号哭着从远处跑过来的时候,这些人正在你一句我一句地争得面红耳赤。突然不知谁大叫一声:"那不是秀娟吗?"

只见秀娟一边用袄袖擦着鼻涕眼泪哭得山响,一边踉踉跄跄地向这边跑过来,姥爷的去世把她整个人都吓傻了,平日里再熟悉不过的村路竟摔了不知多少个跟头。众兄弟互相对视了一眼,便都纷纷提着铁锹镐头迎了过来,老雷冲在最前头,在秀娟就要跌倒的那一刻,他整个人飞跃着将她接了个满怀。

姥爷就在睡梦中仙逝了,秀娟在这个世界上再无牵挂,成了名副其实的孤儿。葬礼就在那个破房子里操办,县里的大舅二舅大姨二姨三姨都赶了来,好几拨的车开进了益丰村,浩浩荡荡的。姥爷是抗美援朝的老兵,县里也来了领导,偌大的益丰村此刻变得热闹非凡,村长老程作为益丰村的当家人主持大局。

红叶请了一天假,陪着秀娟在院子里守灵,看着院子里停放着的灵柩,她想到了刚刚去世的爷,心里不免一阵儿悲恸,眼泪珠子滴落得比旁人都急,生老病死,人生大抵如此。

初春的风硬得有如刀刃,眼泪走过的肌肤很快就变得火辣辣地疼,她用手背擦干了眼泪,想着秀娟姥爷这是给爷去做邻居了,是好事,倒也不那么悲伤了。他们在那边也能聊聊当年当兵打仗时候的逸事,那边该是倔老头们的天堂吧。

秀娟全身披麻戴孝一直跪在姥爷的灵柩前,在她身边依次排开的是三个姨母,她们一个个哭天抢地死去活来。秀娟反倒没了眼泪,她脑袋里不知道在想着什么,一幕幕地过着与姥爷平日里的生活电影,又一阵阵地放空。旁边的三姨母哭完了第一回合,见跪在旁边的秀娟不像是死了姥爷的亲外孙女,未免让人笑话,便偷偷在她大腿上狠拧了一把,疼得秀娟直咧嘴。三姨小声告诉她,你姥爷这辈子最疼的就是你,你不哭两声他走得就不安生。听三姨这么说,秀娟想想姥爷再也吃不着大螃蟹了,心里一阵难过,真就哭了出来。

"唉,姥爷你到了那边想吃啥就买点啥,多烧点纸钱给你吧。"秀娟一边哭着一边在火盆子里扔纸钱,嘴里念叨着,"姥爷,到了那边别舍不得花。"

秀娟的哭带动了三个姨母的第二回合哭丧,唢呐声齐响,场面听者伤心,闻者落泪。村里的人也开始议论纷纷,说着老爷子生前都没见这些家人来过,现在人死了死丧倒办得风光起来了。秀娟也是有很多年没有见过自己这么多亲戚了,当小东子问她:"姥爷走了,你有什么打算?"她的脑袋又是一片空荡。在她的世界里,好像只有姥爷一个亲人,他走了,也带走了她的整个世界。

不知过了多长时间,几个姨母已经不知踪影,偌大的院子里只有秀娟还一直跪着,腿已经麻木,整个人也开始恍惚。红叶把秀娟拉到屋子里,替她暖着手。秀娟紧紧地抱住了她:"姥爷没了,我以后再也没有亲人了。"

"你还有我啊,我以后就是你的亲人。"红叶说。

姥爷走的那天,益丰村就像是个节日,车队从村尾排到了村头,村里的人都出来送行。姥爷走了,秀娟的舅舅姨妈们都要接她去县里待上几天,秀娟知道,这是做给外人看的,执意没去。空荡荡的老房里多了张姥爷的遗像,也多了一份冷清,老雷和红叶几人陪着秀娟待了一会儿,在红叶的坚持和老雷的吓唬之后,秀娟跟着红叶到红家住了。

姥爷出殡的时候郑恺也来了,不过只是送到了墓地,与红叶说了几句话就回了乡政府。郑恺本是可以多待一会儿的,但是接二连三的死亡让他感到莫名的恐惧,那棺木中的姥爷此刻正安详地驾鹤西游,怕是哪一天就轮到了母亲,他这一段时间都在努力地为去掉这样的画面而烦恼。自从他走马上任以后,张晓琴对待他的态度就没有好过,连去参加县里的会议时,碰到相熟的人,张晓琴都会摆出一脸的苦相,像是被废黜了名分的大房来赢得同情与怜悯。郑恺倒不觉得她可怜了,看着众人被她拉着一遍遍述说,像是祥林嫂重复着口中的阿毛的故事时,所有人也都该知道,这女人怕是被官位逼得半疯了。

但郑恺还是有些恻隐之心,除了众所周知的原因,他还念一份她对于他的引导之情。毕竟他来宣传办这两年里,他是跟着她一同策划撰写乡报的,她教会他不少东西。回乡的路上,他直接把省里安排去南方考察学习的名额留给了她。在此之前,张晓琴一直盼望着这个机会,她甚至趁任志远调任的空当把自己的名字填报上去。她以为任志远走了,这个宣传办主任的位置理所应当是她的,可是天下没有什么事是理所应当的。郑恺把这个机会让给了张晓琴,这比任何事都让她感激涕零,女人不管外表多么强悍,内心都是柔软的,郑恺算是投其所好,成功解决了这层矛盾。

郑恺妈犯病再一次被送进了医院,化疗,放疗,一切能够用得上的办法一样也没落下。郑恺已经没有任何退路,再强大的自尊也换不来母亲的生命,向程小丽借钱,不断地借钱,是他目前能救母亲命的唯一办法。他的心里已经埋下了孤注一掷的种子,已经不知自尊为何物,他远远地望着那个能救他母亲的女人,他觉得她就是他的神。直到有一天,郑恺又来借钱,程小丽拍了张借款明细单给他,说是家里要用钱,希望郑恺能想办法近期把款筹上,郑恺的梦才被打碎。那张单子上密密麻麻地分列着郑恺数次向她借款的数额,竟然有两万元之多,这是个天文数字啊!他无法再继续向程小丽借钱,可是母亲却在等着钱救命。一夜之间,他的头发白透了双鬓,灰暗的肤色了无生气,嘴皮上也破出几道痕,洇着血,红叶看到他呆坐在医院走廊的时候,已经是他在为母亲化疗筹钱的第三天。他筹到的钱永远赶不上医院每天开销的速度,手里的交款单像一张张鬼符一样催着他,他告诉自己不能倒下,若他倒下了,就永远看不到母亲了。

红叶带来了三千块钱,是她在秀娟姥爷葬礼后向老雷借的。那天大队人马撤离的时候,红叶思虑再三,还是向老雷开了口。葬礼上她和郑恺聊起郑恺妈病情的时候,她看到了他眼里的泪花,这个男人已经被逼到无力挣扎的边缘。这笔钱确实为郑家解了一时的燃眉之急,红叶与郑家的关系又重新走回到了原来的轨道,以前的事情谁也不再提。然而,三千块钱的欢乐也没能支撑多久,郑恺便又接到了医院的催款通知单。这一次,他决定和红叶开诚布公地好好谈一谈,因为她的努力杯水车薪,他,他们都不能担负得起母亲这长久病患的责任。

"我妈这段时间做放疗效果不错,医生建议再做三个疗程,然后再看,我想只要管用,我就给我妈治。"郑恺说。

"嗯,既然有用那就听医生的。"

"可是,钱已经花得差不多了,我们,我,必须再去找钱。"郑恺深呼了口气,"我们家本来亲戚朋友不多,能借的都借了,而我即使日夜不休息兼职工作,也追不上那高额的医药费。"

"我再想想办法吧,总有办法的,是不是?"红叶上一次向老雷借钱的事并没有原原本本地告诉郑恺,只道是母亲主动拿出来的,这一次她要狠下心来真正向母亲伸手了。

"不用,"郑恺摇了摇头,他知道即使是红叶借遍了家里,也根本填不上郑家的窟窿,他皱了皱眉头说,"我之前在程小丽那里借了不少的钱。"见红叶有些吃惊,他无奈地笑了笑继续又说,"否则,我母亲住这么长时间的医院,凭我家的条件怎么可能支付得起。我今天找你商量是不想你误会,因为接下来,我又不得不低三下四地去借钱,只要她肯借,我母亲能得到医治,我都会做。"

在与红叶商量之后,他又去找了程小丽。这次,程小丽没能从母亲处借来半毛钱,因为母亲已经不再相信女儿嘴里的乘龙快婿是如何的优秀了:"他要是真有志气,可以去当铺借高利贷,而不是向你无休止地借钱。"

母亲的话提醒了程小丽,她怎么一直没有想到他可以去向社会上借款呢。她想到了程伟,这个有求于父亲的远亲老叔,那是个富得流油的金主,她和郑恺说:"我可以陪着你一起去,看在我爸的分上,他不会多收你利息的。"

"这是个好办法,"郑恺向红叶解释,"我们借钱付利息,公平交易,这样就不会再欠谁的人情,也不用再愁钱的出处。"

"可是,这个人……"红叶对于程伟这个人还是有些顾虑,毕竟他的名声在外,"不到万不得已还是不要找他吧。"

红叶整晚辗转难眠,郑恺在昏黄的医院走廊灯下吸了整夜的烟。母亲治病想继续维持下去,程伟这步险棋是唯一的希望。第二天,两个人最终商量好向程伟借一万块钱,在此之前,他们还咨询了法院认识的朋友。

"借就借吧,这事儿别和你妈说,到时我和你一块儿还。"红叶在跟郑恺去见程伟前嘱咐。

"红叶,难为你了,摊上我妈这病……"

"咱俩之间就不用说这些,我能分担点儿是心意。"

郑恺眼里泛起了泪花儿,他觉得眼前美丽温婉的红叶是他这一辈子都不能再遇到的好姑娘,他把她紧紧地拥在怀中,无声地痛哭了许久,不愿放开。

郑恺让程小丽约程伟见面是在他与程小丽说过这事后的一周了。程伟这些天在县里跑养鱼基地的批文,确实忙了小一阵子,这天刚好批审的准备资料都提交了,方才空出当来。地点定在了县医院,下班后,郑恺和红叶先行骑着自行车到了医院,天色已经放黑,红叶还是给郑恺妈买了袋水果过来看望,寒暄了几句,两人便随同程小丽和程伟到了医院大厅。他们找了个角落的地方坐下,郑恺从包里拿出了事先写好的借据放在桌子上,先是说了些寒暄的话,然后就直接进入正题。

"我打算先借一万,不知道老叔有没有困难?"郑恺把借据尽量地推到程伟眼前。

"没问题,"程伟两手一摊,"小丽的领导都开口了,这个忙我说什么都得帮。再说咱们都是一个村的,以后没准谁用上谁呢。"

"老叔,那咱们这样,我先借一万,你看看这借据,你觉得利息多少合适。"

程伟看了一眼借据:"啥利息不利息的,你就拿去用,借据都不用开。"

"那可不行,咱们人有人情在,这钱上还是整准成点儿,到时候也好说话。"郑恺给程小丽使了个眼色,程小丽心领神会:"老叔,我看这么的,你虽然有钱,但也不能破坏了规矩,还是写个借据的好。郑恺我们是同事加朋友,利息么,你也别多要,象征要点就行了,反正你也不差这两个。"

"行,你们怎么说都行,听你们的。"程伟一脸爽快的笑容。

合同上的利息是按照银行同期利率加千分之一个点计算的,当时民间的借贷利率都在三分五分之上,郑恺认为程伟是太照顾自己了。他把这个数填到借据上,签了自己的名字和日期。程伟从包里拿出了几沓钱放在桌上,双方算是成交。

这边的借款合同谈好了,医院的寂静却被李四媳妇儿尖锐的声音打破了。医院的大门口,李四正背着失血过多的李全跑进来,李四媳妇儿疯了似的叫喊着:"医生医生,急救室在哪?"

眼尖的红叶先认出了他们,指着他们向郑恺说道:"那不是李四婶子吗,李全怎么了?"

李全是在学校与同学发生争执被打伤的。下午的时候,他与两个同学在课间玩耍,因件小事双方起了口角,对方便拿出他的身世戏耍了一番。两个学生也是从父母那里听到的小道消息,本想着拿此事消遣一下学霸李全,但李全哪肯认这个账,虽势单力薄也一定要对方道歉,拼了命的结果就是自己被打破了脑袋。

李四两口子赶到学校的时候,那个拿了牙签呢的班主任老师正在给他擦洗着脸上的血渍,而真凶正在办公室的墙角罚着站。李四媳妇儿了解了事情的原委之后,指责、谩骂,变了调的声音充斥了整间办公室,别间的老师都伸长了脖子观望,下了课的学生们更是好奇地把整个办公室的大门围个水泄不通。班主任老师说,李全被打伤的时候,学校是要把他送去医院的,可李全驴脾气上线死活也不肯去,就是一遍遍地重复着要对方道歉,而对方两个学生也是硬骨头,僵在了一起,学校只好叫来双方家长。在对方家长还没有出现的时候,李四媳妇儿直接担当起了教训的责任,她气呼呼地走到了面壁的男同学面前,一人一巴掌直接扇到了脑袋上。

"是李全先打我们的。"其中一个胖一点的同学不服气地看了眼李四媳妇儿。

"砖头也是他找来的。"另一个学生应和着。

"李全打你们,你们怎么没受伤啊?我告诉你们,今天这事不说清楚,我非送你们去蹲笆篱子不成。"

那个学生一脸无奈地说道:"他那小胳膊小腿的,哪是我们的对手。"

窗外看热闹的学生传出一阵哄笑声,李四媳妇儿的肺都要气炸了,她指着窗户大骂,从学生骂到了老师,又从老师骂到了学校。

那个学生应该是受到了鼓励,大声对着李四媳妇儿嚷:"我们说的都是事实,你凭什么打我们?李全不是他爸亲生的,他亲爸回来了也不认他,他就是个野种!"

这个学生的话嚷完,整个办公室便鸦雀无声了,李四和李四媳妇儿傻愣愣地对视着,脸上尴尬得没有一个褶儿。班主任老师惊呆得完全放弃了抢救手里的学生,李全也在他手里顷刻间弹跳起来,上去就要打那个同学:"你他妈的胡说八道……"

程伟在红叶的提示下,看到了一路大呼小叫的李四媳妇儿,如同村街农妇不堪入目,他呆呆地顺着声音寻去,直到李四一家淡出了自己的视线。从红叶嘴里他得知了这个叫李全的小小子是李家唯一的儿子,今年十五六岁,马上面临中考了,听说学习不错,李四媳妇儿在村里一直标榜着自己儿子是重点高中的苗子。程伟细算了下自己离开益丰村的日子,不过十五六年的光景……他的心头突然一下子就紧了,已经没什么心思理会郑恺和红叶的事,跑到菜市场买了两斤猪头肉,打算在父亲这里打开突破口。他的直觉告诉他,那个在李四背上的男孩,那个令李秀疯了似的男孩,一定与他有着某种关系,他相信血脉相连的感应。

老雷在乡里的鱼店很快开业了。秀娟和小东子毛遂自荐前来帮忙,本来也是平日里玩在一起的朋友,如今有了正事,也算是散鱼上岸,兵归正营。对于工钱薪水两人倒没有任何的要求,他们像是私底下商量好了似的对老雷说,鱼店买卖好赚了就赏点儿,不赚就当帮忙了,兄弟之间没什么好客气的,这让老雷非常感动,只觉得好哥儿们没白处,书到用时方恨少,友到难处才识真。

那天小东子去县里拿货,只剩下老雷和秀娟在店里摆弄鲜货。秀娟挣扎着要不要和老雷把话挑明,上次和老雷因孙寡妇闹得不愉快的事虽然已经过去了,但凭女人的直觉,他一定还在隐瞒着什么。挣扎了半个小时的时间,她觉得自己再憋下去就要爆炸了,直接将手里的胶皮手套摘下,一屁股坐在了椅子上。

"老雷,问你个事,看在我这么积极给你打工的分上,你不许生气。"

秀娟的问话还是没能绕出孙寡妇的花边新闻,但捕风捉影的也没什么实质的进展。老雷刚开始还以为秀娟觉察出了什么,怕是她会扯上红叶这层关系,心里紧张了一阵,现在看来,他对红叶的这份感情,怕是只有天知地知自己知了,连秀娟都没有闻出来,红叶怕是也不知道他的这份情意,他有些窃喜也有些失落,想想红叶注定是要和郑恺成为一对的,他就不愿再继续想下去。

"那,你上次说有喜欢的人了,"秀娟重重地拍了下老雷的肩膀问,"是故意说给我听的吧?啊?是不是?"

老雷认真地说着不是,但秀娟却和他打闹起来,撩起的水花在空气中四散着,落到了老雷的头发上,老雷用力地摇摆着脑袋,水珠又窜到了秀娟的额头,两个人躲闪着,又拼命地向对方撩拨着,池里的鱼儿们更加地欢腾,笑声传到了店外,乃至整条街道。

红叶出现在门口的时候,秀娟的两只手臂正被老雷死死地锁牢,她在故作挣扎,红叶不作声,只等他们嬉笑结束。秀娟先看到了门外的红叶,不好意思地推开了老雷,招呼着朋友:"快进来,红叶。"

红叶的到来,让老雷也分外高兴,能看见她,他心里就是满足的。红叶这次来的目的是给老雷还钱,这个月的工资发下来后,她很快分好了两个信封,一份是给郑恺的,一份是还老雷的。

向程伟借的钱需要两个人一点点地还,虽然不多,但抵得上点儿利息也是好的。这一次郑恺没有拿,他郑重其事地告诉红叶:"以后还借款的事由我一个人承担。"他不想让红叶还没过门就背起了山一样的债,红叶没与他过多争执,直接将信封塞到了他的手里。

她告诉他:"治疗老人的病我也有份儿。"

有这句话其实也就足够了,世界上难道有比这更动听的话吗?两个人的工资放在了一个信封里,就像两个人彼此融进了对方的生命里。

剩下一个信封是还老雷的钱。当初红叶向老雷借那三千块的时候,他甚至连她打的借条都没留,这一次红叶郑重其事地写了还款计划,甚至连同详细的还款时间表都一并带给了债权人。再一次见到老雷已经是年后的一个月了,秀娟跟红叶回红家小住了一周,就如期地被林芝的冷言冷语逼得打道回府,红叶本是打算陪秀娟回老房住些日子,但郑恺妈这边又需要她倒着陪夜,折折腾腾竟也有了一个月的光景。直到老雷的鱼店开张,秀娟到他这里打工,红叶的心才落了地。秀娟紧紧拥着她的时候,仿佛一个月前的悲伤又浮现出来,姥爷的去世,爷的去世,让两个同样失去亲人的朋友睹物思人。

门外的鱼池边,老雷正围着皮围裙拿着渔网在池子堵捉着两条大鱼,一会儿的工夫,两条差不多大小的鲤子就在渔网里用力地跳了起来。

"老雷,这条帮我给红叶包起来。"秀娟突然指着渔网大声嚷道。

"一条算你的,一条算我的。"老雷转头看了眼秀娟,又看了眼红叶,两个泪眼婆娑的人望着他,他轻描淡写地说:"不是白给的,以后在政府里帮着我们鱼店多做些宣传,这算是宣传费了。"

在秀娟的坚持下,红叶不得不收下这份厚礼,秀娟帮她把鱼收拾好装进了干净的塑料袋里。趁这个空当,红叶将信封交给了老雷,言简意赅地说明了来意,老雷也不过多推辞,这让红叶的心里平添了一份愉悦,甚至轻快。

这个月,红叶显然没有多余的钱上交给林芝,林芝为此恼火,恼火的原因已经不是红叶没有拿钱回来这么简单,因为红叶已经一五一十地向她和盘托出了借程伟钱的事。

"一万块?你们向程伟借了一万块?"

"我们是打了借条的。"红叶觉得有了这张证据,就是到了法院也是做数的。

"你们管他借高利贷!脑子是不是进水了?"林芝质问。

"不,不是高利贷,利息比银行多不了多少。"红叶连忙解释。

没等红叶解释完,林芝的一个巴掌已经在红叶的右脸上炸开了花。

"我提没提醒过你,"林芝用了最大的力气跟女儿吼着,"程伟那货是个什么样的人,他抛妻弃子、十恶不赦,他是十里八村公认的渣子。你们借钱为什么不和我商量?为什么不商量?等着吧,到时候你们吃不了兜着走!"

15

这边,程伟被林芝所诟病,那边,人家的鱼池生意却已搞得风风火火。没出两个月,县里的大车小车便频繁进出益丰村,场面很是壮观。

程伟自己都没有想到前景如此光明,所以打算一不做二不休,要把这个事业搞得更红火起来。他在鱼池的基础上,在益丰村又搞了个渔业合作社,村民集资入股,年终分红。老程得知儿子的这个决定后,第一时间表示反对,他太清楚自己的儿子是个什么样的货色:"你要弄你的养鱼池我不管,但别打我村民的主意!你别起什么高调,我还不知道你那点花花肠子?"

程伟说:"爸,你这话说得我咋就不爱听呢,我这明明是带领你的那些臣民们发家致富啊。你打听打听,在广州、深圳那边,弄个渔业合作社一年能整多少?"程伟伸出了个巴掌后,又伸出了另一只巴掌并在一起。

老程没心思去理会这里到底是多少个数,仍然虎着脸,泼冷水说:"我告诉你程伟,现在老百姓可不是那么好糊弄的,你搞什么入股那一套根本行不通。赚了钱还好说,要是赔了,咋办?"

程伟说:"老程同志,你这思想可是落伍了。我和他们都签好合同,自愿入股,利益均沾,风险共担,白纸黑字,这是有法律效力的。"

程伟确定了自己伟大的计划后,更是干劲儿十足,他再一次找到了老雷,跟他正儿八经地谈合作,并邀请他加入自己的渔业合作社。老雷经过周全的衡量和打听之后,知道这个模式在南方已经发展了十几年,那些南方佬个个肥得流油,确定了这是一个非常有前景的项目。不过,对于程伟这个人他还是心有芥蒂,思考再三,在程伟开出了优厚的合作条件之后,鱼店作为合作主体入股,不用拿一分钱,老雷就成了新项目的股东。

程永峰这几天经常出现在长发乡,不知道是来工作的还是有什么特别的事儿。郑恺每次碰到他的时候都紧张得要命,怕是哪一会儿他突然蹿上来问,你什么时候还我们家钱?自从那天他偷偷地计算了欠程小丽的钱后,他就开始特别怕见到姓程的人。这个世界上的事情确实玄妙,当你决定伸手借钱的时候,两个人之间的关系就不再平等了,欠的情,永远是抹不去也还不掉的。

宣传办里这几天很安静,张晓琴去南方深造还没有回来,程小丽被叫到书记办公室配合程永峰工作,至于做些什么工作谁也不知道。郑恺和红叶每天中午都一起去食堂吃饭,这是红叶久违了的场景。半年前她刚来的时候,与郑恺一起吃顿食堂是多高兴的事,如今,这样的场面成了顺理成章,甚至可以是一生一世。

郑恺给红叶多要了一份五花肉,自己打了二两米饭和一盘酸菜。五花肉是食堂菜谱里最便宜的肉菜,他本打算要份排骨,但两个菜相差了一块钱,他还是挣扎了一下。

红叶说:"肥肉我不爱吃,我妈小时候就总因为这个骂我。"说完后,她将郑恺搛进她碗里的肉又放回了他的碗里,说话间还带着一份嫌弃。

郑恺看着红叶说:"那我去给你要一份排骨吧。"

红叶拉住他,笑出了声:"不用。你吃吧,最近瘦了好多,我看着都心疼。"

"傻丫头,"郑恺也笑了笑,用手轻拍着红叶的头,"困难是暂时的,一切都会过去的。"

红叶举起拳头说:"加油,我们一起加油。"

程永峰走后不久,有关红叶转正与否的通知便下发到了宣传办。郑恺拿着那张表足足看了十分钟,他不相信上面未予转正的结果,他知道这里面一定是出了什么问题。他直接去找了吴恩泰,争得面红耳赤,无论罗列了多少红叶的成绩都抵不过一个上头空降大专生的名额。是的,与有学历有能力有背景的人相比,红叶一分都赢不了。

他不知道该如何同红叶说出这个结果,无论怎么说出,她都会绝望的吧。他回到办公室的时候,看到程小丽正在和红叶说着话,他停了脚步站在门口边上观望,程小丽正拿着茶叶杯吹着里边的茶叶末劝说红叶:"别哭了,像你这种低学历走后门进来的,转不成很正常。"

郑恺一惊,自己还没来得及放出的消息,怎么这边已经有人先行剧透了?他想到了什么,心里又是一凉,接着又听红叶冷笑着问:"一切都如你所愿了吗?"

"本来这一切就不该是属于你的,灰姑娘即使是穿上了再华丽的水晶鞋,午夜钟声一响,也还是要滚回到原处。"

"程小丽,我知道你为什么记恨我。你的父亲是程永峰,而我的爷爷是红呈祥,咱们红程两家人一切的恩怨,你想什么时候算完?"

程小丽大声地咆哮:"算完?永远不算完。红叶,你不要以为你装作宽容、善良、大度,就可以把过去的一切一笔勾销。我可以告诉你,在我出生的那个晚上,在我爸被抓进去的那个晚上,在我哥走失的那个晚上,在无数个我和我妈被人指责谩骂的晚上,这一切就注定了我与你势不两立!这辈子,我都会跟你死磕到底,只要是你想做的,我都会反对,你想要的,我也会拼命地夺过来。"

红叶愤怒地质问程小丽:"难道你做得还不够多吗?你还想要什么?"

程小丽一屁股坐在了椅子上:"我要什么,你应该知道。"

红叶听到这,心里突然像是被什么扎到了,鼻子一酸,眼泪差点掉了下来。她抬头望向门口,郑恺站在那里,逆着光,周身镶着一层光圈,她希望这个时候郑恺能冲上来,拉着她的手对程小丽说,你想都别想,红叶是我老婆,我这一辈子只爱她一个人,你以后再敢欺负她,我会让你死得很惨。

但是,郑恺没有,他甚至在躲闪着程小丽的目光,也逃避着红叶的求助。红叶感觉身上的每根汗毛都竖立起来,她有些控制不住自己将要爆发的情绪,她所担心的一切都发生了。她不但失去了工作,也在与程小丽的对抗中处了下风,她甚至不确定她与郑恺的未来,或许没有未来。

天好像一瞬间就塌了,她感到五脏六腑都在翻滚着,一切都在抽丝剥茧般地离她而去,她怕到了极点,背后一阵阵冰冷,她什么都不再拥有。程小丽接着说什么了,郑恺有没有说话,她完全听不到,她抱起乱成一团的整理箱夺门而逃,郑恺追了出去,但又被程小丽拉了回来,他挣扎片刻后放弃了这种徒劳,把自己反锁在主任办公室里,嘴里咬紧一条毛巾无声地大喊。

红叶像只无头苍蝇一样哭着跑回自己的村子,她已经记不得哭了多久,只觉得嗓子处一口咸腥味的痰涌了出来。风变得越发疯狂,时而有大颗的水滴落在她的脸上,凉凉的,她伸手去触碰天,那灰暗的颜色又开始不断地加重,云朵似搅拌机里的面团翻滚个不停。最后,天空被染成了均匀的黑,连成一片幕布,那幕布剧烈地抖动着,只一声响雷,大雨便倾瀑了整个旷野。

她竟然一口气跑到了点将台,那放肆的空旷已经让她来不及躲避暴雨,只有几秒,她浑身便已湿透。她将整理箱扔在了台子上,索性任狂风暴雨欺负着,她冲着天疯狂喊着,为什么?为什么?她像是要使出浑身的力气与天对抗,但很快,她体力不支,整个人瘫倒在了原地。

老雷站在离她不足十米的地方,他一直站在那里,看着她,若不是手中塑料袋里的鲤鱼得了雨水欢腾起来,仿佛这样的注视还会更为长久。今天鱼店来了批个大的好鲤子,顾客也比往日多了一倍,眼看着他给红叶留出来的两条也要被人挑走,他便刻意地将它们藏了起来。一下午,他都盯望着墙上的时钟,直到五点,门口还没有红叶的影子,他便拎起了鱼袋向乡政府走去。还没到乡政府的门口,他便看见红叶一个人哭着跑出了大门,他本能地和她打了个照面,但红叶哪里听得见别人的招呼,他索性跟在后面,一路跟到了点将台。

她跑,他跟着跑,她走,他停下来跟着走。

旷野中的追逐,像一幅曼妙的画,有时候她的速度犹如驯鹿,快得连时光都认输了。直到她折腾得筋疲力尽瘫倒在地上,他才上前去把她抱了起来,疼惜地将自己的衣服搭在她的头上。

雷声不断地将黑幕震平,闪电又开始裁出一条条并不笔直的线,裹着满天的落雨,任呼啸的风蹂躏之后,又统统地抛向地面。

这一瞬,雨声,哭声,雨滴,泪水,相融相离。

不到一顿饭的工夫,红叶梦断乡政府的事情便在整个益丰村家喻户晓。林芝也许是村里最后一个知道这件事的人。这几天,她去县里参加了红武的家长会。家长会上,红武被班主任和任课老师轮番表扬,让她脸上熠熠生光,之后,她又去了趟红霞家,给她和张书尧带了些农村的土货,顺带着想听听红霞对红叶和郑恺的事的意见。

在红家,林芝最服的人就是红霞,她敢作敢为的性格是她一辈子都向往却无法实现的,即使当初她因张书尧的事与红家断了往来,她还是会私底下偷偷地主动联系这个小姑子。红霞的意见让林芝又坚定了些,她决定回到家后就与红湖和红叶商量,择日再与郑家人会个面,郑恺和红叶的婚事不能再拖了。她在村口下了车,拎下来两只大袋子,红霞给了她些自己不穿的、八九成新的衣物。她用力地扛着它们,走在村街的路上。她突然间有一阵子心虚,她发现好像所有人都看着她,甚至指点着什么。她想,这些人也是无聊,自己都不嫌弃红霞的旧衣服,会过些日子有什么好讲究,她甚至会刻意地向已经伸出手指的人送上一个白眼。直到李四媳妇儿横在她面前,警告她说:"回去好好安慰安慰,不许打孩子。"林芝才一脸迷茫地停了下来。

见林芝没弄清楚到底是怎么回事,李四媳妇儿只好明白地和她说:

"红叶没通过乡政府转正的事你这个当妈的不知道？"

"……"

"其实我原来就觉得乡政府大院没啥好混的，金饭碗铁饭碗没啥了不起。别让孩子上火，你看咱普通老百姓不也过得挺好的吗？"

林芝差不多听明白了李四媳妇儿的话，已经没心思打腹稿与她纠缠，索性灰溜溜地回了家。这个结果让红家人曾经的骄傲变成了耻辱。没等红叶多解释什么，雨点般的巴掌便落在了她的头上、身上、手臂上，林芝哭号着数落红叶的种种罪状，红叶没躲，身上的痛能缓解心里的痛，她甚至感谢母亲赏的这一顿暴打。

日子就这么飞快地过去了。红叶感觉浑浑噩噩的一周都抵不过她在乡政府里上班一天的充实忙碌。在秀娟的游说下，她同意到老雷的鱼店帮忙，用自己的劳动赚取酬劳来还老雷的借款。老雷给她的薪水不低，相当于原来在乡政府做编外工的两倍还多。她把它们分成三等份，一份帮郑恺继续还程伟的借款，一份还老雷的借款，还有一份直接送到母亲的手上。但是没多久，她便发现店里的生意并不像老雷描述的那么门庭若市，闲时比忙时还多。

有一天，她问秀娟："你每个月的工资是多少？"

秀娟说："咱们差不多吧，老雷给多少我就拿多少。"

当得知自己比秀娟领的工资还多时，红叶便直接找老雷谈判："我用自己的劳动赚钱我从来不觉得低人一等，但是我不接受同情，甚至可怜，还有施舍。"

为这事，老雷给三个员工开了个会，说明了工资的分配情况。秀娟和小东子是鱼店一开始成立的元老儿，是有年度分红的，也就是除了每个月的工资外，到年底按鱼店的收入情况会拿到一定的分红。红叶是刚刚来鱼店工作的，没有分红，所以会在工资上多一些补贴。老雷一本正经地把工资体系剖析给三个人，而且，他在会上还宣布，鱼店与程伟的渔业合作社的合同已经签订，鱼店确实要忙起来了。

程伟把临时办公室设在了老程办公室的外间,村委会大喇叭里天天轮播着吸收入股的消息,宣传单也贴满了村里家家户户的院外墙头。来村委会咨询的人络绎不绝,村民们对这种入股分红的形式表示出了极大的兴趣,他们早在程伟开着小轿车回村的那一刻就开始瞄上了他,现在他有了这惊天地的举动,有些胆大的村民便第一时间入了股。

林芝每天扒着窗户向外观看着村民们的来来往往,自己的心里也开始蠢蠢欲动。自从红叶离开了乡政府以后,她就很少出门,必要外出时,也是办了事情马上回家,遇到街上搭话的村邻一两句话便了结交谈。她拿着渔业合作社的宣传单看了一遍又一遍,几乎面对着红湖能倒背如流了,便与他商量:"我看村上有很多人都有入股的意思,没准这是个好机会。"

每次林芝这样试探着说服红湖的时候,都被他轻言淡语地打消了想法。他敲着烟袋锅的灰说:"要说那些后辈不知道程伟的为人可以,你怎么能够自欺欺人呢?李秀当年被抛弃的事村里哪个老人儿不记得。"

说到李秀,林芝又心里好奇地问:"你说,李四家会不会入股?"

红湖的鼻子被老婆气歪了,直接拿着烟袋下了炕,径直向院子走去。

李四家此时正是一片热闹之景。李四的两个哥哥都住在县里,平时走动不多,但听说了渔业合作社入股的事后,最近就常来益丰村。益丰村的村民入股渔业合作社比其他人有优惠政策,一块钱的原始股卖到城里人手里是一块七,转个手就赚了百分之七十的利润,于是,李四的两个哥哥希望通过李四的名义购买原始股。李四媳妇儿当然不同意,但不同意的理由在两个哥哥那又说不通,他们决定让出百分之三十的利润给李四两口子,这样两边就都不吃亏。李四觉得这是个一家人共赢的好事情,第一次当家做了回主,白给的钱为啥不要呢?很快,李四家和两个哥哥就成了渔业合作社的小股东。

渔业合作社的红火也引起了吴恩泰的注意。他与程伟私下里接触过后,便打算纠集些有闲钱的朋友一起购买原始股份,程伟允诺给他优惠。联系到程小丽妈的时候,直奔了主题,打包票这是一笔只赚不亏的买卖,两个人是小学时的同学，程伟又是程家的亲戚，这个投资让程小丽妈心里活泛。但她不想把正在仕途上朝前奔的程永峰牵扯进来，便四处回收私房钱准备占上一股。程小丽也被正式传唤，她已经陆陆续续从母亲那里借出了三万块钱给郑恺，而且她清楚地知道，让郑恺现在还钱等于是天方夜谭。

她直接告诉母亲："你想别的法儿吧，我这钱你先别要了。"

程小丽妈问："我的钱我为什么不能要？"

程小丽说："那是我借给别人的，就是要也是我要，你只能问我要。"

程小丽妈退了一步问："那他打算什么时候还？"

程小丽说："很快。"

程小丽妈说："小丽，你跟妈说句实话，你到底对那个穷小子是什么想法？你是真打算嫁给他啦？"

程小丽没正面回答母亲的话，而是说："我们家又不缺钱，而且我问过姨父，他妈的病挨不过半年。"

程小丽妈说："你别给我扯别的话题。我就问你，你是不是真心喜欢他？"

被母亲这么问，程小丽有些不自在，她也问过自己无数次这个问题，喜欢，还是不喜欢？没有答案，她不知道，她只知道当郑恺和红叶在一起的时候，她的心就会揪着，就会控制不住地想要把他抢到自己的身边，只有他在身边的时候，她才会安心。

没过多久，程小丽妈便答应了吴恩泰共同入股的建议，并应邀来到长发乡政府赴宴。她愿意来乡政府会面的另一层意思是想当面向郑恺催款，女儿不忍心做的事情，做妈的得当机立断。在乡政府里见到母亲那刻开始，程小丽便紧张得要命，半个小时跑了八趟厕所，最后她只好硬着头皮到郑恺办公室商量对策："你只要在我妈和吴书记面前默认是我男朋友，我妈就不会好意思当着大家的面再要求你马上还钱，她总得要点面子。"

郑恺脑袋摇得像拨浪鼓:"这怎么可能?我和红叶都已经定亲了,我这么做对你也不好。钱我会很快凑上的,跟你妈说再缓两天吧。"

程小丽急得不知所措:"你们的事不是还没最后定吗?我又没说让你真当我男朋友,为了你妈的病,你委屈一下怎么了?明着告诉你,我妈今天到乡政府来吃饭就是冲着你来的。你想想,你跟我非亲非故,我借给你那么一大笔钱,换作谁也得弄明白原因吧?唉,我想了一上午的办法,除了马上还钱,就只有这个了,你就配合一下吧。"

郑恺斩钉截铁地说:"不行,这个绝对不行。"

16

  乡政府餐厅的雅间布置得略显豪华,扎眼的水晶吊灯折射着柔光,鎏金绣花的桌布,挽成花结的流苏,衬得餐厅比县城的三星级酒店还要阔绰。吴恩泰作为东道主,衣着利落地站在那里迎接着程家母女,寒暄了几句,四人便一一落座。接着,大盘小盘的菜肴轮番上桌,吴恩泰也便借着杯酒开始推波助澜。

  吴恩泰这次集结了五个重量级的人物参股,若都谈成了,他们将会成为渔业合作社的最大股东之一,但作为政府官员,他还不能用自己的名义参与这件事,便把这项美差放到了程小丽妈的身上。程小丽妈的实力不容小觑,程永峰在外不管如何强悍,在家里他是完全听从这位贤内助的,所以这个养尊处优的嫂子虽是家庭主妇,却是众人争相巴结的对象。郑恺拘谨地坐在程小丽的旁边,菜还未上,他已经先喝了三大杯白水。他看着吴恩泰用各种恭维的话来讨好程小丽妈,程小丽妈也是非常受用这样的称赞,满屋子尽是笑声,心里一阵寒凉,他的手脚甚至开始有些发抖,想找个借口离开这个地方,很快,程小丽的手就搭在了他无处安放的手上,他没躲,甚至有一刻的麻木。

  一道道的特产大菜很快地上桌了,吴恩泰提议干了第一杯酒后,郑恺和程小丽才参与到谈话中来。吴恩泰当着程小丽妈夸赏起她这个未来的女婿,年轻俊才,更夸赞程小丽的眼光好,郎才女貌,天作之合。有了他的话,程小丽妈对郑恺的印象有了改观,几杯酒下肚,她开始慢慢欣赏起这个安静的年轻人,干净、阳光、瘦削,活脱脱程永峰年轻时候的模样,她暗笑自己女儿的眼光确实不输给她。打破了这层壁垒,她便不再想他还钱的事,席间一切其乐融融。

老雷一直站在这个豪华宴客厅的门外,从宴会开始,他便透过那个窄小的缝隙偷窥着这一切。他是从食堂采购老徐那得到的消息,老徐父母也是益丰村的人,很多年前全家搬到了乡里来住,但儿子上是念旧情的,老雷提到了红叶之后,他直愤愤不平:"这个傻孩子肯定还不知道未婚夫已经跟别人扯上了。"

老雷一惊,跟老徐解释说:"徐叔,这可能是个误会。郑恺和红叶现在好着呢,不瞒你说,红叶现在每个月都在替郑恺他妈还医药费。"

老徐把烟屁股往地上一扔,骂道:"让人给卖了还替人数钱。你如果不信,后天晚上吴书记设宴招待程书记的爱人,就是程小丽她妈,郑恺也参加。"

这个消息太意外了,老雷再也稳不下心来与老徐继续寒暄,待鱼车卸好后,草草告辞。一路上,他都在琢磨着这个事,如果老徐所言不虚,那郑恺也太王八蛋了,那就是现如今的陈世美啊,他要不要把这事告诉红叶呢?好纠结。第二天,他正好和红叶搭伴去乡里进货,本该是小东子与他同去的,但巧的是东子的父亲脚崴骨折请了假,秀娟得留下来照看鱼店,所以只剩下红叶一个人可以做帮手。他和红叶在县里父亲的鱼店里忙活了一下午,天擦黑的时候才装好车往乡里赶。本来是不需要花这么长时间的,因为老雷爸的外遇对象到店里找他,与老雷妈碰了个正着,火星撞地球,老雷爸妈扯着嗓子互相揭短骂娘,店里的东西砸了满地,直到麻友三缺一硬把老雷妈扯了去才停了战。

回乡的路上,老雷之前计划着跟红叶说郑恺的事也不想说了,红叶想了半天安慰的话,看了两眼一脸僵灰的老雷,也知不便出口,两个人一路无语。月亮升到了正空的时候,毛驴车驶向了乡政府前的那片小树林。不知什么缘故,毛驴像是条件反射似的突然长叫了一声,整个驴车也差点翻了过去,红叶吓得扯紧了缰绳,老雷腾地跃下车一把按住了毛驴,用力地踢了两脚。他突然想起了什么,回头看向红叶,只见她紧闭着眼睛,浑身开始发抖,他马上大叫着:"别怕,我在呢。"

红叶试探着睁开眼睛,整张脸都是惨白的,她的眼泪不自觉地又落下来:"老雷,怎么办,我还是忘不掉。"

"只要有我在,以后谁也欺负不了你。"

"那你也答应我一件事,别再因为你爸妈的事苦恼了。大人们有大人们的选择,只要他们觉得快乐就好,我不知道如何安慰你,但是你自己要先走出来。"

他拍了拍手,故作轻松地跳上了车,说:"嗨。没事,我都习惯了,他俩爱怎么作怎么作去吧。"

他扬起鞭指挥驴车前行,又问红叶:"你,和郑恺现在怎么样?"

红叶叹了口气说:"他妈回家有一阵子了,但是之前欠的外债还要慢慢还,只要我们努力总会还上的。"

如果老徐说的话都是真的,她是不是会明白,她辛辛苦苦帮忙还钱的家伙究竟是个什么货色,她是不是会重新投入另一段生活之中?老雷看着红叶,肚子里的话忍着没说,这么做对红叶太过残忍了,她毕竟是整个事情的受害者,她刚刚失去了工作,又要她接受感情上的背叛,她小小的身躯如何承担得起这样的打击。

老雷躲在门外看着吴恩泰的谄媚,程小丽妈的应酬,程小丽的左右逢源和郑恺的皮肉之笑,看着看着,突然席间的气氛就有些不对了。这个宴会令程小丽妈对郑恺完全改了心意,她越看越喜欢,心里不由地生了些怜悯,她决定借出去的钱暂时不催了,当下举起杯对吴恩泰说:"我代表程家感谢吴书记的盛情款待,以后两个孩子就劳你多多照顾了。郑恺是程家未来的接班人,还请老弟多多栽培。"

吴恩泰哈哈一笑说:"嫂子你不用这么见外,咱们不都是一家人嘛。"

这事本已就此了结,但让门外蹲了一整个晚上的老雷耐不住火气,程小丽妈公开认定郑恺是她程家的准女婿,那红叶又算是什么?她每天在小鱼店里辛辛苦苦地帮他攒医药费又算什么?他的三观彻底地毁了,原以为只有自己这种人才不被人待见,才是众人口中的坏坯子,现在在他看来,郑恺才是最该遭人唾弃的。他直接推门而入,指着郑恺开骂:"你个陈世美,你脚踏两条船,你不要脸!"

此时老雷与红叶心神相连,正义使者般地笼罩在火红的光环之下,耳畔生风,后肩处舒展开的两只翅膀占了大半个屋子。时空瞬间定格,餐厅里的八只眼睛怔怔地望着他,看着他走近,直到一记重拳落在郑恺的下颌骨上,人仰马翻、杯酒腾空之后,尖叫声才顿时响起。

吴恩泰指着老雷大叫:"你是谁?怎么进来的?"

老雷叉着腰说:"我是谁不重要,我是要来告诉你们他是谁!"

老雷一把指向郑恺,见程小丽要上来阻拦,他的手指随即又指向了她,说:"还有她是谁!"

程小丽见老雷要坏事,忙将手中的杯子砸向了他,大喊:"你这个疯子!快来人啊!他是个疯子!他是个疯子!"

老雷很轻松地躲过了酒杯,只听到一声脆响后碎玻璃在地面上蔓延开。老雷继续说:"程大小姐,我们又见面了!阳关大道你不走,偏选这小夜路,我告诉你,你做的那些破事老子一件件给你记着呢。"

然后他又郑重其事地向程小丽妈颇有礼貌地警告着:"伯母,这小子已经有未婚妻了,现在又和你们成一家人了。我不知道他到底是个什么东西,既然你愿意让他做你们程家的女婿,那你最好让你闺女看住了,别让他出来再祸害别人。"

程小丽妈毕竟还是了解女儿的,听老雷说出了这样的话,也不觉是空穴来风,她看了程小丽一眼后直接甩袖而去。接下来,大门口处几个保安便冲进来将老雷架住。询问之下,原来是给老徐送鱼的小贩子,吴恩泰气极之下大嚷着直接开除了老徐。老雷的计划百密一疏，他没料到这件事会牵扯到老徐身上，心里有些恼悔，他恶狠狠地指着郑恺说："小子，既然你想当陈世美，以后就少招惹红叶，亏得她天天省钱帮你还借款，连件像样的衣服都舍不得买，你要是个人，就离她远点。"离开之前，老雷还不忘从桌子上拿过红酒杯将酒直接泼到了郑恺的脸上，看见他像只呆狗一样，他感觉自己特别爷们儿，为红叶出的这口气令他痛快不已。

经老雷这么一闹，好端端的一顿饭变得不欢而散，吴恩泰的入股计划也不了了之。不过没有他的参与，程伟的渔业合作社也筹到了二十四万元的股金，大张的公示单就贴在村委会的公告栏里，村民们都去观看。

望着全村人集体的发财行动，林芝有点急了，她甚至偷偷地到处打听入股人的说法，打听着所谓的内幕消息，然后就又埋怨起红湖来，说到最后，两人又闹起了离婚。红叶下班见此状劝慰了半天，林芝新账老账一通乱翻，直接把红叶气出了家门，搬到秀娟家祖屋暂住。

过了些时日，一切都平静得异常。红叶依旧在鱼店里忙活着，郑恺也按部就班地熟悉了新的职位，但两个人谁也没有主动联系过谁。直到有一天，红叶送走了前来看望她的小赵之后才知道那天发生了什么，她来问老雷。老雷知道大事不好，本想让秀娟帮忙搪塞一下，谁知道秀娟本还憋着一肚子的气，刚好借红叶的问话将事情完全抖落出来："这个不知好歹忘恩负义的家伙，我真是看走了眼。红叶，把之前你替他还的钱都要回来，凭什么帮他还钱啊，他妈又不是你妈。"

老雷拉着秀娟阻止她再说下去："我看还是好好和他谈谈吧，把话挑明白了再做打算。"

秀娟觉得老雷说得在理，当即说："对！和他谈清楚，我陪你去！"

红叶脑子里一片空白。她不愿意再听老雷和秀娟的打抱不平，就在不久前，郑恺还抱着她说，要好好对她一辈子，要在一起白头偕老，永结同心……他怎么可能成为程家的姑爷呢。她不敢往下想，更不愿意相信，看着眼前刚发下来的工资信封，她还没来得及分成三份。最后秀娟和老雷的讨论结果是由老雷陪同红叶去乡政府与郑恺摊牌,因为事情是老雷惹出来的,该说清楚的总要说清楚,若是个误会,他当面打了包票会向郑恺道歉。

去乡政府的路变得如此踉跄,她有几次都停住了脚步,想要逃跑。她害怕问出真相,若真是那样,她该怎么办?她从来都没有想过该怎么办,即使她转正没有通过,即使在母亲及全家都反对她和郑恺在一起的时候,她都没有想过要退缩。郑恺这边遇到的麻烦远不比红叶少,老雷闹了宴会之后,程小丽妈当场给女儿下了通牒,让她一个星期内必须把郑恺借的钱全部要回来。连着许多天,郑恺都在为筹钱的事犯愁,能借钱给他的人该联系的早就联系过了,可是没料到程伟会在这会儿来乡政府向他催款,他说最近上了一个大项目,资金需要回笼,说看在程小丽的分上利息不要了。郑恺无奈,从抽屉里拿出了当时签的一年半期限的借据,希望程伟可以网开一面。

程伟直接指着郑恺的鼻子说:"两条路,三天内,要么把借程家和我的钱还清,要么跟红叶断绝一切往来,和程小丽好好处对象。"

程伟是来逼宫的。世界上永远不缺两种人,一种是锦上添花,一种是落井下石。郑恺清楚,他已经陷入了泥淖,由不得自己做主,但最后的一点血性令他还想挣扎一下。他说:"程叔,三天内钱我肯定筹不齐,不过,我也不可能和程小丽处对象,因为我和红叶已经订婚了。"

程伟猛地飞脚一踢,椅子腿儿当即断了一条,他指着郑恺骂道:"跟我耍无赖是吧?我当年混社会的时候你可还穿着开裆裤呢。我明告诉你,你现在没退路,三天内我收不到钱,你就等着下半辈子坐轮椅吧,我程伟说到做到。"

挣扎过后,郑恺有些央求地说:"程叔,咱们都是一个村的,没必要闹到这种地步吧。"

程伟哼笑了声说:"你以后要是程家的姑爷,我会对你敬让三分。我好心劝你一句,没必要为了一个小丫头放弃大好前程,如果再继续坚持下去,你除了一身臭债什么都没有。想想你妈,你爸,你自私的结果给你们老郑家带来的可就是灾难。"

程伟说得对,郑恺为了给妈治病欠了一屁股的债,现在若是停止治疗,那以前所有的一切都将半途而废。红叶跟着他要还一辈子的债,她一辈子都不会快乐,他一辈子都要在人前低头,违心地过活。现在回头看,他当初已经把自己的路选好了,也把自己的路封死了。

红叶和老雷来到了乡政府大院,她望向那熟悉的门栋窗户、帆拱鼓座,心里多少有些酸楚。她停住脚步,回头对老雷说:"一会儿我去找郑恺,你随便溜达溜达吧,有什么事,我问他。"

老雷允诺,红叶点头感激。她出现在郑恺办公室外的时候,程伟刚离去不久,办公室也刚被郑恺收拾好。他坐在一旁发呆,看到红叶出现在门口的一瞬间,他竟委屈地一把抱住她痛哭起来。

"婶还好吗?"红叶摸着他的头。

"好。"他答。

"让她坚持治疗,会好的。"红叶轻拍着他的背,准备了一路质询的话也都自然而然地临时取消了,他拼命地点着头,却一句话都说不出来。

半晌,她推开他,从包里拿出了一个信封放在桌上:"我在那边工资还不错,老雷每个月会给我们发奖金,这个月的你先拿着。"

"不要在那里做了。"郑恺说,"钱,我慢慢想办法。"

"我不累。"

"我累,"郑恺继续说,"我不想让我的女朋友给一个流氓打工。"

"他的行为确实鲁莽了些,平时看起来也吊儿郎当的,但实际上却是个好心肠。"红叶替老雷辩白。

"他是挺好的,"郑恺终于吼了出来,开始过来激动地抓住红叶的手臂,"要不然怎么会为你出头,为你打抱不平?"

"还是你做了什么让人不平的事了吧?"红叶挣脱开他的手,他的问话又勾起了她质询的欲望。眼前的这个男人,她日夜惦念的男人,此刻她却看不透他的心。

他质问她说:"你还好意思说我?你们俩到底是怎么回事?你可是有未婚夫的人。"

红叶反击道:"你也知道这个事吗?那我想问问你,你和程小丽是什么关系?"

"就是你想的那种关系!"程小丽早一步在老雷面前进了门。

"小丽,"郑恺吓出一身冷汗,"这是我和红叶的事。"

程小丽说:"现在已经是咱们三个人的事了。郑恺,今天咱们就把话挑明了吧,你要红叶还是我。"

事情好像已经没有办法挽回了,因为程小丽帮他做了选择。老雷没有如红叶期望的那样去别处溜达,而是一直在关注着这边的动静,在程小丽说出挑衅的话以后,他便不知从哪一端跳了出来:"应该是咱们四个人的事吧?"

事情开了闸已经无法收拾,剑拔弩张的双方拉开了架势,纵使郑恺和红叶双方都不相信对方的背叛,也由不得外力的催使,他们甚至无力挽回什么。他看着她离自己愈来愈远,红了眼眶却抓不住彼此的手,这瞬间便成了永恒。

秀娟等到了天黑也没等到红叶和老雷,索性锁了门向家走去。走到红叶家院门口的时候,林芝已经守候她多时,笑意盈盈地将她迎进了大院。自从把红叶骂出家门后,她心里一直愧疚,总想找个台阶把这事划弄过去。她给秀娟准备了些吃食,里面有她亲手腌渍的小咸菜、煮好的饺子,还有红叶平时喜欢吃的豆沙包。经不住林芝的频繁示好,秀娟于是和盘托出了红叶近期的境况。听到女儿竟随着老雷去找郑恺算账,当即拉上秀娟直奔乡政府而去。她心里清楚,红叶的此次行为会将两个人之间的关系推向无底的深渊。

在林芝和秀娟到达乡政府的半个时辰前,红叶和老雷已经从乡政府大院离开了。红叶是真被程小丽和郑恺气着了,她发疯似的拿起郑恺办公室里的板凳与程小丽拼命,她疯狂地嚷着:"你不是想和我死磕到底吗?来吧,一命抵一命,谁也别掖着藏着了,今天咱们就做个了结。"板凳砸向程小丽,程小丽四处躲藏,郑恺和老雷也上来拉架,红叶不知道哪里来的力气,三个人竟敌不过她一个,活生生把郑恺刚收拾好的办公室又砸了个稀巴烂。最后,程小丽躲在郑恺的身后,而红叶像只小鸡一样被老雷拎回了鱼店,离开办公室的一刻,她指着郑恺说:"从此我们恩断义绝,你既然选择了这个女人,希望你永远不要后悔!"

郑恺形同木偶,无力解释,无力挽回。

红叶闹着喝酒,老雷二话不说转身进了小卖店,一会儿的工夫,二锅头、啤酒、吃食摆满了桌。他打开二锅头咚咚地倒了两满杯,递了一杯给红叶:"今天我陪你喝个够,你要想哭,别憋着,今天哭好了就翻篇儿,明天给我好好上班。"

红叶拿起杯子仰头一杯见底,老雷也跟着喝个精光。继续倒满,继续干掉,如此三个回合,红叶憋闷着的一口气终于泄了出来,她哭喊着:"我这么死心塌地和他在一起,他凭什么呀?他为什么会选择程小丽不要我,就是因为她有钱吗?"

老雷说:"是那小子配不上你,他就是个王八蛋,是陈世美,他们不会幸福的。"

红叶说:"我妈不同意我和郑恺在一起,她嫌他妈是个无底洞,一辈子填不满。我不在乎啊,我红叶不是那种嫌贫爱富的人,我不怕苦不怕穷,我只想好好过日子,难道这都不行吗?"

老雷拍着红叶的肩膀说:"傻姑娘,什么事都是你为别人着想,你这样只会让自己受伤。我老雷别的本事没有,但是今天我撂这一句话,以后我不会允许任何人再惹你哭了,我老雷要守护你一辈子。"

老雷后面的话红叶根本就没听清,她心痛得不能自已,哭声和泪水一股脑儿地向外倾泻。无论回忆到了哪个点,甜蜜的,感动的,委屈的,犹豫的,都让她感觉到了世界末日,让她开始对未来的生活失去期望。老雷紧紧地揽着她的肩,拍打着,安抚着,那种宠溺让人温暖,让人毫无防备。也是在这个时候,秀娟和林芝出现在了鱼店。她们没有在乡政府里找到人,听张大爷说两个人气势汹汹地出了大院,红叶好像哭得很凶,不知道发生了什么事,秀娟和林芝的心便紧张成了一团。好在秀娟安慰林芝说,有老雷在,红叶不会出什么事,这才使林芝稍稍放下了心。但当两个人出现在鱼店,看到两个喝得酩酊大醉的人揽肩搭背互诉衷肠的时候,空气中和谐的壁垒就瞬间破碎了。

不知是谁喊了第一嗓子,老雷的酒便醒了一半,他望着面前两张铁青的脸,有种被捉奸在床的心虚。他开始有些慌乱,想要解释点什么,却半句话也说不清楚,而这时,红叶已经醉得成了另一个人。她望着眼前突然出现的母亲和秀娟,嘿嘿地傻笑起来,她站起身扑向了林芝:"妈,你也来了?我这有好酒,来,我给你倒一杯。老雷,满上,满上!"

林芝无法忍受女儿的这份胡闹,用力地扯住了她的头发,骂道:"你一个大姑娘家,还要不要点儿脸,赶紧跟我回家。"

红叶偏又大力地挣脱开母亲的手臂,躲到了老雷的身后,露出可怜的眼神:"老雷,我不回家,我妈会骂我的。"

老雷下意识地护着她说:"不回,有我保护着呢,谁也不能欺负你。"

林芝看着两人你一句我一句的,肺要气炸了,她本就怕女儿与这个老雷扯上些什么关系,见状如此,直接大巴掌又呼了上来,骂着:"你和这种下三烂的人混在一起,你还要不要脸!"

林芝追着红叶打,秀娟只好跟在林芝后面拉架,嘴里直劝说:"婶儿,婶儿,红叶喝多了,你别打她,她心里难受。"

平日里处事利落的老雷此时也成了怂包,他一边护着红叶免遭母亲的追打,一边嘴里不断地重复着:"婶儿,我和红叶就喝了点酒,什么事也没有。"

林芝指着老雷说:"你丫闭嘴,你就不是什么好东西!我家红叶是有主儿的人,你在这装什么大瓣蒜!"

红叶由笑转哭，疯疯癫癫的，痛不欲生："妈，郑恺不要我了，他不要我了。"

林芝恼羞成怒，大骂："你说你还能有啥出息，工作工作混没了，处个对象人家都不要你了，你，还不如死了得了。"

老雷头一次听林芝说出这么重的话，觉得这个当妈的也太过分了，当即从林芝的手下拉出了红叶，一本正经地说："婶儿，郑恺和红叶分手不是红叶的错，红叶是个好姑娘，有的是人要，你不能这么骂她。"

林芝听老雷这么说，气得乐了："我管我自己的姑娘，有你什么事？不要脸的东西，跟个寡妇都扯不清，还敢招惹我们家红叶。"

"婶儿。"老雷干脆摊牌，"你说我什么都行，红叶是我喜欢的人，你放心，以后不会有人再欺负她。"

秀娟本还拉着林芝，一时插不上话，但听到老雷如此说，马上放了手跳出来问老雷："你说什么？老雷，你刚才说了什么？"

"秀娟。"老雷干脆道出了一直憋在自己心里的话，"你不是一直想知道我心里喜欢的人是谁么？我现在告诉你。"

"别说。"秀娟低呼。

"就是红叶。"

"我叫你别说！"

"我已经喜欢红叶大半年了，之前她和郑恺订了婚，我祝福他们，可现在红叶受了委屈，我无论如何都要好好保护她。"

"那我算什么，我算什么？"秀娟眼泪控制不住地流了下来，她一遍遍地问着老雷，"为什么之前我问你，你一直都不说，就因为我喜欢你，我就活该成为别人的陪衬么？你明知道我的心意，却一直装傻，难道我秀娟的感情就活该被这么轻易践踏吗？"

"我向你保证，我自始至终都把你当作自己的亲妹子。作为哥哥，我同样会一直守护着你。"

"谁要当你的亲妹子，我不缺哥！"秀娟难过得不能自已，整个身体像是摞空的积木,天崩地陷,她眼泪飙得飞流直下,绝望透顶。她指着老雷和红叶说:"我最爱的人,和我最好的朋友,我恨你们,我永远都不会原谅,我诅咒你们一辈子!"

这一天,是上帝安排好的日子,两个最好的朋友同时失去了自己最爱的人。

17

红叶被林芝扯回了家,足足睡了两天两夜。在这期间,林芝与红湖就红叶的问题争了又吵,吵了又争,在两个孩子中,红湖还是更心疼红叶的,她的脾气像他,不张扬却很倔强,一旦决定了什么事就很难改变。他和林芝说,她如花的年纪本应该享受无忧无虑的生活,何以让这些乌七八糟的事烦扰,人生不都是在浑浑噩噩中度过来的,生亦何乐,死亦何惧。

红叶醒过来后又在床上躺了十来天,每天不吃不喝不说话,她望着天花板,一望就是一天,一动不动。她思考自己的前半生,笑自己曾经的过往,笑容里尽是凄婉与默然,她觉得自己死过了一回,那昨天的故事仿佛是别人的,它们活灵活现,那一切的追索,似剜肉般的感受逐渐远去,那一世的许诺,在眼前烟消云散。

一日,她看窗外,艳阳四射,那个梳着马尾辫的丫头又背起扁担提起铁桶出了院门,每高昂地向前走上一步,那个叫作郑恺的影子便在脑海中退却一分,走到看不见她,也看不见他了,她突然就想通了。她告诉林芝和红湖,她要重新开始,要好好工作,不为别的,只为自己,为自己的家人。

红叶的到来给老雷的鱼店平添了不少乐趣,也给店里忙活不开的两个大男人增加了帮手。秀娟上次与老雷大吵一通之后就再也没来过,红叶问老雷缘由,见她丝毫不记得当天的事,老雷便借口秀娟请假去了城里搪塞过去。事实上,秀娟自那天之后真的是去了城里,县民政局的同志在三姨家找到了她,他们告诉她县政府追加了姥爷抗美援朝老兵的光荣称号,而且下派了一个工作名额给姥爷的后代。作为姥爷五保户实质上的唯一家属,秀娟顺理成章地成了县民政局的正式员工。

秀娟接到这个通知后,偷偷回了趟村跑去姥爷的坟前告慰先灵。她给姥爷买了盒店里新做的蛋糕,又买了杯小烧酒,一一摆在坟前。她举起一个酒盅说:"姥爷,我跟你说个事,你别激动,你那个事儿政府给你证实了,还给你追认了抗美援朝老兵称号。你看,证书我都给你带来了。你原来和我说,你当过营长,还领着自己的队伍打过一个连的美国鬼子,我还笑你瞎吹牛,红叶她爷当了营政委回来都是个乡长,你咋就是个五保户呢?姥爷,你说你咋那么傻呢,当初队伍打散了,你又受了重伤,没人给你证明你就不会去县里找?县里不管你不会去省里找?行啊,这事也都过去了,你啥福没享着,你外孙女我替你好好活着吧。姥爷,我明天就去县民政局报到了,你在天有灵保佑我吧。"

又过了几天,红叶心里总觉得秀娟的不告而别事出有因,按她们的交情,这太反常了。直到有一天,小东子从城里拉货回来说,他看到了秀娟,她简直是大变了个样。红叶听说了这档子事,心里为秀娟高兴,许久不见她,她还是找了一天去了县城。当她再见秀娟的时候,她变得有些陌生,红叶似乎能从她身上看到程小丽的影子,她的语调不同了,气质不同了,连对待她这个公主的态度也不同了。红叶吓了一跳,以为秀娟是在逗着她玩,但是,这一切都只是她一厢情愿。

秀娟对她说:"红叶,以后不要再来找我了,我们的友情就此断了。"

红叶不解地问:"你说的事情我真的一点都不知道,这里面一定是有什么误会。"

"误会?"秀娟咬着牙齿哼笑了一声说,"我读的书不多,但是,我知道东郭先生的故事,明白不叫的狗咬人最痛。"

红叶的心被击痛了,她无奈地解释说:"秀娟,我和老雷真的一点关系都没有,他只是救过我……"

红叶马上又止住了话头,接着说:"他是我的恩人,你是我的姐妹,你喜欢的人我这辈子都不可能喜欢。"

"但是他喜欢你呀,"秀娟斩钉截铁地审视红叶,然后非常不屑地说,"这就足够你向我炫耀了,没错,我秀娟是处处不如你,我的公主,但你也不能把我当个傻子一样骗得团团转,你不能连我嘴里仅有的东西都抢得丝毫不剩!红叶,我得不到老雷的心我活该,但你也别得意,你们是不会有好结果的,天地与我共同诅咒你们一辈子,生生世世。"

女人在感情上是自私的。友情的延续只限于在没有侵犯爱情的前提下,这好像是亘古不变的道理。秀娟的愤怒不是红叶突然成了情敌,而是老雷根本就没有把自己算在感情之内,她连参与的资格都没有。她懊恼着自己,也更加不会开释红叶,看见她,那一段不开心的回忆便在,接受了原来的友谊,便等于接受了她与老雷的这份感情。红叶希望通过牺牲一切来求回这份友谊,但是事与愿违,秀娟已心如死灰,装不下这所谓的背叛,她已经逃出了那个城堡,宁愿在这无人识的世界建立自己的王国,从此不再回首。

红叶回了鱼店,耳朵里脑海里心里全都是秀娟的诅咒,这是她记忆里第一次感觉到的莫名恐惧,比之前任何时候都让她绝望。她感觉这一切的源头都出自老雷,他是破坏她这十几年友谊的刽子手,她最珍贵的友谊被他撕扯得血肉模糊,她要用同样的方式去对付他,不管多么残忍。她对着他大吼:"你凭什么那么对待秀娟,你凭什么喜欢我?"

老雷说:"我喜欢你跟不喜欢她没有任何关系。"

红叶说:"不行!我永远不会喜欢自己最好朋友的男人。"

老雷说:"可我不是她的男人。"

红叶说:"但她爱你你不知道吗?"

老雷说:"但我爱你你不知道吗?"

红叶在言语上根本不是老雷的对手,她想不出什么词再与他对质,喘着粗气打算离开。老雷看着红叶又说:"红叶,你听好了,我和秀娟自始至终都是哥儿们,是兄妹,我们之间没有男女之情。我老雷对天发誓,我这辈子只喜欢过一个女人,也只会喜欢一个女人,就是你红叶。我知道我这样说你会很为难,你可以拒绝,可以不选择我,但这一切都不会阻止我爱你。"

红叶指着老雷狠狠地说:"你闭嘴!老雷,你听好了,我红叶就是一辈子不嫁人,也不会轮到你的头上。"

与老雷大吵了一顿之后,红叶彻底地从鱼店全身而退。秀娟的话在她的脑海中回荡了一个多星期,她不给老雷任何解释的机会,她宁愿相信自己愿意相信的。过了没多少天,村里又刮起了一股邪风,村民们开始议论起红叶那天未归的事,传得有鼻有眼,说是红叶被坏人强暴了,是个社会上的流氓,大圆脸还留着胡子,郑家妈是因为这个才退的婚;说红叶被乡政府拒绝了转正后跟老雷混在一起,甚至还传说红叶怀了孩子,不知道是谁的种。那些天,村里几乎家家户户见了面都在谈论此事,夜晚的灯也熄得晚,林芝每晚顶着满眼繁星站在自家院中的时候,心里酸楚的泪就会充盈眼眶。

红叶被林芝大骂了一顿之后便失去了踪影。刚开始的两天,林芝硬是拉住红湖没让他去寻找,她想着红叶只是跟她怄气出去躲清静了,以前娘俩吵嘴她都是去秀娟家待上两天才回来的。但过了两天之后,她心里便开始一阵比一阵发毛,直到大生子妈过来问话,指责她不该这个时候把孩子逼到绝路上。林芝和红湖出去找了一天,没有找到人,傍晚,林芝拖着疲惫的身子回到家哇哇大哭:"若是人找不到了,倒也一了百了,若是红叶还活在世上,怕也永远抬不起这个头了。"

红湖斥责她说:"林芝你为娘不善,即使再落魄的子女也是自己的心头肉,只要是红叶回来,金钱名誉有什么重要,脸面是个什么东西。"

红叶失踪了,红湖和林芝报了警,连同大生子一家四处张贴告示,红叶的事搅得整个乡里人尽皆知。林芝找到老雷的时候,老雷才知道自己要为之守护一辈子的秘密被人翻抖出来了,他知道,这会要了红叶的命。接下来的几天里,他扔下鱼店的生意疯狂地穿梭在城里乡里村里,大街小巷,每一个他能想到的地方。

这样的日子漫长到令人发疯,他的神经每时每刻都紧绷着,生怕随时会得到派出所的通知,告诉他,他们找到了红叶的尸体。他不敢想这样的后果,如果是这样,他不知道此生还有何眷恋。找到第七天的时候,他开始有些气馁,没有消息是最好的消息,也是最坏的消息,他更希望这丫头是一时想不开跑到了别处,无论跑到哪,他都不会埋怨,只要她还活着,活着就好。为什么不活着呢,谣言再可怕也抵不过一个人的命啊。

该找的地方已经找遍了,他不知道再去哪儿找,有的时候,蹲在村街的一角,一待就是半天。他懒得搭理村民的询问,看见他们一个个关切的眼神,心里窝着一团火,他想,若是红叶真的找不到了,真的不在了,他会让所有造谣的人跟着一起陪葬,他不会放过任何一个与这件事有关联的人,绝不放过。

中午饭的时间过了,他没有丝毫饥饿感,这已经是第多少天没有吃过饭了?他没有照过镜子,但是裤子很明显地松了一圈,他想着红叶或许这些天粒米未进,他就连口水也咽不下去。下午的时候,他浑浑噩噩地走到了大河沟。他前几天的时候已经来过好几回,但他还是不肯死心,这是他和红叶第一次相识的地方。那个时候,他扣住了她的手腕,她的脸红得像个桃子,他爱看她倔强着的麻花辫,她和他斗着嘴,那个夜晚的小树林,她无助地紧紧地抱着他,他的心被扎得滴滴流血。他再也无法忍受这些天的想念,无法忍受以后没有她的日子,他用尽力气向河对岸的青山大声地嘶吼,呼唤红叶的名字,青山上回荡着变了调的哀号。

停歇了半刻,他的嗓子已经沙哑得发不出声来,他捂着脸发出低沉的哭声。不知哭了多久,不远处的点将台上突然传来了悠扬的曲调,调中满是无助与悲愤,这是那首再熟悉不过的《黄土高坡》,老雷浑身像是被点了穴位一样定住了,他仔细地辨认着,这个唱歌的人就是他日思夜想的红叶,他拼命地晃着头,他怕这是自己的幻觉,人饥饿到了一定程度是容易出现幻觉的。他足足定住了几分钟,只有耳朵是竖立的,他听着红叶一个字一个字地唱着,声音慢慢地由远而近,他浑身颤抖起来,他知道,他找到她了。他回过头,与她四目相对,这一望仿佛有一个世纪那么长,一个压抑着内心的冲动,一个迷茫无助地怅然,他向前跑着,她继续唱着,他跑得踉跄,直接撞到了她的怀里,紧紧地拥着,泪已大把地洒落。他哭得像个孩子,大声嚷着:"你去哪了,去哪了啊,你知不知道我有多担心你,你吓死我了,我以为再也找不到你了。"

"傻子,我不会死的,"红叶的声音里没有任何表情,"如果我死了,他们造谣的一切都会成为事实。"

"我会去给你证明,我来证明,我能证明啊。"

"清白?你相信我的清白吗?"

"我当然相信!"

"可是我最好的朋友不信,我的父母也不信,我的男朋友不信,我所认识的人都不信。既然他们想我这样,那我就这样,不需要任何证明了。"

她不再怨恨这个不公道的社会、心怀叵测的人,她觉得这几天自己又死过了一回,现在站在老雷面前的,是一个重生的自己。

老雷抱紧了她:"傻瓜,还有我啊,我信,我信啊!我和你说过,不论你在哪里,我都在这里守护着你,你哭,我陪着,你笑,我看着。你现在弄得自己遍体鳞伤,你心痛,我比你痛一百倍一千倍,你知道吗?"

"我知道!"红叶激动地回道,"可是你的这份爱,让我失去了一切,为什么,为什么会这样!"

"因为爱,不能分享,我这一生认定你了,我便生生世世不会喜欢别人。你若伤,便伤,你要让我孤独终老,我便一世远远地守望。一千年前我跳进了忘川河受尽折磨,才在今世与你再遇,我不会再放开你的手。"

他的吻轻轻地暖透了她的心扉,如时光流转到千年以前,喧嚣而浓烈,他是她前世的谁,她又是他前世的谁,这都不再重要,这一刻,红叶的心已经被他慢慢地占领,以摧枯拉朽之势。

红叶在老雷的陪同下回了家。家里帮助寻人的亲戚都在,大姨、大姨父,大姨家大姐、大姐夫及二姐、二姐夫围坐得满满的,不大的房间看起来更是拥挤。红叶七天没进粒米,身形瘦了两圈,见到林芝和红湖便跪了下来:"妈、爸,很抱歉,我很用力地去死了,还是没成。我知道,因为我,让你们在村里抬不起头了,我把一切都弄糟了,我对不起你们。"

红湖赶忙跳下了炕跑过来一把抱起了女儿,一颗泪就这么不由自主地滚落下来,流过满是沟壑的脸。红叶知道爷去世他都没落过泪,如今却抱着她痛哭流涕,想到这些,她的心就更加酸楚。她在红湖的怀里哭到恍惚,嘴里直说:"爸,我不该来这个世界,我就是来给你们找麻烦的。"

红湖用力地拍打着女儿:"说什么混话啊,叶儿,哪个孩子不是父母的心头肉。"

哭得通彻,也算是了了一桩心结。接下来,红叶拉着一旁的老雷重新跪在了父母的面前,她认真地说:"爸、妈,大姨、大姨父,姐姐、姐夫,我的事情你们也都知道了,我不想解释什么。发生这样的事情,我本不该活在这个世界上,但是,我还没有尽到为人子女的孝道,这么走了,我的良心会受到谴责。"

她又看了眼旁边的老雷,继续说:"像我这样破败的女子这辈子是不会有人敢娶回家的,但是老雷不嫌弃我,我也算占了一个便宜。老雷,你愿意娶我吗?"

她说完看着老雷,示意他向众人表态。平日里张扬跋扈的老雷这个时候紧张得呆若木鸡,完全说不出话来。但他告诫自己,这是唯一可以和红叶一辈子守在一起的机会,他又松懈下来,他向众人诚恳地说:"叔、婶儿,我老雷今天在这表态,红叶是我这辈子唯一爱过的女人。无论她怎么样,我都会爱她守她敬她一辈子,我不会允许任何人再欺负她。请你们允许我们的婚事,我一定风风光光地把红叶娶回家。"

"这事我看先别急。"红叶的大姨听了半天,这才发起了话,"结婚可是人生的大事,嫁鸡随鸡嫁狗随狗。据我了解,老雷你在村上就没什么好名声,你的父母在外搞破鞋可是尽人皆知的。我家闺女不管遭遇了什么也不能跟你这样一个小混混。"

"是啊,"二姐又说,"我和大姐都是过来人。红叶,你年岁不大,结婚前一定得好好考虑,别头脑一热就啥也不顾了。我们有个同学找那个对象,她爸妈怎么反对都不行,还是结了,那男的三天两头打她,最近听说离了……"

大姨又说:"是啊,你姑父不是在县里公检法工作么,他认识的人多,在咱这大屯子能找着啥好的?你看你大姐夫和二姐夫都是城里的人,这女人结婚就像一道坎,是第二次投生,把你带城里去,你就是城里人了,谁会知道你到底发生过什么事呢。"

大姨父见大家都发了言,也来参战说:"红叶,你别嫌大家伙啰唆,长辈的眼光比你们看得仔细。像你大姐夫、二姐夫都是经过我们同意才结婚的,你看现在过得多好,你别不听老人言。"

红叶本以为不解释自己清白的事,全家人都会巴不得有个人接收了她,她万没想到,他们嫌弃老雷的为人多过自己的名声。她还是感觉到了全家人的爱,心里莫名地感动,她相信所有人的出发点都是好的。但是在外的这几天,她已经想得明明白白,即使向全村人证明了自己清白又能怎么样呢?她能左右大家真实的想法吗?李四媳妇儿私生子的事闹了大半辈子不就是个例么,他们都宁愿相信自己愿意相信的,谁管你真相是黑是白。只要她仍然留在这个村子,她的清白,就注定是个笑话。

红叶又说:"一个没有清白身的女子如何生活在这个世上,你们比谁都清楚,老雷愿意无条件娶我,那是他念着最初的情。我敢相信,这个世界上,除了他,不会有任何人愿意与我共度余生。你们若是可怜我,就不要阻拦,这是我现在唯一能够活下去的勇气了。"

红叶如是说,众人都闭上了嘴巴,红家人开始集体失语。自此而始,红叶真的就成了郑恺妈嘴中一直怀疑的不清不白的女人。

18

　　郑恺自那天过后心里便一直不太好过,终日不见笑容。小赵医生见过他两次,主动提起红叶的事来,说上几句自己的看法,再扯几句程小丽的不是,见他没任何反应便也无趣地离开。她倒不怕郑恺会多想,只是觉得自己曾经心仪过的男人如此这般窝囊,直叫人唏嘘。小赵离开后,他将自己反锁在办公室,故意错过了组织部的会议,下班后,便直接去了医院。

　　郑恺妈的情况反反复复,每隔一段时间就要回医院报个到,这段时间通过放疗治疗,头发已经掉得差不多了,她的心情变得异常糟糕。郑恺爸给她买了顶新帽子,郑恺妈看着镜子里的自己竟忍不住哭了,她几乎已经认不出自己,那里面的人如今看来瘦骨嶙峋、形容枯槁,面目让人恐惧。郑恺到医院的时候,在走廊里远远地听见母亲在病房里的大吵声,他顿了顿,然后急切地走了进去。见郑恺进来,郑恺妈像见了救命稻草一样,直接抓着他的袖子大喊:"儿子,我要出院,我想回家了。"

　　郑恺从爸的嘴里知道了实情,隔壁病房昨天又有两个病人死了,母亲眼瞅着这两个人先后被推出病房的,她看着他们像个木偶一样任人摆布,她的心理就崩溃了。另一个原因郑恺心里清楚,母亲是怕花了钱也没个结果,早晚会像这两个人一样被推去太平间,她宁愿自己在亲人的陪伴下安详地走。郑恺这次没有坚持,而是顺着母亲的意思回了益丰村。一路上,三个人谁都没多说什么话,快到村口的时候,郑恺妈突然对郑恺说:"红叶好一阵子没见到了,这几天我突然想她了。"

郑恺没有搭茬儿,他的心里何尝不更想念红叶,被妈这么一提起,心里像是倒了五味瓶一样难受。郑恺妈见他不答,又继续念叨,像是说给自己听的:"红叶是个好姑娘,我当初怎么就被猪油蒙了心。我那么怀疑她,她也不嫌弃我的这个病,还给我做饭,洗衣服,给我擦身子……小恺啊,妈对不起她,你可不能也对不起她。"

郑恺一下子被说到了痛处,眼泪止不住大颗地从眼眶里落了下来。他转了头然后用力地咳嗽了两声,半晌,待自己的情绪平缓之后,若无其事地说了句:"妈,我和红叶分了。"

那天,程小丽特意拉着郑恺去了老雷的鱼店,程伟给程永峰夫妇留了些新鲜的水货,打电话交代她过去拿。郑恺本不想去,但又找不出不去的理由,只能被程小丽硬拉着上了门。两个人推门进店的时候,老雷正一边干着活,一边和红叶说着什么,说到高兴处,两人狂笑起来。场面可想而知地尴尬,八目相视,交流电压爆表,老雷下意识地转头看了红叶一眼,见她面目绯红,直接指着两个人喝了一嗓子说:"关门了,不卖你们。"

程小丽哼笑了一声:"八抬大轿请我都不来,我是来取程伟老叔给留的鱼的。"

老雷这才想起程伟交代给他的事,他快步走到门后,直接将绑好绳口的一丝袋子水货扔在了程小丽和郑恺的脚前,吓得程小丽向后跳了两小步,她瞬即恼羞成怒,指着老雷破口大骂:"臭流氓,你干什么你?"

老雷本已走向红叶,打算把两个人轰出去之后关门回家,可没想到程小丽来了一出泼妇骂街,他又改了主意,打算当着红叶的面,好好教训教训这对狗男女。老雷转回头,咧起了一侧的嘴角:"这世界上我见过不要脸的,可没见到你这么不要脸的。你说谁是流氓呢?"

程小丽望向老雷坚毅的眼神又有些心虚,嘴上却不肯认输,这时郑恺却不想过多逗留。刚才,他只望向红叶一眼,腿脚就已经站不稳了,他不敢再望第二眼,他怕他控制不住自己,这个鱼店他一刻都不想再多待。他一只手用力拎起那袋子水货,另一只手挽着程小丽的胳膊,死命地将她向门外拉去。程小丽的腿已经跟着郑恺的方向走去,嘴上却不依不饶,指着老雷的鼻子骂:"你才不要脸呢,一个臭卖鱼的,你凶什么凶。我告诉你,我回去跟我老叔说一声,你这鱼店明天就得黄,你们喝西北风去吧。"

老雷听程小丽说这些话,也不打算与她纠缠,瞪着眼睛指着程小丽说:"我告诉你程小丽,你的账,我日后和你慢慢算。赶紧拿东西走人。"然后故意拉起了红叶的手说,"老婆,走,咱们回家。"

老雷的这句话惊到了三个人,程小丽张着嘴巴看了半天,突然甩掉了郑恺的手哼笑了出来:"哟,你们俩,在一块了?"又回头得意地看着郑恺说,"我说什么来着,会咬人的狗不叫,郑恺你这回相信了吧?你心里一直放不下的人,早已经跟别人好上了。"

老雷正想着更狠的话回过去,却被红叶的手拉扯了一下,并向他摇了摇头,老雷向红叶默许地点了点头,直接伸手赶人:"我懒得理你们这对奸夫淫妇,赶紧拿了鱼快走,我要关门了。"

听到奸夫淫妇的字眼,程小丽自然不肯罢休,在她的眼里,老雷和红叶才是奸夫淫妇。她不顾郑恺的阻挡,抄起桌子旁边的盆盆碗碗便向老雷和红叶的方向砸去,老雷护着红叶,几只碗砸到了他的肩上头上,又摔在地上粉碎。

老雷一边躲着一边指着程小丽骂:"程小丽,我告诉你,别把我逼急了,你那点破事我迟早要和你算个总账。"

程小丽哪里听得下这些,直接母夜叉附体,将整个鱼店砸了个稀巴烂,郑恺一边拦着一边向老雷和红叶道着歉:"老雷,红叶,你们多担待着点,我保证一定没有下次了。"他感觉颜面尽失,直接硬扯着程小丽出了鱼店。程小丽被郑恺连拉带扯地弄出了战场,气急败坏地给了郑恺一个巴掌,这巴掌打在了郑恺的脸上,力气很重,把郑恺也打蒙了,这一切被店里的老雷和红叶尽收眼底。郑恺一句话没说,转身便走,程小丽一下子清醒过来,随即大哭,嘴里叫着郑恺的名字。郑恺走了十来米的距离,停下,他应该是经过了激烈的心理挣扎后走向的程小丽,他从她身边拿起了那袋子水货,又拉着她离开。

看完这一切,老雷忍不住吐了口唾沫骂了句:"娶了这个母夜叉,你丫就等着做噩梦吧。"

郑恺的噩梦早就开始了。自从母亲得病,自从他接受程小丽的帮助,自从他和红叶成为一对,自从他来到宣传办,就已经开始了,但他自忖无法变革。母亲那天听郑恺说两人分手之后,回到家后又开始魔征起来,经常和郑恺爸提出要到红家和红家人说道说道,郑恺爸安慰了她两句,她又说:"红叶是个好孩子,不能因为我坏了这门亲啊。"

"他们已经分了!"

郑恺妈听郑恺爸说起了红叶之后的种种遭遇竟莫名地流出了泪,郑恺远远地站在一边不敢靠近,不知从什么时候起,他害怕听到和红叶有关的一切事了。

很快,程家与郑家会面约谈婚事,婚礼就定在了三个月之后。郑恺听话得像只木偶,他嗤笑自己的人生,被一份责任绑定,已决然放弃了灵魂。要么妥协,要么毁灭。他唯一的条件就是婚后和父母住一起,这样可以随时照应母亲,但是程小丽没有答应,她很坚定地说:"我不会和你爸妈一起住的。你妈有你爸照顾,我们有空时可以过去看看,没必要住在一起。"

郑恺坚持:"我结了婚肯定要和我爸妈一起住的,你同不同意都得这么办。他们就我这么一个儿子,我必须尽到赡养的义务。如果因为结婚而丢弃他们,我宁愿不结。"

程小丽一惊:"你的意思是,如果在你爸妈和我之间选择,你肯定会选择他们是不是?"

"没错,跟谁结婚无所谓,但爸妈只有一个。"郑恺态度非常肯定。

程小丽没等郑恺说完直接一个巴掌呼了上去,但这次郑恺有前车之鉴,伸手给截住了,两个人陷入了僵持。程小丽力不从心,最终也没动到郑恺的半根毫毛,她气呼呼地甩开了对方的手,歇斯底里地指着郑恺大喊:"我告诉你,郑恺,咱俩结不结婚不是你说了算的,要甩也是我甩你,只要我不开口,你想都别想。"

郑恺愣看着发疯似的程小丽,脑中一片空白。她说的是事实,他现在有什么权利决定自己的未来呢,生亦何求,死亦何欢,活着,只不过是为了苟延残喘的责任。

郑恺妈不知道从哪里听说了程小丽的意见,晚上找了郑恺和程小丽回家吃饭后摊牌,她铁了心要留在乡下,到后来,她还不忘加了句:"如果我哪天不在了,你爸还是要你们负责的。"有了妈的支持,郑恺也索性不再和程小丽每日吵闹。

红叶和老雷光明正大地走在了一起,没有任何祝福也没有任何反对。红叶知道,林芝同意这门亲事的主要原因是她身背着被人毁了清白的背景,那个年代的女孩子被人毁了清白就等同于被人毁掉了整个人生,这些愚蠢的想法在人们的头脑中根深蒂固,还有些愚蠢的父母逼迫自己的女儿嫁给了强奸犯的。红叶经常在老雷面前自嘲说:"你不怕被人指着说,你娶了一个不清白的女人吗?"

每每这样,老雷都会打断她,故意回说:"你编了这一出大戏,不就是为了嫁给我吗?"

红叶噗笑:"你也太臭美了,我要是真这么会编,我应该让自己变成蝴蝶飞走了,谁也找不着。"

老雷一把将她揽入怀,生怕她真的飞走了,然后又在她耳边轻吻了下,说:"你就是把自己变到泥土里,我也能给你挖出来。"

红叶调皮地问:"你当我是人参吗?"

老雷深情地看着她:"在我心里,你是全世界。"

老雷几乎每次到县里进货都会带着红叶,带她去吃城里的馆子,去百货商店买最好看的蝙蝠衫,城里姑娘们流行什么款式红叶就穿什么款式,他带着她去逛庙会,两人跪在月老面前共许三生三世。

红叶双手合十问老雷:"你说我们下辈子还会在一起吗?"

老雷笃定地说:"缘定三生,我们注定谁也逃不掉。"

红叶一脸的嫌弃:"三生?亲人只有一次的缘分,如若此生不够珍惜,下辈子终将不见。"

老雷认真地看向她:"那我若死缠着呢?"

红叶嗤笑一声:"做鬼你可不能这么无赖。"

老雷来了轴劲儿,一本正经地拉着红叶的手说:"这样吧,咱俩做个约定,下辈子丢了好找。"

红叶感到有趣就顺着他说:"怎么约定,做个记号?"

老雷想了半天,说:"如果下辈子我不能和你一起投胎做人,我就做一只水杯吧。"

红叶一惊:"水杯?你可真想得出来。人家都变成比翼鸟、连理枝什么的,你变个杯子晒太阳吗?"

老雷说:"我希望每天你喝水的时候,我都能得到你的亲吻,那样,我许你一杯子,你护我一辈子。"

你侬我侬,忒煞情多,情多处,热如火。把一块泥,捏一个你,塑一个我。将咱两个,一齐打破,用水调和。再捏一个你,再塑一个我。我泥中有你,你泥中有我。与你生同一个衾,死同一个椁。红叶感受到老雷的热情似火,远比郑恺的湿润来得让人心悸,她已慢慢地陷入这个旋涡,越来越深。

一个月后的一天早上,红叶和老雷手拉着手跑去县民政局登记了,这是红叶与父母相谈了一夜之后的最终决定。

民政局的三层小楼并不比其他科局显得雄伟,门前的牌子也不比长发乡的醒目,但是,门庭若市。老雷和红叶到的时候,登记处外排了长长的队,长条凳子上已经坐不下人。老雷拉了拉红叶的手,让她在原地等着,自己像条沙丁鱼一样穿过人群来到了婚姻登记处的门口,他趴在门口向里张望,工作人员正有条不紊地向一对对新人问话、敲章,那个章敲下之后,眼前的两个人就绑定了一生一世。他畅想着他和红叶的未来,期待着这样的仪式感,那样,世人再多的非议也会被它湮灭得无形。

他抑制不住脸上的笑容憧憬了半天未来,直到有人呵斥他到后面去排队,他才恍过神儿。他眨了眨眼睛看了眼大声呵斥他的人,刚想发两句牢骚,没想到站在眼前的人却是秀娟,他差点吓个倒仰,故作惊喜和轻松地问着:"秀娟,怎么是你?"

秀娟一笑:"红叶没告诉你我在这?"

老雷忙解释说:"只是知道你在民政局,你不会是在这吧?"

老雷指了指婚姻登记处的门,待他从她的眼神里确定了自己的猜想之后,身后直冒冷汗。秀娟一边维持着秩序,一边对老雷说:"你俩回去吧,不达标。"

老雷眉头一皱:"秀娟,这事你可别瞎胡闹。"

秀娟无奈地看了老雷一眼:"我说办不了就办不了。"

老雷盯着秀娟半天说:"我和红叶合法登记,你挡不住。农村户口是可以放宽到男二十、女十八的。"

老雷说完转身向红叶的方向走去,秀娟摇了摇头说:"红叶到今年十二月二十六号才满十八周岁,你身为她的丈夫不会连这点儿常识都没有吧?"

老雷的背影突然停住了。红叶这时也走了过来,她在后边等了老雷半天不回来,心里焦急,只好商量了一个年纪稍长的大姐帮忙占着位置才脱身到前面看看。她听到了秀娟和老雷的对话,便道:"秀娟你也忘了我当时上户口的时候,工作人员把十二月写成了二月吧,按照户口,我已经年满十八了。"

秀娟瞟了红叶一眼说:"那也结不了。民政部门现在全社会统一标准,谁也开不了后门。"

"……"

"红叶,不用和她废话。"老雷把两个户口簿直接塞进了自己的衣服里,拉着红叶就走,"不登记我们也照样结婚。"

周围的人不明所以地投来怪异的目光,这让红叶显得更加窘迫,她和老雷的爱情有那么一瞬间让她觉得荒唐,甚至恍如一梦。秀娟看着两个人的背影心里满是愧疚和酸楚。那天和老雷摊牌后,她在老房子里待了三天没出门,后来买了两瓶二锅头把自己灌醉,又阴差阳错地遇到李四媳妇儿,被她套出了红叶那天的事。等她离开益丰村没几天,关于红叶的谣言便被传得路人皆知,在红家人满大街贴寻人启事的时候,她请假跟着找了好几天,直到听说老雷找到了红叶她才安心地去上班,她心里开始懊悔,但覆水难收,只能安慰自己说是和红叶从此两清了。今天看着老雷拉着红叶双双对对出现在民政局的时候,她心里的怨火又烧了起来,连她自己都奇怪,这独一无二的友情是如何被这所谓的爱情打败的。她曾经以为这份友情是这辈子都无法被击败的,她爱红叶胜过爱自己,但这一刻,现实摆在眼前,她直骂自己不是东西。

老雷是个说到做到的人,他和红叶回到村里就开始张罗婚礼的事了。农村里结婚更注重仪式而非一纸婚约,婚期定在了八月六号,婚房就用老雷家在村西头的老房子。两个人每天从鱼店回来,便忙着粉刷墙壁,装灯安阀,添置家具,满是烟火气的小破房到处都留着两个人俏皮打闹的身影。整整忙活了一个月,没用任何人帮忙,小窝就焕然一新了。

两个人仰躺在铺着新床单的床上,老雷打趣着红叶说:"现在反悔还来得及噢。"

红叶马上举起了右手说:"好,那我反悔!"

老雷一听,吓得翻过来压在红叶的身上问:"你敢反悔?"

红叶娇羞地一笑:"是你说来得及的嘛,我总要行使一下我的权利。"

"这就是个形式,你不能跟着起哄。"

"你的意思是,我只能说爱度(即"I do"),不能说不爱度呗?"

老雷一脸严肃地说:"只能爱度。咱俩好不容易找到了彼此,咋能不爱度呢，咱俩生生世世都必须爱度。"

然后，老雷开始吻她，吻得筋疲力尽。情到浓时，老雷掀开了红叶的衣服，红叶没有反对，他的大手滑过了柔软纤细的腰，绕到高挺得如紧实小馒头的乳峰，轻掠过她的脖颈，那细润光滑的肌肤让他心里的热火再一次点燃，他的吻浓烈，温存却也周到。但也仅此而已，亲热过后，老雷把红叶的上衣整理好，亲昵地抱着她，然后深情地对她说："没到爱度那天我不会动你，你最美好的一天值得我来等待。"

她在老雷的心里永远是冰清玉洁的，那份神圣比他的生命都来得重要。人生如此，夫复何求。

房间粉刷过后，老雷和红叶开始每天跑县里商场，买新衣裳、全套的床上用品，到电器市场买彩电、冰箱、洗衣机。他想给红叶一个完美的婚礼，他要让全村子的人看见在他们口中颇为不堪的红叶如今是何等幸福。两人又开始商量起婚礼琐细的事，秀娟是不用再请了，郑恺和程小丽呢？

"不请。"红叶这边没有商量余地，虽说也是原来的同事。

"若你心里真放下了，他们来他们的呗。"

"我们大喜的日子，非得让他们来触霉头干什么？你是诚心让我难堪是不是？"

"我就想让那对奸夫淫妇看看，我家婚礼有多大的排场，我家娘子有多漂亮，气死他们。"

红叶看着老雷，知道他小醋酝子在作祟，反倒不坚持了："爱请谁你就请谁。"

按照村里的习俗，林芝也叫来红叶大姨一起帮着做新婚的被褥，辛苦了一个月做了四铺四盖，大红缎绸面，上面是龙凤和鸳鸯。看着红叶的婚礼如此大兴操办，大姨反倒羡慕起来，说自己两个女儿的婚礼排场可不及此一二，等到大生子的时候也要办得这样风光。大姨的话多少让林芝有些温暖，哪一个当妈的不希望女儿能风风光光嫁个好人家。不过，林芝也有自己的小九九,在给红叶的陪嫁上并没拿出多少,她甚至跟红湖说,家里的钱是留给红武上大学用的,本来指望着红叶去乡政府工作能贴补点家用,可这丫头不争气,不但没攒下什么钱,还都贴出去了。最后林芝也道出了自己的担心,万一哪一天两个人过不下去了,红叶也不至于没有后路可走。

李四媳妇儿看着红家风风火火地张罗着红叶的婚事,信誓旦旦地跟李四说:"红叶和这个老雷要是能过得长远,我李秀的脑袋给你倒过来长。"这些年,她对于人性看得格外透彻,间接地把红叶推向了老雷,也算是报了当年林芝的夺夫之恨,自此,她不想与红家再有任何勾连。李全马上要中考了,昨天他放学回家随口说了句想吃糖醋鲤鱼了,李四媳妇儿洗好被面后,拐起草筐出了家门。鱼籽补脑,这是考前最借力的,李四媳妇儿特意到鱼池嘱托二峰帮她捞条母鲤子上来。二峰抄了几次网,她都嫌那鱼太小,她想在程伟的鱼池里总会有些大鱼给儿子吃的,她越是这样想就越显得矫情,折腾了好半天,二峰反倒有些不耐烦了,正想罢工的时候又来了份活计,林芝从另一条小路闪现在了鱼池。前些天过端午节的时候程伟给二峰和大生子儿人每人发了十条大鲤鱼的福利,大生子便借花献佛送给了林芝两条,让她到鱼池自己来挑两条活的,没想到却让两个女人碰上了。

话不投机,两个人又吵上了,各有各的把柄,万年老三样,谁也没落下便宜。就在双方熄火停战的时候,程伟的车嘀嘀嘀地开了进来,这场骂战就又升了级。程伟从县里办事回来后去了趟村委会,老程让他带个话给秀娟,就说姥爷的事迹报告县里让她作为代表巡讲,让他一定把话给带到了,让秀娟好好准备准备。他哼笑着说,人死了才能树碑立传,不讽刺啊?老程直接一脚把他踹出了办公室。从村委会出来,他便赶去养鱼池交代事情,没想前脚还没从车上下来,林芝就指着他大嚷:"快点儿把你家的疯婆子领回去。"

程伟愣看着林芝和李四媳妇儿,一时竟不知如何接话。李四媳妇儿急了,丢下草筐便上来抓着林芝的头发向后拉扯,她小声地警告她:"你再胡说我割了你的舌头。"

林芝依旧大声嚷嚷:"有什么不好意思的,孩子的爹回来了,以后多少鱼不能吃?你跟我在这抢?"

"你……"

李四媳妇儿没脸再听林芝扯下去,涨红了脸,扔下筐里的那条鲤鱼逃走了。程伟在林芝的眼神里肯定了自己的猜测,只犹豫了几秒便追了上去,一把拉过李四媳妇儿的手臂:"秀儿,我们就不能谈谈吗?"

李四媳妇儿直接甩掉了他的手说:"我和你有什么好谈的。"

程伟说:"以前是我不好,秀儿,我可以补偿你。你别对我这样行不行,买卖不成仁义还在。"

李四媳妇儿听到这里,一个巴掌扇过去,骂道:"谁跟你做买卖?你以后都不要再提过去的事,过去的李秀已经死了。"

李四媳妇儿怒气冲冲地走了,眼里噙着泪,纵然过去旧情缠绵,再见时,也别是恶语相向。程伟不知道的是,他的放纵与欺骗硬生生地毁了一个年轻女子的一生,而绝望比抛弃来得更严重。

请帖由小东子送到了郑恺的办公室。他此时正坐在办公桌前与程小丽黑着脸讨论这个事情,请帖上明晃晃地写着敬请郑恺全家。

程小丽说:"他们敢请,我们就敢去,我倒要看看,他们能结出什么花来。"

郑恺说:"你就别去了,我过去随个礼就回来。以前红叶帮我也还了不少债,就冲这,我也得去一趟。"

程小丽拿起请帖指着上面的字说:"他们写的是郑恺全家,我现在不算你的家人吗?你是不是对你那个老情人还旧情难忘啊,不会打算去抢亲吧?"

郑恺一拍桌子,生气地说:"程小丽,你能不能不要这么无理取闹,我要是有这个本事我早就去了。"

程小丽气得跳脚大骂:"我告诉你郑恺,我不去,你也不能去,谁都不能去。"

不去就不去吧。参加一个余情未了的老情人的婚礼,有人能控制得住自己的情绪吗？于人于己,都过于残忍了吧。

19

郑恺妈让郑恺爸去城里买了些红色的丝线,她年轻时的女红在村里就数一数二地精巧,十余年搁置后,为给红叶送上贺礼,又再一次捡拾起来。她知道自己的愧疚和礼金都不足以还上红叶的情,若说郑恺和红叶没有这个缘分,也是她棒打了鸳鸯,想到这些,她便忍不住泪,一颗颗落在手上的丝线活上。

红叶婚礼的前一天,郑恺早早回了家,关上房门后他拿出个大大的尼龙袋子,又里三层外三层剥开,里面一沓沓数额不等的钱便显现出来,摞得像个小山。郑恺小心地把新买来的红丝布摊开,然后把钱一沓沓地摆好,精细到了之间的缝隙,他一边摆着一边喃喃地说:"红叶,这是你当初借给我妈治病的钱,这些是你替我还借款的钱,你明天要结婚了,这些都还给你。你是我这辈子最爱的女人,从今之后都不会再有,我们今生无缘,祝你幸福。"泪水再也止不住了,郑恺打好包裹的最后一个结后把头捂在被子里痛哭了好一会儿。

红叶的婚礼没有伴娘。在益丰村她只有秀娟一个朋友,她不出席,红叶不准备找任何人顶替这个位置。她穿着老雷买给她的粉色纱裙端坐在自己的闺房里,大姨家的两个姐姐帮她摆弄着头上的花和饰品。虽是粗脂淡粉,却也把红叶打扮得异常美丽,大姐、二姐帮她插好头上的最后一朵花后,不禁赞美起自己的手艺,开始商量如何刁难准妹夫的事。这时小武从外面挤进了门,看见姐姐如此美丽,也不禁赞美了一番。大姐当即把一旁准备好的台灯塞到红家小弟弟的手里,告诉他说:"武子,拿着,这可是小舅子的特权。我告诉你,进了新房点灯前,一定要数好了红包里的钞票。"

红武憨憨地一笑说:"我老雷哥和我说准差不了我的。"

二姐大叫:"小武,这改口钱你可不能便宜了他。"

老雷额上的头发被吹起了个大篷篷,还撒上了金星,他穿了一身黑色西装,里面的白衬衫上打了个红色的领结,腰上也缠了条红色的腰带,红红火火的颜色让他的心情更加兴奋。他乐呵呵地招呼着大家伙儿,也在充当指挥官的角色。老雷人脉广,不到一周的时间便张罗了十几台好车,一台台锃亮的车排在院门外非常壮观,让村子里的人好生羡慕。

老雷看着小东子和二峰从车上下来,直接嘱咐着:"小东子,二峰,一会儿我们车一回来,你俩一边一个就开始点鞭炮,别给我掉链子。"

小东子笑道:"你放心吧,我就是掉裤子,也不能在这关键时候掉链子。"

几个人哈哈大笑。大生子这时过来给老雷递了几条烟,二峰见到便打趣他说:"大生子,你娘家客儿咋来婆家打混儿呢?"

大生子一副扬扬得意的样子:"我可是我姐夫的准小舅子,我过来帮帮忙你有意见啊?"

"呀!听听,贪生怕死的乖儿子也鸟枪换炮了。"

老雷听到这些更加开心。正巧,有人把装好五谷杂粮的盆端了过来,他顺手抢过来送到了大生子的手里交代着:"大生子,你一会儿带几个人负责扬苞米粒,可注意点儿,别把你姐打着。"

"这就心疼上了。"二峰上来佯意要抢下五谷杂粮盆,大生子死死地抱在手上,"这是我姐夫交给我的光荣任务,谁也别想抢。"

几个哥儿们撕巴了一会儿,村长老程坐着程伟的车停在了门口,老雷忙叫了爸妈去迎接村里的大领导。老雷爸妈今天看起来年轻时髦,互动与待人接物也十分友善与恩爱,他们把老程让进屋里的主座,亲切地端茶倒水寒暄着,能请到村长老程当主婚人的婚礼,多少还是多些体面。程伟没进屋,他把老雷拉到了一边,从腋下夹着的黑色皮包里拿出个信封交到老雷手上:"省里调研室来了人,我得马上回去应付一下,婚礼我就参加不上了,这个是一点意思,你收下。"

老雷笑着说:"皇命大于天。程大哥,你去忙吧,回头我和红叶单请你。"

程伟走后,老雷看了眼礼金,足足两百块,门卫张大爷大笔挥洒自如地在礼账上写下了数额,引来一片叫好声,这两百块在众多十块二十块的礼账簿上格外显眼。老雷低头看了眼表,差不多是要迎亲出发的时间了,他深吸了一口气,大手一扬,所有人纷纷上了车,随着头车的一声喇叭声,车队从村西头浩浩荡荡地向村东头开去。

益丰村不大,只一个十字村道就把整个村子分成了四块。从村西头走到村东头不过二十来分钟,车开起来像老牛一样晃荡。唢呐声、锣鼓声吹敲得乱响,村子里的小孩子热闹地跟着车队往前行进。老雷带着浩浩荡荡的队伍来红家大院接亲,十块钱很快搞定了红武这道把门关,大姐二姐直斥责小武太见钱眼开,二峰、小东子则跟在后面起哄:"新娘子,快出来吧,我们新郎官等不及了。"

大姐和二姐这道关没那么容易,娶亲通关成了智力问答,几个有关红叶的问题老雷对答如流,但这还不算完,大姐二姐还让几个大男人当众跳舞。见美丽新娘的心老雷比谁都急,他无奈地给了二峰及小东子一个眼神,两人便心领神会,带着大伙儿蜂拥着挤破了房门,找鞋穿鞋,向林芝、红湖改口一气呵成,林芝给了姑爷改口的红包后全家人摆好姿势拍了张全家福,闹闹哄哄的场面一个也不能少。

当老雷抱起红叶要离开家的时候,她一把抱住了母亲,眼泪也跟着掉了下来:"妈,我走了!过去惹你伤心是我不对,以后你要多多注意身体,我会时常回来看你和爸的。"林芝点着头眼泪也掉了下来,红湖强忍着自己的情绪拍了拍老婆的背,纵使过往再多波折,这一刻开始,红叶也将踏上新的征程。一帮小伙子从红叶家把彩电、冰箱、洗衣机的空箱子都搬到了小卡车上,红叶大姨、大姐、二姐抱着几个红布小包裹上了车。

李四一家心照不宣地听着外面热闹的锣鼓声做着各自的事,李全的中考成绩并不理想,李四媳妇儿连着几天脸都没开晴,虽然红叶给李四家下了请帖,但她哪里有颜面去在人客百众的婚礼上露面。红叶的婚车从他家门前经过的时候,她拿着缝补裤角的针划了划头皮,直接用力地穿进了布料里。李全贴着窗户玻璃向外看着,惊喜地回头对母亲说:"妈,你看,红叶姐当新娘子多漂亮。"

李四媳妇儿下了炕一把揪过了李全的衣领训斥道:"看什么看,你还有闲心看人家新娘子!赶紧给我抓紧时间复习,要是考不上一中,看我怎么收拾你。"

李四叹了口气说:"他妈,我说让全儿上二中得了,非得上一中才有出息吗?去二中当尖子生照样能考上好大学。"

李四媳妇儿马上反对说:"不行,人家小武子都考上一中了,李全就得上一中。"

老雷和红叶的婚礼热热闹闹地折腾到了晚上,一些人喝得大了还不肯散去,老雷爸只得婉言相劝:"良辰美景,你们再闹下去老天可不答应了。"众人一听这话马上就识趣地各回各家了。当人客都散去的时候,老雷妈才想起郑恺送来包裹的事,忙回屋拿了来交给红叶和老雷。老雷已经喝大了,四仰八叉地躺在床上,嘴里还嚷着喝酒的说辞:"不能耍赖啊,酒是粮食精,越喝越年轻,干了!"红叶无奈地把他的手脚归拢好慢慢地拆开了包裹,几大沓人民币和一条红色手工钩织的电视机帘散落在床上,所有人都愣住了,听见老雷妈叫了声:"怎么这么多钱啊?"老雷一下子酒醒了三分。

红叶看到里面有封信便抽了出来,信里的字不多,硕大而且正方。上面写着：祝红叶和老雷新婚快乐，百年好合。下面又附上小字：注：包里三千五百元。其中：三千元为红叶借款，三百元为红叶替还款，两百元是新婚礼金。我妈亲自钩了一条电视机帘还望笑纳。落款是郑恺。

"狗屁，这也算男人。"老雷看了信，嘴里发出了一声嗤笑。

红叶没说话，收好信把红色的电视机帘拿了出来，又把钱原封不动地包起来递给了老雷："这钱本是当初向你借的，现在完璧归赵。"

老雷一把抱过她说："这些钱你收好。从今天起，我的就是你的。"

春宵一刻，踢罢万盏灯火，一辈子的许诺，只在这温柔的梦乡里，百转千回地揉磨，整个房间也变成了软泥。

程伟的渔业合作社越来越壮大起来，他越发地忙碌，加上程永峰的这层关系，县里的局头局脑都巴望着搭上这艘快艇，有的甚至还入了股。前些天，税务局的某科长就曾联络过他几次，希望通过他的关系安排自己妻侄的工作。礼尚往来，渔业合作社不但税款减免了不少，还白揽了几个去钓鱼池送钱的活。

程伟第一次感受到回来创业的甜头。他开着那辆小轿车徜徉在村街上，兴奋地按了几声长笛，路上土巴巴的村民们便鸟雀状地散到了两边。他得意地看着他们，看着他们先是惊慌厌恶到认出他后谄媚的姿态，那中间一定有人背后指点他的伪善面孔，他看着他们笑出了声，把车载音乐的旋钮旋到最大，整个车厢内就如同安置了一个交响乐团，这种感觉好极了。再过一年，他打算增加三个养鱼点，引进外资，合作经营，再过五年，他要打造一个全国闻名的渔业集团。你认为这也许是梦，但他却觉得一切皆有可能，很快他就会成为这渔业集团的王。他甚至有更大的梦想，梦想中他躺在一堆高起的钞票山上，每天醒来，便可以看见他的臣民们向他朝拜，他们疯狂地追着，跑着，他们大喊着，举着手，希望得到他恩准的垂怜。

很快，他的车子被村民们围得水泄不通，他下意识地踩了刹车。就在他还在享受国王般的礼遇之时，有人从车外透过车窗扯向了他的衬衫领子,直到这时,他才听清,他好像是撞到了人。

"孩子在你车下面,拖行了十几米了!"

村民们指的孩子是李全。自从程伟回了益丰村之后,村里便有很大一部分人认定了他是他的孩子。从柴火垛被烧那天起,这种议论便无时无刻不跟随着李家,李全曾认真地问过母亲,但没有答案,他害怕母亲的沉默,她本不是一个喜欢沉默的人。他与同学打架,他怕他们相信了这样的谣言,他怕被大多数人认可的事实,那几乎是对他十几年人生的摧毁。而如今,这个摧毁他人生甚至摧毁他生命的人,就镇定地站在他的面前,他冷漠的表情,好像对他没有过多搭理,越来越多的人围了起来,密集得变成了一个点儿,这是他最后的一个记忆,再然后,一股红色的液体便从他的额头上急流出来,盈灌不止。

离他不远的地上,几条鲤鱼还在做着垂死挣扎,溅了些尘土。这几条鱼是李四媳妇儿那天去鱼池买好的,由于和林芝的一场骂战失了颜面,便只好让李全放学后顺路给取回来。本也无事,就在李全骑着自行车经过村街的时候,躲站在村路两旁的村民齐齐地向他望来,他能感觉到他们灼热的目光,他们指指点点并窃窃私语,他把头埋在衣领中间,甚至盖住了耳朵,直到转弯时被程伟的车直接带到了轱辘里,人仰马翻。

"小伟,还愣着干啥?快把孩子送医院啊,晚了就没了。"旁边的一个大爷大喊着。还有一个妇女叫过自己的儿子,嘱咐他马上去通知李四夫妻。

村长老程赶到的时候,李全已经没了知觉,他头上的血有的地方都凝固了,他大呼一声向孩子扑去,心里顿时开始绞痛,大颗汗粒滚落下来:"全儿,全儿,快点送医院啊!"他语无伦次地左右张望着,见程伟愣着不动,突然动作敏捷地扑向自己的儿子,边打边骂着:"作孽啊,程伟,快点送医院啊!是你的儿子,全儿是你的儿子!这是报应啊,报应!"

李全因流血过多送进了急诊室,老雷知道信息的时候正在鱼店里给红叶做着红烧鱼。红叶这几天胃有些不舒服,甚至恶心想吐,林芝猜想是有喜了,特意陪着她去乡里医院检查了一下,结果只是风寒,这让母女俩都有些失望。

老雷打趣她说:"这二人世界还没热乎几天,就想移情别恋了?"

红叶说:"我只是想,我们能早一点有个小生命,那样我们的生活就会更多姿多彩一点。"

老雷吻了一下她的额头说:"有我老婆在,我每天的生活都不知有多丰富多彩。关于小宝宝的事,一切随缘,我现在可还不太想他太早出来打扰我们呢。"

红叶笑了下问:"有没有想到给我们的孩子起个什么样的名字?"

老雷想了一下说:"这个还真没来得及想呢,儿子呢就叫狗蛋,女儿就叫丫蛋。"

红叶轻打了一下他的手背说:"去你的,难听死了。"

老雷扬扬得意地说:"我是蛋蛋爹,你是蛋蛋娘。"

老雷慢声细语地道来,便与红叶又打闹了一番,才从刚进门的小东子口中得知了李全出事的全部经过,以及村里人议论得更为热闹的他与程家的关系。老雷赶到县医院的时候,程伟、村长老程和李四两口子正围在急救室外乱成了一窝蚂蚁,互相指责漫骂,甚至哭喊,看到老雷,程伟才算暂时解脱出来。两人择了一处清静地,程伟便从口袋里拿出一盒烟,点燃了一根,又递给了老雷一根。老雷凑近程伟的打火机,烟就燃烧起来,他嘴巴吧嗒了几下便说:"我也是刚听说这事,不行的话,就送去省城吧。"

"我他妈是个混蛋,"程伟沮丧着,"我怎么也没想到自己差点撞死了自己的儿子呢,要是他真有个好歹,我怎么向李秀交代,我怎么交代!"

程伟确实是个混蛋,老雷也基本同意他的自嘲,但眼下最要紧的是孩子的性命,在生命面前人人是平等的,不管有多少是非恩怨。老雷安慰了程伟许久,然后扔了些钱,并告诉他鱼池那边的事自己会帮忙照看,让他安心处理李全的事。回家的路上,老雷甚至同情起李四媳妇儿来,他甚至能够感同身受。不知从什么时候起,原来的那个老雷已经淡出了他的身体,他感谢老天的再造之恩,感谢老天给了自己幸福的家庭,所以不管红叶如何询问,他都死命地将这个女人拥在怀里,亲吻着,不肯放开。

郑恺妈的病情有所稳定,每天只需吃一些药来巩固,这让郑程两家人都乐观地认为郑恺妈的命是保住了,两家人又开始商量起两个人的婚事。所有的人都发过言了,问郑恺还有什么要说的,郑恺摇头。婚礼的日子定了,程小丽很快也会从长发乡调到县里税务局工作,她突然珍惜起在乡下工作的日子,除了每天陪着郑恺上下班外,甚至还和那些面朝大海春暖花开的女青年熟络起来。小赵医生并不愿意搭理她,看着她每天花哨地从自己面前经过的时候,都赏她一个白眼,程小丽就戏谑地警告郑恺:"那个小赵医生对你还是念念不忘吧。"

郑恺不理她,直说:"你又瞎说什么?"

程小丽不屑地说:"都是些不知天高地厚的小虾米,只要你不和红叶联系,她们这些人我才不会放在心上。"

郑恺哼笑了一声说:"你又无缘无故地提红叶干什么?"

程小丽不依不饶:"就怕我说得不够呢!我不在长发乡的时候,你绝对不可以和红叶联系,一次都不行。"

郑恺甩开了她的手,自嘲道:"就算是我有这份心,人家都怕是避之唯恐不及吧。"

虽有这道禁令,但喜帖却也刻意地发到了红叶的手里,这是程小丽特意派人去送的。老雷看着红叶拿着喜帖的紧张神情哈哈大笑:"怕啥呀,她不就是想恶心人么,到时候我陪你一起去,干这行我还能输给他们?"老雷当天下午就带着红叶去了县里挑选礼物,走了三四个商场,最终才决定选了一个穿着红袍的新郎和新娘瓷器娃娃,价格不便宜,老雷还是花钱买了下来。红叶并不打算去参加什么婚礼,只是说把礼物送过去这事就了了。老雷尊重红叶的一切决定,他把红叶送到乡府院门口后自己就骑着自行车丁零零地走了,他觉得那是红叶与郑恺之间的恩怨,他不想插手,这件事了了,红叶的心里也就清静了。

郑恺与红叶再次见面,他给她倒了杯热水,她也不自然地客气了一番,两个人都诧异自己竟与对方生疏到如此地步。说来说去都是些客套话,红叶觉得无味,也想避嫌,直接送了礼物和祝福,起身告辞。

他送她到了门口,突然问:"他对你,好吗?"

"他很好,对我也好。"红叶一愣。

"你能幸福我心里就好受点,要不然,我永远都不会安生,是我没有这样的福气。红叶,你是我的恩人,是我这辈子最想祝福的人。"

"一切都过去了,我们路归路桥归桥,从此以后,生生世世互不相欠。"

红叶没有和郑恺多费口舌。从那天乡政府回来醉生梦死后,她已经决心将这个人从自己的记忆中移除。来的路上,她本还酝酿着是否提醒他提防着点程小丽,但随后她又开始嘲笑自己,她以什么样的身份去提醒一个男人提防即将成为自己老婆的人。对于郑恺,她唯一祝福的便是会被这个女人温柔以待。与红叶如此豁达相对比的是程小丽的咆哮,她在回办公室的途中恰巧遇上了郑恺送别红叶,她渐行渐远的背影,他不舍且痛苦的眼神,都逼得程小丽醋意大发。语言已经无法表达她的愤怒,她发了狂似的冲向了郑恺的办公室,办公室很快就成了车祸现场,她手所触及的物什瞬间都变得惨烈,地上躺着开了花的暖水瓶、茶叶杯,还有镶了玻璃的镜框。郑恺心一紧,红叶刚刚送来的礼物也赫然在列,他没做过多的反应,直接从地上拎起了包装,然后便听到了瓷器破碎的声音。他将它慢慢打开,穿着红袍的新郎和新娘就被活脱脱地分开了,程小丽见状上去又是一脚,郑恺手里的新郎和新娘全部朝着地面来了个狗啃泥,完全炸开。

"你疯了吗?程小丽!你的心怎么小得连一根针都容不了!"郑恺大吼。

"红叶这根针我这辈子都不可能容得下!你以为我和她之间的仇怨就此了结了吗?"程小丽咬着牙一字一顿,然后又佯装得意地哼笑了声,"永远不可能!"

"你太可怕了!太可怕了!"

"你又不是第一天认识我,你这等穷小子能娶到我,你要感谢红叶,若不是她对你情有独钟,我如何能看上你?"

"你从未喜欢过我,为什么非要和我在一起!"郑恺几近咆哮,"用自己作为筹码实施报复,你觉得值得吗?"

"当然值!在我哥哥走失的那一天开始,我一个丫头在程家已经没有任何存在的意义,红家是刽子手,他们要血债血偿。"

程小丽的眼睛冒着火,仇恨在这一刻已经将她变得面目可憎。郑恺依然逃脱不掉她的手掌心,这个被金钱左右的世界,他无法洗清灵魂。

20

　　李四媳妇儿向李四和盘托出了当年的全部实情,他像是在听别人的故事。当年退伍回来娶李四媳妇儿的时候,因受伤不能生育,他已经完全接受了这个孩子,他将李全视为己出,这一疼爱便是十四年。十四年恍惚间,他以为自己真的就成了李全的亲生父亲,他甚至完全不在乎村里人的风言风语。直到有一天,程伟回来了,他慌了,他开始有事没事地找李四媳妇儿的碴儿,他害怕知道答案,害怕有人将李全从他身边夺走,害怕自己一手建立起来的小家被摧毁掉。

　　然而,事情还是发生了,程伟不但摧毁了他的家,还将儿子推向了另一个深渊,深不见底,他要去讨回公道,要向死神夺回儿子的性命。见到程伟的时候,他一拳就挥过去了,打得程伟满脸是血,程伟没回手,他觉得这一拳是该受的。再接下来,李四就没再有任何过激的表现了,他像大树一样硬撑着所有的局面,与程伟理论着儿子最好的治疗方案,他安慰着时常想不开的李四媳妇儿,他有着一切亲生父亲该有的表现,这令程伟和老程父子私底下暗暗称赞。

　　程伟说:"就凭他对我儿子这么仗义,我也绝不能亏待了他。"

　　而李四私底下跟李四媳妇儿说:"只要能救回我全儿的命,其他的一切我都先不去追究。"

他几次向李四媳妇儿传达着自己的态度,也使李四媳妇儿不再荒唐地想要将程伟扭送到派出所归案。这个时候,钱,才是救命的药,没有哪个人会拿儿子的命去赌这口气。程伟这几天因为李全的事瘦削了不少,他经常在医院对面的小饭馆里痛哭流涕,甚至数落着老程表示自己的不满:"你一直知道李全是我的儿子,为什么我三番五次问你你都不承认?"

老程大骂儿子:"你有资格去认这个儿子吗?你当初是怎么抛弃李秀的?她这些年是怎么被人指指点点的?程伟,你真是个混蛋啊,好端端的一个家就这么被你给毁了!"

"我混蛋。"程伟又哭,然后拿着啤酒瓶仰头灌了下去。

老程又说:"这些年,李秀有个啥事到村上闹,我都尽量满足她,不为别的,能把咱全儿抚养长大,老程家就该谢谢她。"

程伟放下酒瓶,笃定地说:"我对不起他们娘俩,这次就是倾家荡产,渔业合作社不开了,我也要把全儿的命救回来。"

程伟这么说,老程相信,这个儿子虽然混蛋,但是对待自己的父母家人他从来没含糊过。但接下来,他还是有些担忧,他一方面希望孙子快点救治过来,一方面又怕儿子真的不管不顾把自己也给搭进去,手心手背都是肉,他第一次遇上了人生的难题。

程伟不在的这段时间,老雷一直帮着他照看鱼池的生意,两边跑来跑去地一天紧忙活,好在小东子和二峰也能独当一面,这让他很是欣慰。他计划着来年生意做大了,就再开一间鱼店,交由小东子打理,而二峰在程伟的渔业合作社也会水涨船高,到时候,三兄弟互帮互衬,在益丰这一片便是无人能及。

这些天,红叶的肠胃又开始闹腾起来,起先还以为是老毛病,连着吃了几天大夫上次给开的药也不见好,细算下,这个月例假延了一个星期没来,估计八成是真中了。她怕老雷再一次失望,打算先不告诉他,狗蛋也好,丫蛋也好,一个小生命的到来都会为他们增添一份新的快乐。婚后的这段时间,她感觉自己越来越依赖这个男人,留意着他的每一个小表情,紧张着他的一切,她喜欢这种感觉。不过,这种小心思也没能瞒住多久,她吃了老雷特意给她带回来的几块油炸糕后,便开始狂吐不止,老雷紧张到失魂,她才和盘托出实情。老雷开始像模像样地开导起红叶的肚子,说:"哈,我说蛋蛋!虽然你还小,我也得说你两句,你别不爱听。你妈,就是我媳妇,要怀你十个月呢,这太不容易了,你要是想出来不挨板子,在里面就给我老老实实地待着,要是敢欺负我媳妇,你出不出来我都得揍你。"

老雷说着佯装着拍了一下红叶的肚子,红叶也佯装着蛋蛋的语气,生气地说:"爹,你如此不欢迎蛋蛋,我不出来便是。别人家孩子都是宝贝得什么似的,我刚来投胎就给我如此下马威,蛋蛋不服。"

"哟哟哟……"老雷忙服软,轻揉着红叶的肚子说,"小宝贝,爹刚才和你闹着玩呢,爹做梦都想和你见面,恨不得你妈真的就跟母鸡下蛋一样把你给立马下出来。"

"去你的。"红叶轻踢了老雷一脚。

两个人玩闹了一阵,老雷给了红叶一个深深的吻,初尝做父母的喜悦让这个小鱼店平添了一分暖意。老雷轻抚着红叶,突然又想到了什么,便嘱咐说:"下午店里没什么事,你去医院做个检查吧,我等小东子和二峰把鱼拉回来卸好车就去接你。"

"不急,过两天再去吧,是你儿子就跑不掉。"

"哎,去去去,媳妇,你就可怜可怜我这个当爹的心情吧。要不是下午给程伟的鱼池结款,我现在就陪你一起去了。乖,等我去医院接你,晚上咱们庆祝一下。"

"如果不是怀孕,而是我胃肠的毛病咋办?"红叶问。

"我媳妇的身体健康更是头等大事!"

"切,就你嘴甜。"

老雷帮红叶穿戴好了,帮她拦了一辆私家车,先付了钱,又在红叶的脸颊上吻了吻,深情地望着红叶说:"辛苦你了,媳妇,检查好就乖乖地等着我,我这疙瘩弄好了就马上来接你。"

"知道了。"红叶甜甜地应道。

看着私家车渐行渐远,老雷突然有点舍不得。自从结婚以来,他和红叶的感情与日俱增,几乎没有吵过架,他甚至在午夜的时候看着星星问,我老雷何德何能啊?他一直认为红叶是老天爷派来的天使,她来了,他的一切就都变了。

程家挑来挑去选了好日子先行宴请女方亲戚朋友,酒席订在县里最为豪华的和丰饭店,席开三十桌,场面极尽喜庆。穿着合身旗袍的程小丽与西装革履的郑恺并排站在一起,两个人之间的气氛也算融洽,一边说着什么一边跟随着司仪给各位敬酒。程伟晚到了些,他甚至没换身干净的衣服就风尘仆仆地进来了,眼睛失去了神采,眼袋与黑眼圈使他看起来一时间老了几岁。这些天李全的病情一直未见好转,他又和李四夫妻商量着给李全转省院治疗,求着程永峰给老关系打了电话,马上安排办理了手续,程伟给程家送完礼金后就得陪着李全和全家人去省里了。临走前,程小丽出来送人,问程伟:"老叔,你是直接去省医院还是先回鱼池?"

程伟答说:"得先回去一趟,老雷鱼店那边还有些回收款要拿。"

程小丽见程伟如此说,直接去里间把一盒蛋糕拿了出来,说:"那正好,你帮我把这个给红叶两口子捎过去,他们俩没来吃酒席,这个算是回礼吧。"

程小丽的通情达理令郑恺刮目相看,他心里总怕她暗地里又出什么幺蛾子,这么想来想去又觉得自己不够厚道,要过一辈子的夫妻,哪能总以小人之心度君子之腹。

程伟赶到老雷鱼店的时候已经是午后了,隔着几十米就能听到里面的热闹。老雷和二峰、小东子正围坐在炕桌上喝得尽兴,敲着碗,划着拳。几个好兄弟好久没这么聚在一块了,老雷特意拣了几条肥鱼焖在锅里,又拿出了结婚时张书尧从北京捎回来的老白干,几杯酒下肚,也都万分感慨起来。

二峰说:"老雷,自从你找了媳妇,歌也不唱了,舞也不跳了,连跟兄弟们聚的次数都有限了,你得好好检讨。"

老雷咂了口酒,开始说教:"这人长大了就得干点长大了该干的事,你们两个都赶紧找个对象,成个家,省得天天瞎晃荡。"

小东子说:"像嫂子这等美人都被你给扣下了,村子里哪还有像样的?"

二峰马上说:"东子,我记得原来你对秀娟可是有过意思,怎么就没捅破那层纸呢?"

小东子急得直指着二峰的鼻子骂:"你傻呀,秀娟那眼珠子里只容得下老雷一个人,我挤得进去吗?"

二峰点了点头,又问老雷:"哎,我听说,秀娟到了城里鸟枪换炮,说是你和红叶的结婚证都没给批?这娘们儿!"

老雷没回答,举起杯喝了口酒说:"行了行了,陈芝麻烂谷子的就别提了。好长时间没唱歌了,今儿我媳妇不在,咱来几句?"

"来呀!"

"这首歌可是你和红叶的媒人,你真得找个地方把它供起来。"二峰打趣着。

三个人借着酒劲,挥舞着手臂唱了起来,唱得兴起,又频频踫杯。正当一曲唱罢,意犹未尽之时,程伟的车在门外停得正当,他快步下车走向门口,刚要推开进去,突然想到自己忘记了什么,又折回后备厢拎着蛋糕进了鱼店。简单几句交代,结了款,他开着车就离开了鱼店,天黑前得把李全安全送到省城办理往院。

这个插曲并没有影响到三兄弟的兴致,反倒因为多了一个蛋糕让大家更加兴奋起来。老雷直接解开了上面十字花绳,一层层盘剥开说:"正好来个助兴的。"

二峰突然一把按住老雷的手说:"还是等嫂子回来吃吧,蛋糕是送她的。"

老雷直接将二峰的手推开说:"有什么关系,她的就是我的。吃,咱仨先吃,给她留点就行。"

正在这一说一笑间,里面的蛋糕便呈现在三个人面前,那是一坨用透明塑料袋包裹着的东西,凝固的一坨,褐黄色。老雷直诧异这蛋糕如何这等包装,等打开塑料袋上的扣结,一股腥臭味马上散满整个鱼店。

"他妈是坨屎!"二峰大叫着。

老雷的脸马上涨得通红,瞬间又转成紫色,他气急败坏地一抡手臂,直接将整盒蛋糕掀翻在地,小东子看到地上还有一张散落的卡片,便捏着鼻子过去捡。

"老雷,这还有一张纸呢。"

那卡片翻转过来,上面几行字清晰地写着:

红叶,愿你像这坨狗屎一样,永远臭名昭著,以后有多远滚多远,你我的恩怨就此一笔勾销。

只听"啪"的一声,整个桌子被老雷掀翻在地,酒盅、酒杯、碗、盘子瞬间成了碎片,他脖子上绕着青筋,脸涨得更红,他用尽最大的力气撕碎了卡片,咆哮着:"臭婊子,我杀了你。"

红叶从县医院检查回来,一路上都在恍神儿,医生跟她说她这次怀上了,她直视了对方足足十秒钟,把个年轻的男医生都看得脸红了。她藏不住喜悦,哼了一路的歌,走起路来小心翼翼,甚至每走三五十步就会停下来看看化验单子,她能想象到蛋蛋爹的表情,想象着这个小生命带给他们这个小家庭的全部意义。她心疼他来时付的那十几块钱车费,没等老雷来接她,她就自己偷偷地徒步走回去了,不足半小时的车程,她足足走了三个小时。

午后的阳光晒得她汗水涔涔,额头上的肌肤都像是被春露滋润过一般。大概是走了一半路程的时候,郑恺载着程小丽的自行车经过了她的身边。他俩是中午举行完婚宴后离开的,程小丽要在婚礼前把调任的各种表格填妥当,再和几个不错的同事吃个便饭。郑恺送完她之后还要折回县里,下午他有个会要参加,虽然这很折腾人,但这是一个准丈夫的责任,他没半点怨言。一路上两人说说笑笑,自行车在通往益丰村的路上画起了八字。遇上红叶的时候,红叶已经走了将近两个小时,她的喘气声离着十米远都能听见。郑恺只瞥了眼背影就认出了红叶,他不自然地握了刹车,后座上的程小丽被这突然的惯性带动,整张脸撞到了郑恺的背上。她也看到了红叶,她用力地朝着郑恺的背拍打了一巴掌,警告他说:"快点骑,不许打招呼。"

想来见面也是尴尬,郑恺低着头索性一路闷头骑过去了,而且脚下越蹬越快,所幸红叶的全部焦点放在了自己的肚子上,并没理会身边过去什么人。送好程小丽返城的路上,郑恺择了一条林子里的小路,他怕见到红叶,怕自己会犹豫,怕控制不住自己不管不顾地带着她跑了。树影一一地掠过他的脸,他远远地望着她,脸上竟木讷得如同雕像。

"叶儿,你一定要幸福啊。"他心里默许着。

"蛋蛋,我们一定会幸福的。"红叶轻抚着腰间。

"今生无缘,我在来世等你。"

"今生有缘,让你来到我们身边,我们会珍爱你如同天上的星星。"

"叶儿,我好害怕,怕这一别便是一生。"

"蛋蛋,我好开心,因为很快我们就会见面了。"

分岔的路口,一个向左一个向右,擦肩而过的离别,爱莫能助的祝福,郑恺感觉到自己的心已经静默如石。回头望去,红叶的背影消失在暖阳里,他将自行车摆正骑走,眼角处却不自觉地流出了两行泪。

红叶回到鱼店本想给老雷一个惊喜,却见门锁紧挂不见人影,虽然扫兴,却无法与宝宝的初识相抵,她依然脸蛋绯红,喜悦万分。她歇了片刻又徒步回家,房间里也是空的,她开始有了一秒钟的不悦,这是结婚以来,第一次因为老雷才有的不悦。

老雷、二峰和小东子自从打开那个蛋糕之后,一切就都变了,三个酩酊大醉的人当即拿起家伙眼含杀气地冲向了乡政府的方向。这时的程小丽刚与几个同事在乡府饭店里吃了顿便饭,然后在他们的祝福声中离开。

这条她每天往返骑了两年的路,她记得每一个小路口,每一片林子。经过那片红叶被害的林子时,她的心里突然被猛然敲打,眼神里也有悔意,仇恨让人变得扭曲,她即将成为郑恺的新娘,她要好好做一个相夫教子的贤妻良母。一切都过去了,从此,她与红叶再无争端,再无瓜葛,也与这个大院,这一片林子,这一条长长的路不再有任何勾连。

老雷警告过她,多行不义必自毙。她以为所有的一切都是由她来操控的,她想复仇便复仇,想停止便停止,她太天真了,那一坨大便已经将她带入万劫不复的境地。自她与同事们互道祝福时,就已经被三个人盯牢,很快,她的后脑袋便中了二峰的一记木棒,然后又被轻而易举地拎进了树林,连声叫喊都没来得及出口。新账老账索性一起算吧,算一算这么长时间来她对红叶所做的所有坏事,算一算她是怎么设计将她赶出乡政府大院的,算一算她为什么找人威胁红叶,虽没污人清白却毁了人名声,甚至算一算红呈祥被打断的腿,算一算他的死。老雷的脑袋里想得越多,这丫头就越罪不可赦,人已各分其路,她还不忘记来凌辱一番,这份凌辱绝不能忍。

老雷在这之前已向二峰和小东子道出了所有的原委,兄弟俩心里便再也按捺不住怒火,嚷着要给她点颜色瞧瞧。程小丽被二峰的木棒打晕后直接被绑在了树上,小东子在她的眼睛上系了布条,嘴巴也被破布塞得死死的。等了半晌,程小丽醒了过来,一声巨大的"咳嗽"声使嘴巴里的布团喷射出来,她趁机喊起了救命。二峰又抡起了木棒打向了她的头,小东子麻利地将布团又塞回了她的嘴里。可能是二峰的力度有点过了,小东子塞布团的时候,她头上的血已经流到了嘴巴。

老雷深吸了最后一口烟,将烟蒂扔在了脚下狠命地捻灭,慢悠悠地走向程小丽。他看着她这副可怜相竟有些憎恶,这样的情景让他又想起了那晚小树林的遭遇。程小丽挣扎着,嘴里呜里哇啦地发出惨叫,老雷示意了一下小东子,小东子把她嘴里的布团抽出,也带出了一摊鲜血,小东子干呕了几下,脸上嫌弃地直接将那布团扔得很远。

程小丽大声呼救："好汉饶命,你们要多少钱我都给。我爸是县委书记,副……副书记,我让他把钱送来,求你们不要伤害我。我马上就要结婚了,我求求你们,求求你们了。"

"结婚？你这种女人,我让你没人要。"二峰又一记木棒劈下来。

程小丽可能是被二峰打痛了脑袋,不自觉地往上用力一顶,没想到顶到了二峰下身的私处,二峰疼得乱蹦,气得眼冒金星,一把上来揪住了程小丽的头左右开弓,扇了两个大耳光。程小丽痛得拼命地喊,二峰便用自己的嘴巴直接锁住了这个声音,他用力地吸吮着她的嘴唇,然后粗暴地撕开了她的衣服,他解开了她身上的绳子,粗鲁地压了上去。

老雷又燃起了一支烟,烟团轻缓缓地打了几个转儿,他用力地吹了吹它们。只听得程小丽用尽力气的一声嘶叫,这个声音和那个晚上一样,凄惨而无助,老雷闭起了眼睛,他的心又痛了起来,以其人之道还治其人之身,这是对红叶最好的交代了吧。

小树林里,已经没有一丝光亮,月亮也躲了起来。二峰发泄完自己的兽欲之后总算从程小丽的身上爬起来,他一边穿着衣服一边催促着小东子。一旁醉意十足的小东子早已荷尔蒙冲破了脑顶,不等二峰收拾完便迫不及待地扯下自己的裤子强硬上场。程小丽的衣服被撕成几块,脸上身上血迹斑斑,她已经喊不出声来,气息在游离,那一句句骂声、救命声像是一曲征服者的凯歌,她感觉自己要死了。

二峰向老雷交流着心得,说日后定要找个波大臀肥的娘们做老婆,干着过瘾。老雷没理会这淫荡的声音,小风吹得他似乎清醒了些,连那仇恨也一并被吹走了。他看着小东子起伏的身体和程小丽已经无法控制的呻吟,周身一阵痉挛,他打了个寒战,开始呵斥着阻止小东子的行为。

二峰一把阻止住老雷,盯着他的眼睛说:"今天这事谁也逃不了,老雷,下一个该你了。"

郑恺在县里开完会直接骑车回了家,郑恺妈见儿子回来便开心地去热了饭菜,以后儿子吃自己做的饭菜的机会越来越少了,她看着他吃的香,心里一阵安慰。郑恺向她描述起今天程家婚宴的招待状况,和丰饭店一席三十桌,远亲近邻都请到了,婚礼当天就剩下关系亲近的亲戚朋友以及县上的头头脑脑,郑家这边亲戚朋友加起来有两桌,正日子婚席有二十桌。程家主办,郑家没任何要求和意见,儿子结婚本该是高兴的事。

郑恺妈坐在饭桌旁看着儿子若有所思地说:"小恺,妈想跟你商量个事儿。"

郑恺应道:"妈,你说,啥事都行。"

郑恺妈说:"我和你爸商量过了,我们在益丰住了大半辈子,习惯了,不打算搬到城里去了。你的心意妈和爸心里都懂,以后,你们要是想我们,就常回来着点儿,我们要是想你们了,我们就去城里,现在这交通都方便。"

郑恺说:"妈,这么着吧,房子肯定要给你们买下来,你们现在要是不愿意搬,啥时候想搬咱再搬也行。"

事情就这么商量好了,郑恺陪着父母一同入睡,他像小时候那样睡在父母的中间,母亲拍着他的肩,他又感到了幸福,这份幸福让他觉得所做的一切都是值得的。接到程小丽出事的信儿的时候,全家已经入睡多时,听着报信的人说着程小丽的遭遇,郑恺足足蒙了几分钟,若不是母亲拍打着催促他赶快去医院,他还觉得自己是在梦里。冷风吹得他比任何时候都清醒,他甚至笑自己活该受到老天的报应,母亲最初以不洁之名拆散了他和红叶,这回,便真的是要娶上一个实打实的不洁的老婆。

老雷从程小丽身上爬起来的时候,酒意已经散了,他胡乱系上裤子的时候用力地赏了自己一记耳光。他的心像被无数只手抓挠过,他仿佛看见红叶就站在那,愤怒地盯着他,他无处遁形,悔意满身,甚至喘不过气来。他突然想起红叶下午去了医院,他答应过要去接她,他搭上夹克迅速撤离,一旁的二峰和小东子的酒也全醒了,见程小丽躺在地上一动不动,才开始后怕,草草收场后也相继离开。

程小丽不知是过了多长时间醒过来的,受了这样的委屈,她心里只有一个信念,我不能死,我不能死,我不能让害我的人逍遥法外。她骑着自行车回的家,一进家门便人事不省,衣服被撕得已不能蔽体,裤子像是被红料扎染过,浑身上下血肉模糊。看到女儿之后,程小丽妈只哭了两声便当场晕厥过去。程永峰当即拨打了120,医生到的时候,程小丽的下体还一直在流着血,若不是她自己硬撑着回了家,流血也会让她一命呜呼。程永峰一夜间白了鬓发,他已经丢了一个儿子,最宝贝的女儿可不能再有事了,否则他这一辈子拼出来的荣耀有何意义呢。

当晚,全会宁县的警察连夜出动,封锁了各个出城要道。突然间,这个小城开始因为这桩大案热闹起来,每家每户见了面都在说着这件事,就像益丰村那段时间议论红叶的事一样。二峰和小东子从小树林离开之后连夜逃出了益丰,他们本是要和老雷商量着一起走的,但老雷最终决定不走,他反复地说:"我听到我儿子跟我说话了。"他给二峰和小东子下了跪,以未出世的儿子名义发了毒誓,若他被抓,绝不会供出两人。

夜里,他拥着红叶不肯放手,每一分一秒都成了他的末日,颤抖的灵魂也在安抚着几分侥幸和忏悔。红叶不知所以然,便也不多问,他越瑟缩在她的怀里,她便抱得越加紧实,至少在这一刻,一切是真实的。

21

很多围在急救室外面的人不断地向里张望并窃窃私语着,这里面便有李四媳妇儿。本来今天是要将李全转到省城医院的,但那边联络的人出了点岔子,还要耽搁上一天,李四媳妇儿埋怨了程伟几句,见他也是心急如焚,只能作罢。睡前她照例给李全擦洗了全身,然后端着盆去厕所倒水,倒水回来的路上程小丽正躺在担架上被抬进了急救室,担架上挂着大瓶的血浆,旁边跟着程永峰和几个办事员,后面又呼啦啦地跟进了一群人,再然后,一队派出所的民警很快把急救室周边给围起来了。她听有人议论说,进急救室的是县委副书记的女儿,再继续下去也没听见什么名堂便回了病房。

李四见她回来,转了个身从陪护床上下来,与她商量起明天李全转院的事。转院是好事,起码绝望中有了一丝希望,这个时候只要有希望就是所有人心里的支撑。理性的李四向李四媳妇儿说出了所有人不敢说的担心,如果李全成了植物人,那他这一辈子的医疗费医药费该由谁来负责呢?

李四媳妇儿直接脱口而出:"他必须负全部责任,我全儿要是好起来了,我且不与他纠缠,若真是坏的结果,他这一辈子都别想过上安生的日子。"

李四媳妇儿向丈夫拍着胸脯打了包票,这一辈子,她生是李家的人,死也要埋在一个坑,不管她以前和程伟有过什么。

郑恺赶到医院的时候,程小丽还没有出急救室,急救室门外,程永峰形单影只地站在那里,远远看去,一个无助而痛心的父亲正不时地张望着急救室的红灯。郑恺看见红灯灭了,程小丽被几个护士推了出来,挂架上吊瓶里的液体急促地通过滴管流入她的身体。她紧闭着眼睛,面色惨白如纸,大半张脸被氧气面罩盖住,嘴角处能看出肿胀和血的痕迹。她的呼吸像是停下了,偶尔在不经意间起伏,她如同待宰羔羊静静地躺着,没有了平时的嚣张跋扈。直到这一刻,他才相信这是真的,她徘徊在死亡的边缘,他的心开始痛了,他诧异自己会为此而痛。

警方通过连夜排查,目标锁定在了二峰和小东子身上,两个人此时已经逃出了县城。电视台不间断地插播追捕通缉令,两个人的大幅头像就这样贴在了凡是有人的地方。这样的势头让长发乡益丰村的风头一时无两,像是全村都是强奸犯一样被严格防范着。这样的结果让老雷惶恐不安,他当过兵,他知道案发后的严重性,一旦二峰和小东子被抓捕归案,自己也会很快进去,他的心每天都像热煎在锅上一样。他曾有过那么一瞬想撤离的想法,但当看看红叶和肚子里一天天成长的胎儿,又马上打消了这样的念头,他决定赌上一把。

很快,警察就找上门来,程伟向派出所提交的口供。

男警察问他:"陈东和马小峰是什么时候和你一起吃的饭,吃到几点?"

老雷很配合地回忆着:"昨天下午他们俩从渔业合作社送鱼过来,我们一起吃的鱼锅,大概从下午三点吃到五点多吧。"

女警察在记录簿上写上了一串字。

男警察又问:"吃完了饭,你们都分别去了哪里?"

"陈东说他爷明天过寿,吃完饭就起身去延宁了,马小峰应该回家了吧,我媳妇昨天去医院产检,"老雷看了眼红叶,红叶也回看了他一眼,"我们这边散了,我就回去陪她了,她怀孕了。"

就是这一眼,红叶便知道老雷撒谎了。刚听说小东子和二峰犯事的时候,她就郑重其事地问过他是否与这事有关,老雷当即否认。这会儿,警察问的时候,他又拿自己当了挡箭牌,凭她的直觉和时间点,她觉得他肯定与这事脱不了干系了。她感觉到恐惧,胃部一阵痉挛,但在警察例行询问面前,她还是承认了老雷在那个时间点是与自己在一起的。例行询问过后,警察收了笔录起身离开,他告诉老雷如果这两个人与他联系必须马上通知派出所,知情不报则当包庇罪论处。老雷满口应承。

警察离开之后,红叶便拿着把剪刀对准了他,激动地大喊:"老雷,你不是人!"

"对,我不是人!我混蛋!我他妈就该下地狱!"

老雷的坦白令红叶更加恐惧,她怕他的诚实,怕他为了自己去做那些糊涂事。而此刻,她该如何做,如何挽回这一切的结果,想到肚子里刚来报到就面临大劫的蛋蛋,她感到整个世界都坍塌了。手之所及之处的东西都被她扔了出去,扔到精疲力竭,老雷怕她动了胎气,直接抄起捞鱼的木叉往自己的胸口、脑袋上砸着,他嘴里重复着,我是混蛋,我不是人,我对不起你们。每打下去一棒,红叶的心都跟着抽搐得难忍,终于一注血流自老雷脑顶倾泻到额头,瞬间流到眼睛、鼻子、脸颊到脖子,他无力地倒了下去,红叶号叫着冲上去抱着老雷的身体,无力地大喊着,老雷,老雷!她无助得不知如何是好。

老雷摸着她的脸说:"红叶,我这辈子最开心的事就是娶了你,但是我却亲手毁了它。你若问我后不后悔,我告诉你,我后悔到想把自己给杀了。"

红叶哭着问:"到底是为了什么呀?"

"你能相信吗?我把你看得比我的命还重要,程小丽之前坏你的时候我就知道会有今天,但是我怕你们每天低头不见抬头见,把事情搞大了反而对你不利,所以我忍了。后来她雇凶欺负你,为了你的名声,我又忍了,我找人收拾了那个圆脸胡子,又私底下警告过她一回。今天,她送来一盒蛋糕,里面装满了大便侮辱你,她说……我忍不了,我忍不了,我不能让她这么羞辱你。"老雷大哭着,"你是我的宝贝啊,你是我一辈子都要捧在手心上的宝贝啊,她凭什么欺负你。"

红叶跟着抽泣,她帮老雷擦拭着脸上额头上的血,冷静地说道:"你糊涂啊,老雷!我被程小丽害得丢了工作,抢了男人,还差点儿失了身,我都没有去找她理论过,你以为我是天生的懦弱吗?不是的,老雷,是我们红家欠人程家一条命。"

红叶把红呈祥与程永峰之间的恩恩怨怨和盘托出,她以为一切的偿还和报应就到自己为止吧,没想到更大的报应却在眼前。她摸着肚子里刚刚发芽的蛋蛋,苦笑着:"若是你能再忍一忍,或许对于红家和程家,对于我和程小丽又会是一个不一样的人生。"

老程和程伟赶到加护病房的时候,程小丽还没醒,程伟又跟着医生询问了病情,来来回回地被李四瞧见,他又转回病房与李四媳妇儿说了这事,怀疑是不是李全的病又出什么新差子。李四媳妇儿便出门去找程伟,在走廊里兜转了两圈儿,终于见了程伟的身影,便跟着他的方向去了程小丽的病房。病房里,老程正心疼地看着床上正输液的程小丽,眼泪也跟着掉下来说:"这丫头受苦了。"

程永峰跟着点了点头,见程伟推门进来,又问:"派出所都问了什么?"

程伟说:"问了二峰和小东子的事,我昨天是在老雷的鱼店里看到他俩了。不过,不可能是他们,虽然他们平时都混点儿,可这层关系在这儿呢,况且也没啥深仇大恨的。"

程永峰又跟着点了点头说:"昨天我就不同意小丽那么晚回乡里办事,如果我再坚持一下的话,就不会出事……"

程永峰说着,不自然地看了眼守在程小丽病床旁边的郑恺,程伟马上指着他的鼻子骂了起来:"你他妈的干什么吃的,自己老婆都看不好,你怎么能让她一个人那么晚回县里呢?"

郑恺抬起头，面无表情地看着程家人，说："老叔，我和小丽已经登记了，我们是夫妻。她出了这样的事我比谁都心疼，是我没有保护好她，无论怎么样，我们都会风雨共担的。"

程家人到底就差郑恺这一句话，如今他表了态，大人们脸上的表情瞬间都轻松了许多。李四媳妇儿跟着程伟的方向走到了加护病区，她在门口偷听了一会儿，直接敲门去问程伟李全的事。程伟平日里见她多是愧疚躲让，如今当着程永峰一家人的面受到质问，让他一时下不来面儿，便随口说了几句难听的话。这样的态度令李四媳妇儿整个人都炸了毛，她指着程伟大声地警告说："我告诉你，程伟，全儿要是有个好歹，我不活了，你也别想活。"

程伟把李四媳妇儿拉出了门外，然后贴近她的耳朵说："全儿的事，回头我再和你说。你放心，全儿要是真不行了，我搭命。赶紧回去等着，我这边一完事，就把全儿送省城去。"

李四媳妇儿知道程伟的为人，他就算是骗尽了天下人也不会拿自己儿子的事当儿戏。回病房的路上，她回味刚才听到和看到的一切，才知道昨晚出事的是程家人。

派出所的人三天两头便光顾一次老雷的鱼店，每一次询问都让老雷和红叶像过了一次堂一样。红叶从那天开始便一刻都不肯离开老雷的身边，甚至上厕所的时候她都竖起耳朵仔细地听着外面的动静，生怕这个时候他就突然被抓走了。

这两天林芝也来家看望红叶，说起二峰和小东子的事后，她说："这两个祸害要是被逮住，不判个十年八年的都不足以平民愤。"

红叶听到十年八年的字眼儿眼前一阵恍惚，她每天都偷偷地上一炷香，祈祷两个亡命天涯的人好自为之。直到有一天，电视上播出了二峰和小东子被抓捕的画面，这个事才算告一段落。

那天，鱼店收工后老雷骑着自行车载着红叶回家，一路上，两个人都不说话。红叶突然拍了拍老雷的背问："咱们这是要去哪儿啊？"

老雷也不回答,用力地骑着自行车,扯着嗓子唱起了那首《黄土高坡》,一声高过一声。

我家住在黄土高坡啊……大风从坡上刮过,
不管是东南风还是西北风……都是我的歌我的歌。
……

空荡荡的旷野,落日黯淡了它的色彩,一切都开始低婉、凄凉,整个苍穹一时间都被老雷歇斯底里的叫喊声笼罩起来。

不管是东南风还是西北风……都是我的歌我的歌,
都是我的歌,我的歌……

才开口几句,眼泪便哽咽着迸发出来,老雷再也忍不住自己的情绪,无声地痛哭起来,红叶又接着大声唱起来。

我家住在黄土高坡,四季风从坡上刮过,
不管是八百年还是一万年,
都是我的歌,我的歌。

往事一幕幕跃于眼前。他站在点将高台,不可一世,阔袖的衬衫,喇叭裤子,还有那当作麦克风的秸秆,此刻清晰无比;酱鸡店里他看她的眼神,小树林的夜色里他抱着她心疼的眼泪,乡政府酒店里他为她出头搅局,为她被秀娟憎恨,为她布置小家,为她买现代的电器、漂亮的新衫……眼泪已经模糊了双眼。两个人紧紧地抱在了一起,天旋地转,落日的光将他们的脸塑成了雕像,他宁愿变成永不分开的雕像。随后,他又将她轻轻地抱上了点将台,然后理了理衣衫,在她面前跪了下来。

红叶迟疑地问:"老雷,你要干什么?"

老雷说:"红叶,二峰和小东子已经被抓到了,我怕我哪天也跟着进去了……"

红叶捂着他的嘴:"老雷,你别说了行吗?"

老雷轻轻地拿开她的手继续说:"你让我说完。如果哪天我真被逮起来了,你就找个好人家,反正咱俩也没登记过。我只求你一件事,能不能留我儿子一条命,他是无辜的。我老雷对天发誓,我欠你们娘儿俩的,这辈子还不了,下辈子还,我保证!"

红叶已经泪眼婆娑,她拉着老雷的手在自己的肚子上轻抚着:"老雷,跟你说句实话,程小丽虽然伤害过我,但是她现在这样,我感同身受,我同情她。一个女孩子再十恶不赦,也不能受到这样的凌辱,能做出这样事的人就该下地狱。如果有一天你进去了,这也怪不得别人。老雷,今天我可以给你做个保证,这个孩子不光是你的,也是我的,如果不是他自己选择不来,我不会不要他。"

老雷的脸已经憋成了紫色,他咬着牙关拼命地点头。他感谢红叶,感谢在这即将消亡的日子又多了一道光亮,那道光能让他无论什么样的结果都必须坚持下去。心里再多的对不起都于事无补,因为他知道,留给他的时间不多了,他必须要在这时间里做完自己该做的事情。

他从自行车把上的布袋子里取出了一个包装得精美的纸盒,递到了红叶的手里,示意她打开。纸盒打开,里面是一个带着花色的陶瓷水杯,花色并不灿烂,素雅幽静,里面装了不少杏核。

"再过两个月就到你的生日了,也是我等了好久的你的第一个生日,那时你就满十八岁了,我本想那天和你去扯结婚证的。但是现在……我不知道我能不能等到那个时候了。还记得上次你问我下辈子要做个啥?我说我要做个水杯,陪你一辈子,现在我就把它送给你,哪一天我不在你身边了,让它替我陪着。"说着,老雷又将一杯水倒进去,杏核便一个个浮了上来,"我愿你一杯(辈)子杏(幸)浮(福)。"老雷说到这里哽咽着说不下去,痛哭着抱紧红叶,"我们永远不要分开好不好?"

"傻子,"红叶拍着老雷的背,慢慢地说,"天若不老,情亦不变,不管以后如何,我们永远都不会分开的。"

程伟陪着李四夫妇将李全转院到了省医大二院神经外科,不过,医生会诊的结果并不乐观。李全大脑皮层功能严重受损,丧失了大部分的意识活动,也就是说,命有可能会尽力保住,但八成可能会转为植物人。这样的结果让李四媳妇儿无法接受,为了这个孩子,她受尽了委屈和白眼,她期望有一天他能为自己扬眉吐气,而如今,程伟把这一切都给毁了。沉寂了有一会儿,她又发起狂来,人到绝望的时候,身体里会陡生一种特殊的力量,她抓着程伟的头发不放,狠命地撕扯,不再忌讳曾经的那么一点点儿女之情,她大吼着:"程伟,你不能这么残忍,你把全儿还给我……"

接下来的几天,这句话就一直回荡在省医院的病房里,程伟给李四媳妇儿下了跪发了毒誓,若是李全一天没有治好,他便杀猪放血干涸了整个鱼塘也给他治。

这边的鱼塘事业快要在程伟的毒誓中破产了,那边红叶却还在游说林芝入股,向母亲大肆兜售鱼店入股须知。在此之前,林芝一直为了没能入股渔业合作社的事跟红湖较劲儿,现在红叶又说起入股的事她的心里顿时又活泛起来,她问红叶:"怎么个入法,你们也要搞入股?"

那天旷野的一杯"杏浮"之后,红叶开始决定救老雷,她知道现任公安局法制科科长的姑父张书尧一定会有办法。她开始四处筹集现金,编谎话骗林芝借钱给她,这不但令林芝始料未及,就连老雷都觉得荒唐。因为红叶知道,母亲的贪欲一定会为比程伟的渔业合作社分红高出的五个点所诱惑,她那躺在银行里利息甚微的两万块钱很快在红湖的应允下到了红叶的手里,她又拿上了她和老雷的一万块积蓄连夜进了城。

"虽然我不能原谅你的所作所为,但是我不能让我儿子出生就没爹,现在只有进城找我姑父想想办法,花多少钱我都认。"

老雷抱着她在车上晃荡到了县里,一路上恍恍惚惚,只有路灯一排排掠过两个人身上的时候,他才觉得这一刻是真实的,他没有任何时候比这一刻更渴望这样的路灯。半夜里的雨来得疯狂、冰冷,老雷环抱着红叶从车站一路走向红霞的家,街上黑漆漆的一片,偶有几处路灯轻挑着微光。红叶抬头向上望去,几栋密集的半高楼间鲜有光亮,她只觉一阵眩晕,又干呕了一会儿。她上次来大姑家的时候是白天,记忆中是六层高的楼房,街边有一排商业小店,转进去的胡同口是一家洗车房。这黑灯瞎火的时候,路的方向又模糊了,洗车房不见了,变成了一家美发店,红叶辨认了好一会儿才和老雷寻去。

他们在红霞家门外敲了近五分钟的门,红霞和张书尧才从睡梦中惊醒。被扰了好梦的红霞气急败坏地狠踢了下张书尧的背,说道:"我看这法制科长辞了算了,这天天不让人好好睡觉,我怕是没命活到你拿养老金那天。"

张书尧有些愧疚地拍了拍老婆,然后披了件衣服下床去开门。门外,红叶和老雷浑身湿透地蜷缩在一起,张书尧见状马上大声喊起了红霞。张书尧将红叶和老雷让进了屋,红霞也穿上衣服跑了出来,她看到红叶和老雷的样子被吓到了,连珠炮似的询问:"发生什么事了?你们怎么这么晚了来?叶儿,是不是你爸妈怎么了?啊?你快点说啊,你急死我了。"

红叶抽了下鼻子,摇了摇头说:"姑,姑父,我爸妈没事……"她紧接着打了个喷嚏,老雷忙揽住了她的肩,又伸手摸了摸她的额头。

"快快,老雷快扶叶儿坐下,那个,书尧,你别站着,给两孩子泡点茶水。"红霞指挥着张书尧,"再放两片姜。"

红霞说完回卫生间拿了两条毛巾递给了老雷,语气里带着些埋怨地说:"你说你们两个,这大雨天,又是黑灯瞎火的,来我这怎么不先打个电话,我让你姑父开车去车站接啊。"

"本来是可以早到的,半路上车坏了,司机找人来修,耽搁了几个小时。"红叶说。

红叶的头发已经被老雷擦干,她用手蹭了蹭鼻子,随即又打了个大喷嚏,红霞开始催促着张书尧:"水好了没啊,快点拿过来。"

张书尧端了两杯热茶过来,红霞接过去一杯递给了红叶,张书尧将另一杯递给了老雷。红叶双手接过了热茶,冻透了的身体瞬间有了些暖意,一杯茶下去,胃部一阵翻腾,差点呕了出来。

"叶儿,你们这么急着来,不是这肚子里的孩子有什么事吧?"红霞急切地问。

红叶见红霞说到了肚子里的孩子,便忍不住哭了起来,她把红霞抱得紧紧的,这个时候,这个红家的姑姑是她唯一的救命稻草了,她拉着老雷一起跪在了地上,哭到不能自控,任红霞和张书尧两人拉了几次也没能成功,总算忍住了眼泪,红叶对面前的两个长辈说:"姑,姑父,现在只有你们能救老雷,救我们的家了。"

红霞听着自家侄女叙述着事情的原委,张书尧的目光则像一把刀一样盯着老雷。他在红叶和老雷大半夜慌里慌张地进了家门开始,心里就生了疑问,他不断地试探着看向老雷,他眼神刻意地躲避、手足无措、心神不宁,让他基本上确认了自己的预判。

他直截了当地问老雷:"程书记那姑娘的事你也参与了吧?"

红叶的叙述中断了,红霞的注意力也在这一句问话后转移,待到房间里死一般的寂静之后,一记重重的巴掌打在了老雷的脸上,老雷的脸上瞬间浮起了红红的巴掌印。红霞的头发奓了起来,她指着跪在地上的老雷破口大骂:"你就是个畜牲!畜牲!我家红叶才嫁给你多长时间,啊?你小子就按捺不住了,我说什么来着,我说什么来着!你个不要脸的!叶儿,听姑的,马上跟他离婚,明早民政局上班我和你姑父就带你去离婚!"

"姑,姑父。"红叶趴在地上苦苦哀求,"我求求你们,看在我和未出世的孩子的分上,帮帮他吧。他不是有意犯罪的,不是有意的,他是为了我。"

红霞用力地抓着红叶,大喊着:"孩子?你还想生下这个孩子!这个孽种就不该来!傻孩子,你醒醒吧。"

红霞撕心裂肺地嚷着,她是红家最反对红叶和老雷在一起的人。当初郑恺和红叶闹矛盾的那段时间,她还曾央着张书尧去做郑家的工作,可没等张书尧倒出空来,红家便已定下了与雷家的百年之好,她气得扬言再也不管红家的事了。如今老雷犯了重罪,她后悔自己当初为什么不再坚持一下,她抱着红叶哭,哭她的苦命。如此折腾了一会儿,红家两位姑奶奶终于停歇下来,张书尧与老雷在这期间也没有过多谈话,凭他政府当职的几十年经验,他知道这个时候就是天王老子也没法逃过去了。他先是冷静地通报了这件事的最新进展,又透露了些内幕消息,二峰和小东子这两天快撑不住了,若是过两天把老雷咬出来,这罪就另当别论。他建议老雷去自首,这样在法律上是有轻判条文的。话一出口,红叶又开始号啕痛哭:"姑父,你救救老雷吧,救救他,我带他来不是要亲自送他进监狱也不是祈望减刑的,只要保他无损,哪怕倾家荡产我都愿意。"她将裹在衣服里的布袋子拿出来,统统倒在地上,整整三万块钱。张书尧摇头叹气,他深知这事没任何回旋的余地,他让红叶把钱收好,答应去省里面见省法院的老师想想办法。

22

　　医院里,程小丽醒了过来,目光从输液瓶滴落的液体滑到周边的一干人身上,她终于一点点想起了自己的遭遇,瞬时烦躁突起,小树林里的几个人如一个个黑团一样向她压来,她马上紧闭上了眼睛,大喊一声:"不要过来!"这突发的举动吓坏了所有人,郑恺更是本能地钉在了原地,没来得及有任何反应,程小丽便扯掉了手上的滴管跳下床,然后她迅捷地拿起了床边的水果刀指向众人:"再过来,我就自杀!"

　　郑恺眼睛猩红地看着那把水果刀,竟有一瞬间的恍惚。在医院陪床的这些天里,他几乎每一天都在盼着程小丽醒来,他看着她一天天消瘦,感受她虚弱的呼吸,眼前的这个姑娘是要与自己相伴一生的人啊,她何以受到如此的伤害呢?她曾经慷慨地施助挽救回母亲的命,她帮助自己走上领导岗位,她雀跃地憧憬着他们的未来,而这一切,她有什么错?脑海这几天转动的都是她的好处,他感到心疼和怜惜,他不要她再出任何事,余生,是他欠她的。

　　"郑恺,你走吧。我以后不会再缠着你了,你自由了。"

　　程小丽说出这几个字,泪如崩堤般涌了出来,她的骄傲被击得粉碎,她最后的防线已经瓦解。她慢慢地向窗边移去,眼看着就要爬上窗台,然后跨出去,所有人都呆住了,手足无措。程小丽妈大哭:"小丽啊,妈知道你委屈,你别再揪妈的心了。小丽,坏人已经抓到了,法律不会放过他们的。你别干傻事好不好,把刀子给妈,听话。"

郑恺猝不及防地冲向了她,没等程小丽过多地反抗直接抱住了她,刀在混乱中划向了他的手臂,血马上就喷涌出来了。郑恺并没理会这些,只是死命地抱着她,任她挣扎,他眼睛里也闪出了泪水,几乎是用最轻最柔软的话语对着她说:"小丽,你别怕,我们已经是夫妻了,我怎么会走,我怎么能走呢?不管发生什么事,都有我在。相信我,今后的日子里,我会一直陪在你身边的,好吗?"

"我不想活了,不想活了。"程小丽崩溃,整个身子像一摊泥一样瘫在了郑恺的怀里,"我要他们死,都枪毙!"

郑恺妈自从那夜得知了程小丽的事后便一直咳喘不停,身体虚弱到在屋子中间走上十来分钟就会脸色苍白、虚汗不止,这几天突然咳出血来,郑恺爸见状劝她回医院调养,却被她阻止了。这几天真是度日如年,她一个人静下来的时候就在回想自己的一生,从那个随父母投奔到益丰村的小女孩开始。这两天夜里,她经常会梦到郑恺的大姨,她还是当初的那副模样,她向她诉说着这些年的境遇,她觉得姐姐过得很幸福,而自己一直病病殃殃,拖累了儿子也拖累了这个家,她不该让丈夫和儿子为她承担这么多。像是祥林嫂一样,她每天早上起床都要跟郑恺爸重复一遍这样的话,她嘱咐他,在她走了之后再找个老伴,一个男人身边得有个人伺候。她开始没日没夜地做着棉裤棉袄,给郑恺爸做,也给郑恺做,上面的布条上写着字,这条是一九九一年冬的,那件是一九九二年春的。郑恺爸开始还劝说几句,后来也索性由她去了。

正如张书尧所断,二峰和小东子在拘留所里挺了几天后,如实招认出了同伙老雷。当警车呼啸到益丰村的时候,老雷和红叶正在红家大院里和红湖、林芝吃着晚饭,他给红叶夹了几口院子大棚里新摘的绿叶菜,看着她蘸着酱吃进嘴里,他幸福地用手抹了抹她黏在嘴上的酱汁。警笛隐约传来,他脸上的表情僵住了,从犯事后他便听不得这怪异的动静,而如今,这一天还是来了。两个警察当着红家所有人的面给他戴上了手铐,他没有反抗,冷静的表情下是太多的无奈。被带走之前,他深深地看了一眼红叶,嘴形告诉她,一杯杏浮,她怔怔地看着他,突然间失语。

在老雷被带走的当天,张书尧和红霞就开着车来说明情况。他在红叶和老雷求助的第二天就专程去了趟省里,老师得知这事的真凶是他的亲属当即下了逐客令,严打时期,别说一个轮奸的大案,就是小偷小摸也要从严法办。红霞这次亲自来红家还有一个打算,她要马上带着红叶回县医院打掉她肚子里的孩子,她可以接受老雷为了红叶杀人放火,却唯独接受不了这个,在她的口中他畜牲不如,红叶的人生才刚刚开始,她要好好为了自己考虑。发生了这样的事,林芝反倒没了主意,她觉得红霞说得对,就催促着红叶快去做个了断。红叶早预料到了这样的后果,但没想到全家一致举兵围剿赶尽杀绝,她义正词严地对着全家人说:"谁以后再提杀了这个孩子,那就先杀了我。"

她不能对老雷食言,这个孩子是他们之间唯一维系的血脉了,即便与全天下为敌,受全天下人唾弃,她也要坚持下去。

很快,随着老雷的落网,县里轮奸女青年的大案告破,三个嫌疑犯对犯罪事实供认不讳,这让程家人多少感到欣慰,但不知从哪里传出了那坨屎的事由,街头巷尾足足谈论了数月。程小丽这一辈子最后悔的事情,就是鬼使神差地送去了那么一盒东西,报复红家的路有千万条,她却选了一条令自己万劫不复的死路。罪犯服法了,但是发生在她身上的一切却无法挽回,她甚至在郑恺看她的眼神里读到了怜悯,这是她最不愿收获的同情。

程伟从省里回来特地去了趟拘留所,通过关系见到了老雷。这是老雷收审后第一次与外人会面,他被剃了平头,手铐脚镣齐全,程伟也没废话,一记巴掌甩在他的脸上,直接泄掉了他在医院里窝着的一肚子气,老雷竟没哼一声,他擦着鼻子上的血,苦笑着告诉程伟:"树欲静而风不止,这就是风的代价!"

程伟一脸茫然,他从拘留所回来的路上做了个决定,直接去了鱼店,鱼店的门锁着,他又径直去了红叶家。自从老雷被抓走以后,红叶便不肯出门,她拉严实了窗帘,将门反锁着,拒绝见任何人,她几乎每天都做着各种可能的梦,她心存侥幸,觉得这个案子罪行分摊下来,没个三五年老雷就回来了。短短不到半个月,几缕白发便染上了头顶,程伟来的时候,她正坐在镜子前端详着自己,才十八岁的年纪,眼角就陡生了几道细纹。程伟没有平时那般客气,直接交代说:"我把丑话说在前头,老雷这回要是被判进去,鱼店欠渔业合作社的款可是要马上收回来的,否则我会把鱼店抵价收回。"

红叶直感叹世态炎凉。想当初,他与老雷称兄道弟,如今老雷的判刑结果还没下来,他就要釜底抽薪了。红叶乞求着他看在老雷的面上给些宽限,程伟破口大骂:"再提那个狗屁,一天的时间都不会给。"

红叶没了主意,林芝却推门闯了进来。这些天她几乎每天的这时候都来看望红叶,她担心女儿的安危,见程伟这么咄咄逼人,当即大骂程伟不是个东西,又扯出了李四媳妇儿和李全,还有当年那些破事。程伟说不过胡搅蛮缠的林芝,只狠狠地撂下了几句话:"上辈子做了孽这辈子还,你林芝当初从李秀手里抢走了红湖,现在就让你姑娘守活寡。"

林芝拿着大扫帚把程伟打得跑出了房门。从红叶处回家后,她第一次在红湖面前抹了眼泪,她说红叶能有如此境遇她也难辞其咎。

让红叶感怀的还有另外一件事。那天她去娘家的路上遇见了要去县里的郑恺妈和郑恺爸,她以为他们会当着街坊邻居的面羞辱她一番,未料到,郑恺妈快步走到她跟前拉着她的手就哭了起来:"红叶,婶儿就想跟你说一句掏心窝子的话,婶儿现在肠子都悔青了。当初要是让你和小恺把婚结了,现在哪儿还会有这么多烂事啊,是婶儿老糊涂了。我这个病挨不了几天了,郑恺的事我也管不得了,红叶,婶儿想求你件事,以后能别再记恨他们俩了吧?"看着眼前的这个母亲,红叶的眼睛湿润了,她非但没有记恨她和老雷,还在乞求她的原谅。在她看来,这些恩恩怨怨,该是谁要乞求谁的原谅呢。郑恺妈希望红叶以后在她不在的时候多照应些郑恺爸,要是有可能就帮他张罗个新老伴,他一个男人身边没个女人不行。她拉着她,像是要把一辈子的事都交代了。红叶郑重地向郑恺妈做了保证,郑恺妈破涕为笑,跟红叶做了最后的告别。

老雷、二峰和小东子羁押在看守所里等着最后的宣判。面对老雷,二峰始终不能原谅自己,他只要想起那样的场面,就拼命地用头撞墙,大声喊叫着对不住哥儿们:"要不是实在挺不住了,我们也绝不会把你招出来的!"

老雷呼了口长气向天花板看了几眼,这样的事情怎么能怪到他们俩的头上呢:"咱仨干的事,我老雷不能让你俩担着。要不是我放不下红叶母子,我早就自己进来了。"

国家自严打以来,对于性质恶劣、影响极坏的案件一律从严从重。老雷、二峰、小东子心知肚明,却也存着一分侥幸。

在开庭前,通过张书尧的帮忙红叶见到了老雷,几日不见,他消瘦了好多,眼里没了光,浑身上下像是变了个人。红叶看着他只想哭,一句话也说不出来,他跟着落泪,过了片刻,他又说:"你要好好的,如果在我出来之前你嫁人了,我会祝福的,如果我出来时你还没嫁人,我会用剩下来的生命好好爱你。"两个人相视无语,彼此心中都有牵挂。

法院开庭这天来了不少的人,这起县委副书记女儿被轮奸的案子在小县城掀起了轩然大波。根据情节的严重性,主犯从犯均加重刑罚,二峰被判了十八年零六个月,小东子和老雷都被判处十七年。按照程家的诉讼要求,每个人赔偿受害人程小丽精神损失费一万五千元。宣判结果一出来,红叶整个人瘫在座位上,欲哭无泪,十七年,人的一生有多少个十七年?直到几个人被警察带走的时候,她才站起了身,她看着他,眼泪决堤而下,老雷强行站住了,冲着她笑了笑,只几秒钟,便似万语千言。

程小丽等在法院的出口,她等着红叶出来,程家与红家的这笔账是该清算一下了,虽然郑恺担心着两个人的对垒,但此事已了,也该由她们当面画上句号,世仇让人扭曲到无以遁形。这是红叶离开宣传办后第一次与程小丽正式交谈,两个人选择了一处安静的地方,相互对望着无言,这样的对话内心底该是有很多过往的交织吧。程小丽蔑视地看了红叶一眼,嘴里发出声嗤笑来:"以牙还牙,以眼还眼,我倒是小看了你。"

"我不明白你的意思。"红叶面无表情地看着程小丽。

"都是明白人就别装糊涂。我承认,这次是我栽了。没想到你柔柔弱弱的,竟会动用这样借刀杀人的大招,真是豁得出去。"程小丽哼笑着,"你倒是很有本事让全天下的男人为你赴汤蹈火,只是可惜了,这几头烂蒜被人卖了都不知道。"

"你是怀疑我嫁给老雷是假,报复你是真?"红叶吃惊起来,"不当作家真瞎了你的才华。你以为是谁都会赔上自己的青春年华去理什么世仇?程小丽,我告诉你,从一开始我就知道你针对我的目的,我是有很多机会反抗和揭发你的,但当我知道因为那件事程家丢了儿子,你失去了亲哥哥,我就放弃了这个念头,我觉得你也是可怜的,所以处处忍让着你,可没想到你得寸进尺,不依不饶。你可知道就因为你我,赔上了多少人的时间和精力,甚至还有人搭上了性命!你用不着否认我爷的死与你有关,一命抵一命,红家与程家谁也不再欠谁的了。程小丽,无论以前出了什么事,我都不与你说,今天既然把话说开了,我们就明刀明枪着来。老雷的事情,我向你道歉,但是这件事我事先并不知情,那天你送了那盒蛋糕去鱼店的时候,我正在县里医院做体检。你为你的所作所为付出了代价,老雷他们几个也得到应有的惩罚,从今往后,我祝你和郑恺幸福。"

"应有的惩罚?老雷不死,这事就永远没完。"

程伟从北京回来给李家带来了好消息,北京的医院从美国引进了高微波全套敏感刺激系统设备,对李全的病非常有帮助,虽然过程漫长,但是只要有一丝希望,他都想去试试。他和李四夫妇商量过后准备近两日就给李全转院,李四夫妇没有大主意,他们知道,越早接受治疗对于儿子的病情就越有利。万事俱备,只欠东风了,程伟得知老雷的案子已结,他的敛财计划也就开始了。他先是去了老雷的鱼店,见红叶在,便开门见山,从包里拿出了一纸合同直接拍到了她的面前:"当初我和老雷签入社协议的时候,本以为他能把这鱼店干得红红火火的,那样咱们大家都有利益赚。现在他被判了十七八年,我跟着耗不起啊。"

红叶说:"程大哥,你放心,这鱼店我会撑下去的,当初老雷跟你签的合同照样生效。"

程伟摇了摇头:"法院判你们赔给程小丽精神损失费一万五,还有什么钱能继续经营这个鱼店呢?如果一周内你能把上半年剩下的两万块鱼款给我还上,我就同意继续跟你合作。"

红叶知道程伟这是落井下石,合同上明明写着年末结款,但出了这档子事,多说无用,她硬是接了招。一周内还上两万块钱她需要再次向母亲开口,她有些后悔提早把钱还给了林芝,果不其然,再从林芝手里借钱出来基本没有可能。林芝甚至让她关了鱼店去县里工作,她和红霞打了招呼,找个红叶力所能及的工作不难,红霞也帮着问了开饭店的朋友,同意接收她去做服务员,但这不是红叶的打算,她要把这个鱼店留下来,她要经营下去,这是她和老雷之间唯一可以撑下去的活路了。红叶在林芝面前跪下了,她乞求着母亲:"妈,就借我最后一次,我很快就会还你的,没这个鱼店不行。"

林芝气得指着她骂:"程伟收那个鱼店那是借个引子,就算这次收不回鱼店,他下次也得想别的办法。他这人我太了解了,一撅屁股我就知道要拉什么屎,你斗不过他。"

红叶在林芝这边没借来钱,只能自想办法,她甚至想到了向老雷父母去借些钱来渡过这个难关。但很快,她就打消了这个念头,二老已经离婚,她与老雷又没有一纸婚约,有什么理由去开这个口呢。她越想越泄气,回到家的时候已经泣不成声,满屋子孤零的灯光令她想起了结婚时的愉悦,悲从中来,梳妆镜前满目疮痍的自己再也无法硬撑着坚强。她拿起水杯便朝镜子砸去,一声破碎划醒她的惊悸,眼前的,是老雷送她的一杯杏浮。破碎的不是水杯,她只拾起了几片残破的回忆,更撕心裂肺的回忆,还将持续十七年!

郑恺妈在睡梦中仙逝了。

郑恺和程小丽一起赶到的时候,人已经没了气息。郑恺爸坐在她的身旁,用毛巾小心翼翼地给她擦着手,他已经把郑恺妈准备好的一套驼色风衣给穿上了,头发也梳得整齐。郑恺跪在母亲身边号啕大哭,他以为他换来的母亲的生命可以更长久些,至少可以含饴弄孙,可以再过些幸福的日子,而今,一切都结束了。

郑恺爸没有落一滴眼泪,等郑恺哭够了便安慰着儿子说:"你也尽力了,你妈她知足。咱们现在要把你妈好好地送走,让她到那边快快乐乐的。"

郑恺问:"我妈她临走前交代过啥没有?"

郑恺爸说:"你妈这一辈子也没啥指望,她就希望你们能好好过日子,生个大胖小子。别再记恨过去的恩恩怨怨了。"

林芝来找红叶的时候,红叶正在收拾着家里凌乱的现场。这几天,她将结婚时购买的彩电、冰箱等家电托县里一个认识的朋友二手价处理掉了,才买没多久,她还没来得及用上手,自己也觉得可惜,但这也是没有办法的办法。林芝斥责女儿不可理喻,拉扯了一阵才说到了正题。她警告红叶不要去郑恺妈的葬礼上吊唁,她现在的这种身份去那种场合显然是不恰当的,被程家人撞见,出了什么闪失,说了什么不招听的话,也让红家人跟着没有颜面。最主要的是,她担心红叶肚子里的孩子,虽说她极力反对她保下来,但那毕竟也是一条生命。红叶突然有一阵子的恍神儿,想起那天村街上老太太拉着她的手对她的嘱托,眼泪就跟着落了下来。不管以前如何,那都是个令人心疼的人,她不顾林芝的反对,还是决定去送老人家一程。

郑恺妈的遗体已经停置在正屋的中间,灵床前设了供桌,供上一满碗不甚熟的小米干饭,这在民间俗称"倒头饭"。郑恺和程小丽披麻戴孝跪在旁边拈香、焚纸。红叶和林芝一脚前一脚后地来到了郑恺家,院子里唢呐已经吹上,红叶的眼泪便大颗掉落下来。两个人来到了灵堂,郑恺妈一幅黑白大照片也洗好裱好拿过来了。看到郑恺和程小丽跪在灵前,林芝扯了扯红叶的衣袖示意她小心着点,红叶看着程小丽的眼睛又瞟到了旁边的郑恺身上,郑恺也看着她,看着她这段时间身心疲惫消瘦的脸,他竟感到了心疼,若是在从前,他会把她揽入怀里宠溺着,而现在,他只能挤出来些笑意。红叶向他点了点头,表达了一种慰问,跪在一旁的程小丽也接收到了这个信息,气急败坏地起身想要去警告对方,却早一步被郑恺拉着坐了下去,他不动声色地警告她说:"程小丽,你要是想让我妈走得安生,就给我消停点。"

程小丽一脸的不悦:"她们来干什么?是来看笑话的吗?"

郑恺轻笑了一声:"不是谁想问题都像你一样的。"

郑恺爸忙上前来招呼人,他看着红叶哭红的眼睛,自己的眼圈儿也发了红,不住地拍着红叶的手背点着头。

红叶哭着说:"上次见婶儿的时候还好好的,怎么突然就……"

林芝忙跟着说:"老嫂子这辈子不容易,这是享福去了。老哥,你得往长了想。"

郑恺爸点头:"是这么个话。"

红叶和林芝向郑恺妈的遗体鞠了三躬然后离开。她难过的不是程小丽对她的态度,而是她和郑恺曾经那么努力想要保住的,这么快地消逝了。

红叶和林芝在回去的路上碰到了程伟,他正拉了一车的扎彩往郑家赶。自从上次到红叶家催要过鱼款后,他又去了趟北京,医生告诉他,如果条件允许最好是把人送到美国去,可以让那边专家看看,毕竟我们的先进仪器都是进口他们的。这样的说法又给程伟打了一针强心剂,从北京回来后,他就开始积极筹款,私底下和人把养鱼池和鱼店谈好了价钱一起抵了出去。这会儿,他遇上红叶主动和他谈还款,心里便好生兴奋,当即答应她后天一手钱一手合同签好了事。

郑恺因为有了程小丽这门亲戚,丧事大办,城里有头有脸的人都齐聚在益丰这个小村庄里,大小不同的车全部堵在村道上,从村东头一直延到了西头,小孩子们不谙世故,穿梭在车中间玩得不亦乐乎。出殡那天,几大车花圈伴着一口楠木棺材浩浩荡荡两里路。棺材正面材头上画的是碑厅鹤鹿,琉璃瓦大厅上空展翅腾飞着两只雪白的仙鹤,大厅两旁是苍簇盛旺的青松、柏树,大厅前面是芬芳百艳的青青草地,草地的中间是通往大厅的石阶路径,显得十分清洁幽雅,材头正顶上写着"安乐宫"三个大字,将材头图与棺材本身紧紧相扣。

林芝在自家屋子里看到这排场,只感慨郑恺妈活着没享着什么福,死了倒风光得很,她和红湖说:"要是县委书记也来给我送葬,少活两年也愿意啊。"红湖可不同意她的言论,俗话说,好死不如赖活着,人只要活着就什么事情都难不倒。

答应给程伟的两万块钱可把红叶给难倒了。她的家电旧物只换到了七八千块,房子跟村里老王谈好了五千块钱,还有七八千的缺口想破了脑袋也变不出来,她只好再一次向林芝开口。林芝这一次没有完全封口,想红叶结婚的时候,她就给女儿留了笔钱以备不时之需,她直言只要是跟程伟签了合同,就会拿出钱来支援女儿,她就是对程伟不放心,人的品质不会随着岁月流逝而完全洗白的。

红叶的房子卖出去了,只能硬着头皮回到娘家。她打算等过两天把鱼店收拾好,在里间搭张床,自己就和宝宝一起迁居过去。她不想给娘家人带来麻烦,更想躲开那些整天寻事的八卦婆子。想想这样的未来,她感觉浑身一阵轻松,像是卸去了一副重重的枷锁。合同很顺利地签了,红叶拿到了收据心也安了,她再次望着这间鱼店的时候,有一种失而复得的惊喜。这一年的光景,她体味了背叛、阴谋、陷害,男友的倒戈,丈夫的罪过,闺密的误解,仇人的处心积虑。她无数次在梦中哭醒,叩问上天为何对自己如此不公?答案不容选择!世间该由你走的路必须自己走下去,只要人还活着,再苦涩的生活也终将继续。

23

过了没几日,大生子从鱼池带来了一个坏消息,程伟跑了!他带着所有人的钱跑了!红叶听到大生子传来的消息时,竟没有反应过来他的跑跟自己有什么样关系,她和程伟签订的合同是面对面签字画押有法律效力的,但在大生子的反复强调下,说早上城里来了一波人,声称鱼塘已经卖给了他们,她才感到了后怕。

两人到达鱼池的时候,恁大的阵势让人吓了一跳。十几个戴着墨镜、五大三粗的汉子在池子左边一字排开,旁边停着两辆吉普车,并未熄火,村民们将其里三层外三层包裹得结实,从远处望去那像是一口煮锅,不断地往外冒着荤腥。白纸黑字明晃晃地亮在众村民的面前,他们对鱼池将具有任何处理的权利。一个村民大声地质问着:"我们是和程伟签了入股协议的,你们凭什么改建鱼池,把程伟叫来。"

一群村民跟着他一起应和着:"把程伟叫来,我们跟他说。"

几个墨镜男也不说话,抱臂叉腿任村民们发泄。红叶终于挤到了第一排,她焦急地询问着旁边的老人:"徐大爷,怎么回事啊?"

见红叶已不管不顾,大生子伸出了两只手臂在其周围圈成了圈儿保护着说:"姐,你慢点,你这肚子里可还有一个呢。"

徐大爷看见了红叶,眼泪差点涌了出来,数落道:"你说这都怎么回事啊?这几个人早上来了就往出捞鱼,还说这鱼池程伟转给他们了,咱们当初签的合同就都不算数了?"

红叶问:"他们这么说有什么凭证没有?"

大生子点了点头说:"我看到他们拿过来的那份转让协议了。"

徐大爷又问大生子:"那我们入渔业合作社的钱管谁要去?"

周围的村民也跟着应和。

大生子答:"徐大爷,你最好去问,他们跟程经理签了合同,上面肯定有约定。"

徐大爷觉得大生子说得有道理,就朝着那群墨镜男大声问:"你们说程伟跟你们签了这养鱼池的协议,那我们渔业合作社的入股资金怎么办?退不退给我们?"

墨镜男中有一个光头的人,摇晃着身体向前迈了几步说道:"这个你们要去问程伟,我们和他签的只是这个养鱼池和乡里的鱼店,其他的什么入股不入股的跟我们没关系。"

红叶听到自己的鱼店也被程伟签给了这些人,马上来了火气,大嚷着:"那鱼店是我的,他凭什么和你们签合同?"

墨镜男不理会这些,手里握着白纸黑字的文件警告村民别耽误他们的工夫,他们是要在这儿修建度假观光园的。村民们一听自己受了骗,马上炸了窝般哄吵起来。骂爹的骂爹,骂娘的骂娘,有的干脆大嚷着报警去抓人,还有的说先把村长老程控制起来,跑了儿子跑不了爹。他们拼命地涌向村委会,红叶像个陀螺一样被人群裹着转动,她眼前一阵眩晕,连哭也找不着调。

大生子把她背回家一躺就是几天。她在睡梦中遇到了老雷,他对着她笑,她却有些窘迫,不知如何解释他入狱后发生的一切。家没了,鱼店也没了,奋斗一年多的积蓄被洗劫一空。她哭着要老雷带她一起走,哪怕天涯海角,刀山火海,她也愿意。老雷告诉她,为了我和孩子也要坚强地撑下去,如果你倒了,我便没有再爬起来的勇气。

红叶想着这些,便慢慢地睁开了眼睛。她看到几个穿着古怪的人在屋里摇着铃,嘴里不知道念叨着什么,一股刺鼻的烧香味,呛得她猛咳了起来。

"醒了,醒了!"

红叶再睁大眼睛细望时,一个头戴高顶神帽,身穿飘带摆裙的法师凑了过来,她的脸上被色彩勾画得颇为滑稽,像是画中神陀的妆容,细看又不十分像。腰上系着九面铜镜,跳动时,互相间便交碰得叮叮当当,手里的摇铃在她的头上来回晃着,嘴里不停地念叨着还魂令。

"蔡娘,怎么样?"林芝小心地问着。

这个被称为蔡娘的人,是村里的大神儿,村里人凡是有占卜问仙的活计都要请她来帮忙,管不管用另当别说,但从架势上来看倒足有一番风景。林芝此次豁了血本请她出山,也是真没了法子,抓了几服中药汤水都不起作用,死马只当活马来医了。蔡娘是个颇有传奇色彩的老人,据说她在四十岁那年得了一场重病,医院已经下了病危通知书,家人把她拉回了村子,只待时日。没想到,七七四十九天之后,她非但没死反倒精神起来,再去医院检查,丝毫没了先前的病症。也就是在这之后,她开始为人看病,十里八村的人,以口传口,以神传神,她成了民间的活菩萨。

此刻的红家,成了她的战场,只见她双目紧闭,嘴里默念道:"大鬼小鬼请绕开,阎王大道还魂来……"

说着,她拿出一道黄色纸符,点燃,扬向上空,那道符伴着燃烧的灰烬,旋转着完成使命。做完法事,蔡娘把衣服脱下来,恢复了常态,除了脸上的色彩外,活脱脱一个普通的农村老妇。她过来看着红叶,笃定地向林芝保证,这孩子的魂招回来了,做些可口的饭菜补补,不出两日就能恢复正常。林芝忙上前行了大礼,并给红湖使眼色,红湖忙拿过事先准备好的红包递了过去。

红叶终于醒了过来,腹中空空,真的是饿了。林芝给她炖了鸡汤,大果果填补着红叶胃里的空虚,她将辛酸用力地咽下去,她知道自己以后的路必然荆棘,必定充满坎坷,但为了老雷和孩子,为了她爱的人,她一定要挺下去。此刻,她是如此地挂念着自己的丈夫,他说过,无论她有任何事,哥儿们就是在天边也会赶回来的。她给孩子起了小名叫一晃儿,她想着,天天看着一晃儿,一晃儿老雷也就回来了。

程伟确实干了一票大买卖。他把鱼池和渔业合作社抵出去的钱卷跑之后,回到北京医院,找了个借口支开李四夫妇,直接带着熟睡的李全飞往了美利坚。老程的办公室被村民们围了个水泄不通,甚至有的村民砸起了玻璃。老程一个人呆坐在办公椅上抽着烟,一言不发,他万没想到儿子会使出金蝉脱壳这么一招,这不光是把入股的村民们坑了,连县里那些大股东的钱也跟着打了水漂,他知道自己以后的日子不会好过到哪里,这个村长怕也是到头了。但他心里还是纠结的,儿子的这个行为是为了救孙子,他该站在哪一头呢。

找不到程伟,李四媳妇儿在医院等了几天,当她看到李四喝得酩酊大醉回来的时候,才知道程伟已经将儿子偷偷地带走了,两个人爆发了有史以来最激烈的一次争吵。在这之后,李四媳妇儿的精神就开始变得越发不好,见人就问是否看到了儿子,李四将媳妇儿从北京带回了益丰村,过了些时日,她的精神每况愈下,每天天还没亮就跑到村街上大喊着儿子的名字,全儿,全儿,全儿……空灵的声音在黎明前显得格外粗犷,李四每晨梦醒,都被这鬼吆吓得六神无主,待确定炕上没人,就得披上衣服硬着头皮把李四媳妇儿从街上扯回家去。

村里人开始指点起来,风言风语也传到了李四的耳朵里,这令他经常抬不起头,久而久之,便有了厌烦的情绪,甚至对李四媳妇儿有了怨怼,也不再那么客气。那天林芝往街上泼水的时候正好看见李四气急败坏地扯着李四媳妇儿的袖头,嘴里骂骂咧咧地往家的方向扯去,李四媳妇儿一直挣扎、哭闹,嘴里仍不住地喊着儿子的名字。林芝叹了口气,不忍再看,将心比心,没有任何事情比母亲失去孩子更痛苦,李秀是硬生生被逼疯了。她向红湖说起来的时候也无奈地摇头,红湖往桌子上磕了磕烟灰替李四媳妇儿鸣不平,说:"李秀这一辈子,老天爷对她不公啊。"

闹了没多久,李四家便没了男人的声音,李四受不了丢了儿子、疯了老婆的打击,在一天深夜卷着铺盖走人了。李四媳妇儿自此夫离子散,没人问管,便整天游荡在大街上,依旧叫着儿子的名字,受着村里小孩子的戏弄。村民们把程伟告上了法院。程伟跑了,老程被软禁在村里,他看着李四媳妇儿疯疯傻傻,受尽侮辱,心里异常难受,总是到中午、晚上的时候给她送些饭菜去。

养了些日的精神,红叶果真好了起来。她去供销社买了些吃的,又从家里带了瓶酒,打算去狱里看自己的男人。这一次,林芝没有反对,她已经被近来的杂事折腾得疲了,只愿女儿自求多福。在红叶出发的那天,她再三嘱咐着她要顾及自己的身子,路途遥远,万事小心。来自母亲的这份关怀,足以令红叶感到满足,她爽快地应着,拎起大包小裹拍拍肚皮说道:"晃儿,咱们这就去看爸爸。"

红叶从乡里坐公共汽车到了县里,又从县里买了车票,等了两个小时坐上长途汽车。汽车晃悠了四个多小时到了C县的县城,从县城到B镇需要一个半小时的路程,下了车就算是到老雷所在监狱的辖区了。

这里一片荒凉,没有超过两层的建筑。红叶拖着大行李包满脸的汗水,她向远处张望去,然后拍了拍肚子说:"晃儿,咱们到了,一会儿就能见着爸爸了。"

路口有几个骑摩托的人。她过去问路,骑摩托车的人告诉她X监狱离这里还有二十里地,管她要十块钱的车费。红叶知道他们看她是外地人狮子大开口宰客,便还到了五块钱,骑摩托车的人不肯,又给了八块钱的价,她摇了摇脑袋,自个拖上大包徒步走去。

老雷、二峰和小东子被关在了X监狱进行劳改。刚开始,他们人多势众倒也没人敢欺负,但也没人敢接近,只有个叫麦老大的人总是有事没事找些麻烦。这个人也不是普通凡人,他周边经常跟着几个小混混儿,老雷几个刚进来不久,他们没摸清路数暂时也没轻举妄动,但是别的人就没这么好运气。一天,那几个小混混儿就将一个戴着黑框眼镜的中年男子围堵在厕所里一阵暴打。那个戴黑框眼镜的人看起来四十多岁,虽然剃了劳改头,但眉宇间有着儒雅之风,老雷观察他有些天了,他从不跟人讲话,干完活就蹲在一边,拿着小砖头在地上胡乱画着什么。二峰有一天突然忍不住了问老雷:"你看那个人,他是怎么进来的?"

老雷摇了摇头表示估摸不出,小东子倒像是早就笃定了什么,继而接道:"我觉得他不是一个简单的人,肯定有点来头,他长得就不像犯人的样儿。"

这句话说者无意老雷却有些走心,他的目光从二峰的脸上移到小东子的脸上又移回二峰的脸上,心里确实佐证了这一点,他们三个才是真真正正的犯人。当这个男人从厕所走出来的时候,老雷看到了他额头上的淤青和嘴角旁的血渍,他用力地擦着,怕被人看到。老雷示意二峰和小东子过去看看,还没等两人走到厕所旁,几个管教说笑着向这边走来,他们便又停住了,一来一往间,那个男人不见了踪影。

"人模狗样的,还不是我们这些犯人养着。"二峰气得朝着他们的背影嗤笑了一声,然后把一口唾沫吐在了地上,看两人都不出声,他又碰了碰老雷问,"自从咱进来,嫂子就没来过,你说她不能跟别人跑了吧?"

小东子听二峰说了这一串浑话,一脚踢在了他的腿上,骂道:"你说那是啥屁话,红叶可不是那样的人。"

"她要是真改嫁了,我也不反对。"老雷叹了口气,"毕竟咱们得在里面待个十七八年,就算到时候出去了,也都过了大半辈子,红叶岁数小,我不能让她在外边守我一辈子。"

"老雷,你别傻,她要是不提出来,你就别提。至少等咱出去了,你还有个老婆和孩子,还有个家。"

老雷想着想着,不出声了。

天抹黑的时候,红叶辗转着摸到了X监狱的附近。没有路灯,夜里的旷野像个黑窟窿,远处偶尔传来几声狼嗥,红叶浑身的汗毛根根耸立起来，脚下的步伐也加快了一倍。

一扇黑色的大铁门伫立在不远处，透着微弱的光，只能看清轮廓。红叶知道老雷就住在里边，不禁来了眼泪，一路上的心惊肉跳让她有几分委屈。有人专门接待了红叶，红叶提供了身份证件以及在村里开的和老雷的夫妻证明，狱警查了一下老雷的探监日是后天，便告诉红叶后天再来。红叶告诉他，自己是从很远的地方过来的，希望能通融一下，狱警告诉她，这是上面的硬性规定，自己做不了主。后来他看红叶带有身孕，便建议她去监狱的招待所住两天，到了探监日再去看犯人。

天黑了，荒无人烟的地界时时传出可怕的野兽声，红叶只好硬着头皮花了高价住下。大老远来一次不容易，多等两天能见到老雷也值得，红叶这么安慰着自己倒也待得安稳。和她住一个房间的是一个六十多岁的大娘，她头发半白，脸上均匀地布满了皱纹，尤其法令纹处，似两条贯穿南北的立架高桥，她穿着夹袄，非常朴素。红叶推门进来时，她正和别房间的探监者坐在床上聊着天，大致意思是，只有在里边买的东西才能给犯人带去，外边带的一律被没收。红叶下意识地看了眼自己带来的大包裹，一下子慌了神儿，等那个客人离开房间后，她便迫不及待地拉着大娘询问。大娘听着红叶语无伦次的讲述和问话后，终于理清了个大概意思，她上下审视了半天，问红叶是否第一次来探监，待红叶确定后，她随即毫无保留地向红叶道出了所有，里边的规矩大着呢。

为了证明这个大娘的说法，她一个人出了屋，绕着墙角偷偷地转向有狱警在的地方。她不敢抬头看向这些人，仿佛自己是个罪犯一样。当一个五十多岁、个儿小的、瘦削的身着警服的人走过来的时候，她站住了身子，那人似是看到了她，朝她走来。

"探监的？"那人询问着。

红叶心里一阵乱跳，仿佛一团东西提到了嗓子眼儿，她闭着眼睛心里默数着深呼吸后又睁开，回答着那个人的问题："嗯，警官，我想向你打听一下，可不可以给犯人带些东西送进去。"

"带些什么东西?"

"一些衣物,吃的穿的。"

"吃的可以去旁边的小卖店买。"

"警官大哥,你帮帮忙,我坐了一天的车大老远赶来的,带了这些东西能不能帮我送进去,下次我一定在这里边买。"红叶哀求着,包裹里可是她一样样特别为老雷准备的。

管教皱了皱眉头道:"烟酒不行,别的我可以帮你带进去。"

红叶感恩戴德,忙鞠着躬说:"谢谢警官,我明儿白天就把东西带过来。"

得到这样的消息,像是得到了特赦令,她高兴地回到招待所。大娘见她回来,好奇地凑上来问:"管教怎么说,是不是不让带?"

红叶一脸兴奋说:"他说烟酒不行,别的能帮我带进去。"

"傻孩子,你看着吧,你明天只要把这一包东西交上去,指定就没影了。"

"啊?那咋办啊,大娘。"

"下次你提前给管教些好处打点一下,买条烟、两瓶酒啥的,别的就好办多了。"

红叶脸上都没了血色,委屈地哭了起来:"大娘,我这可咋办呢,我走了这么长时间路好不容易带来的东西……"

大娘看着红叶可怜便问:"你说你是来看你丈夫的,他犯了啥罪?"

红叶自然不敢说出实情,就随便说了句:"和人起了争执,不小心误伤了。"

"那他判了几年?"大娘追问。

"十七年。"

大娘无奈地摇了摇头说:"跟我孙女他爸一样,都是伤了人。明天看看能不能求我那个管教帮你带进去,下次你可得懂点规矩了。"

红叶感激地抱着大娘千恩万谢,把手里的大包交给了她。

老雷进入探监大厅的时候,就远远隔着玻璃看见了红叶,没隔几日,红叶瘦了,脸上也没了光彩,他能想象到她一个人所面对的非议与不公,他又痛恨起自己,手里开始抽自己的耳光。红叶看到了老雷,她那好看的眼睛一刹那又亮了起来,她好久没有这般笑了,她的笑让人心疼,让老雷不自觉地掉了眼泪。他忙拭去,快步来到玻璃窗前,把手放到了玻璃前,就这么看着心爱的人。

红叶也把手放到了玻璃上,大手叠着小手,她问:"你在里面好吗?"

老雷轻松地答:"挺好的,里边生活挺规律的。"

红叶又担心地问:"他们没打你吧?"

老雷风轻云淡地说:"你别担心,红叶,你得多补点营养,又瘦了。"

红叶笑了笑,又说:"我给你带的东西,让一个大娘托一个管教给你捎进来了,他会给你的。"

老雷问:"红叶,鱼店忙得开吗?你要一个人不行,就再找个人帮忙。"

红叶答:"你放心吧,家里一切都好。"

老雷揉搓着那端玻璃传递过来的温度,感受着红叶的存在,他多想抱抱她。在她来之前,他已经下定决心跟她摊牌了,他按照腹稿原封不动地背出来:"红叶,要是碰到好人家就嫁了吧,我这毕竟要十七八年,你跟我耗不起。我说的是真心话,不是博取你的同情,孩子……"他低头望了望红叶微微隆起的肚皮,"如果他会影响你今后的生活,就送他走吧。过去是我太自私了,你才十八岁,人生才刚刚开始,我不能这么要求你……"

红叶似乎并没有听他在说什么,而是笑着答:"我给孩子起了个新名字,不叫蛋蛋了,叫一晃,雷一晃,我叫着叫着,你一晃儿就出来了。"

她自顾自地说着自己的小幸福,告诉他这几月来自己的变化,特别是有了儿子以后的期待,她每一天都像是上了弦的钟表,秒针与分针的转动,只为了与时针的相逢。见红叶如此这般,老雷终于再也忍不住悲伤转头跑掉,他在厕所里足足哭了半个钟头,即便是被判刑的那天他都未如此痛哭过。

这会儿悔恨才真正缠上心头,他没有任何一刻比现在更向往过正常人的生活,那一瞬的鲁莽,毁了一世的憧憬。

24

郑恺妈三七。郑恺和程小丽很早便出发回村准备,车上拉了一大堆的物什,吃的穿的用的很快堆满了老屋。堂中间摆放着母亲的黑白相片,相片被放大了几倍,母亲的笑容也跟着清晰起来,这或许是在她病入医院后,他唯一看到的真切的笑容了。郑恺拉着程小丽在相片前站定,规规矩矩地跪磕三个响头,然后他鼻子一酸眼泪跟着掉了下来。这个老屋承载了他太多的情感与回忆,像是刻入肌理的篆文,任多少年后都会依然清晰,那儿时的木马车,冬天的冰陀螺,妈打了一整月的粗线毛衣,用大铁锅蘸的冰糖葫芦,在这一刻都成了奢望。有人说,母亲就是一个家,她不在了,房子就只是个房子。他此时觉得特别对。

郑恺爸从炕柜里拿出了两个大包裹,里面是郑恺妈临终前给他们的孩子做的小衣服小裤子,每件上面都绣着标签,从出生做到了七岁。

"你妈说,不知道是男孩还是女孩,这颜色款式男孩女孩都能穿。"

郑恺拿出来一件件地看着:"我妈生前那么想抱个大孙子。"

郑恺爸叹了口气:"人没了,就什么都没了。"

郑恺和程小丽这次回来是要接郑恺爸去县里待段时间的,郑恺爸不想辜负儿子的一片孝心,表示配合。但在走之前他再三申明:"我跟你们回去可以,但是过段日子还得回来,你妈的魂还在呢,她胆小,我得陪着她。"

红叶从 X 监狱回到家的时候已是傍晚,红家大院里铺摆着大桌,桌上摆满了菜肴,红叶饿得恍惚,她看到坐在椅子上的红湖正在给旁边的张书尧和一名中年男子倒酒。家里来了客人,她礼貌性地向他们打了个招呼,又闪过桌子向内屋走去,房间里林芝和红霞正围着一盘瓜子聊着天。红霞和张书尧此次来红家是为了红叶而来。张书尧科里最近有个科员刚离了婚,有稳定工作和固定资产,红霞觉得靠谱,便约了人直接让张书尧驱车来红家商量,没想到红叶挺着孕腹千里迢迢地去探监了,这让她顿时没了面子,在红湖面前当即拍了板子,决定亲手操办此事。

红叶回自己房间梳洗一番之后便被红霞拉到当院与人介绍。若不是有"清水出芙蓉,天然去雕饰"这一说,这个中年男人还真就不太相信红霞夫妇的描述。他看到红叶从房子里出来,眼睛就一直没有离开过,她额间头发上的水珠还有残留,白嫩干净的皮肤,他显然是被红叶的清纯样貌吸引住了,他的眼睛放着光,他喜欢她,这一刻,什么过往什么经历都显得不那么重要了。

"红叶先坐下,"林芝主动地招呼红叶并介绍说,"小李是你姑父单位的,说是明年就能提副科长了。"

"我叫李明哲,是朝鲜族,我妈祖上都是朝鲜族人。"

"那也算是个混血了?"红霞跟着起哄,"我说你那么聪明,叶儿,这孩子父母离得远,生的孩子都特聪明。"

"我只希望我的孩子健康平安。"红叶被红霞强行拉着,她把肚子用力地向前挺了挺,像是在示威也像是在做交代,"孩子他爸爸在里面挺好的,他让我给各位长辈带好。"

这句话后场面一度有些尴尬,林芝忙招呼大家就餐。席间,大家推杯换盏,路上的劳顿让红叶一直没提起什么兴致,直到小李举起酒杯来向红叶敬酒时,她才提起僵硬的眼皮站起身,她对小李说:"我丈夫是个强奸犯,就是前段时间轰动全会宁的案子。"

"我不介意。"小李很严肃地摇了摇头。

"但我仍然很爱他。"红叶目光炯炯地看着他。

"我很羡慕他。"小李笑了笑为自己开释。

红叶不知如何接话,就笑了笑,她的目光撇向了一侧,正好与林芝相视。林芝简直要被女儿蠢哭了,索性摊牌:"红叶,你要想想清楚,他在里面要待上十七年,你的青春不能就这么没了,好在小李不嫌弃你们母子,你要识好歹。"

红叶一脸严肃地问母亲:"介绍一个抓我孩子父亲的人当他的后爹,你们不觉得很讽刺吗?"

林芝马上反对:"人又不是小李抓的。"

"有什么区别?"

红叶撂下这句话后径自回了房间,锁上门痛哭不已。她刚答应了老雷要长相厮守要双宿双栖,她怎么能当逃兵?她看过太多人的聚聚散散,她没经历过,也不想经历。在她的心里,只要她与老雷是相爱的,就足够她撑得住余生。

红叶拒绝了小李,也向父母、姑姑、姑父表示这一辈子自己都不会再嫁,她甚至说,我嫁一个这样,再嫁一个还是这样呢?谁能保证我再嫁的人就会更好?她向林芝又要了三千块钱,打算在院前面临街的地方盖一个小卖店,她要把全部的精力用在这个小买卖上,用这微薄的收入支撑起她和一晃儿的家。在父亲的帮助下,小卖店很快就建好了,红叶把在县里上的杂货铺摆在货架上,然后就正式开张营业了。

那天她在店里看到了满街寻找李全的李四媳妇儿。李四走后她病了一阵子,这几天能下地了,又开始四处寻找起儿子,她的脸比以往更加消瘦,消瘦使她看起来又老了几岁。

"那不是四婶儿吗?她怎么变成这样了?"红叶问旁边的父亲。

"李全让程伟给带跑了,生死未卜,你四婶儿找不着儿子,精神上受了点刺激,天天到大街上来找李全。"红湖在桌子上敲了敲烟袋里的烟灰。

"四叔不管吗？这要是出事了怎么办？"

"四叔？"红湖嘲讽地哼笑了一声，也像是在嘲讽着当年的自己，"夫妻本是同林鸟，大难当头各自飞。"

红叶听父亲这么说，又突然觉得这个女人可怜，这个以前飞扬跋扈的女人如今也算是得到报应了，但红叶却开心不起来，自从有了一晃儿，她就更多体会了一份母亲的心思。

她的小卖店一开业就非常红火，这是村里第一个私营的杂货店，品种齐全，价格也比村里的供销社公道，再加上红叶人美态度又好，村民们都来光顾她的生意，能干的红叶很快成了县城各个批发店里的常客。突然有一天，她在一个批发店遇到了小学同学邱林，他是这家店的老板。是邱林先认出的她，两人原是益丰小学的同学，邱林小学没读完，全家就举迁到了县城。红叶是邱林喜欢的第一个女孩，虽然年少不谙情事，但是那种朦胧的好感却一直在心里，这么多年过去了，他见到红叶时还会脸红。红叶倒是有些记不得他了，当她努力辨认眼前这个又高又瘦的帅小伙时，她的脸上明显带着吃惊："邱林？你是邱林？"

邱林激动着红叶还记得自己的名字，甚至开心地笑出了声："多谢老同学还记得我，也难怪呢，我那会小学读到五年级就搬县里来了。"

他的眼神又移到了红叶的肚子上，这倒让他有些失望，眉宇间一个微小的变化不易察觉，主动地问着："你倒真没变，还是那么漂亮，这快生了吧？"

红叶轻抚着肚子，不好意思地一笑："嗯，还有三个月。"

邱林问："都这月份了，你爱人怎么还让你来上货，这要是磕着碰着怎么办？"

红叶听邱林如此说尴尬得红了脸，只好马上转了话题："他很忙。你结婚了没呢？"

"县城里都不兴那么早结婚，再说了还没玩够呢，男人嘛，事业为重。"

听说红叶在益丰村开了自己的小卖店，每周挺着大肚子城里乡里地来回跑,邱林直接建议红叶以后小卖店的货每周都由批发店去送一次,见红叶没反应过来,他又扯下一张墙上当日的日历纸,在后面写上了手机电话号码,对红叶说:"以后你那边缺啥货直接打电话给我。"

看着这手机号码,红叶又开始羡慕起来,那个时代能用上大哥大的,非官即贵,邱林能买得起这样贵重的什物,足以证明他的买卖做得不错。如果邱林真能送货到家,她不仅不用费心劳神地来回跑,就连交通费用也能省下来了,这日积月累的,也是笔不小的费用呢。她心里极度赞许邱林的提议,但又怕麻烦对方,便有些不好意思地解释:"我们村只有村委会有个电话,和你联系好像也不太方便。"

"你在小卖店里装一个啊,一边收费,还可以自己用。"

"那样,行吗?"

"怎么不行,这事我能搞定。"

红叶杂货店里安装了村上第一个公用电话,使村上与外界沟通顿时方便迅捷起来,红叶也成了村里的杂货西施。随着红叶的生意红火,供销社的生意却日渐惨淡。树大招风,红叶受到了杂货事业上的第一份威胁,这是一封只有几行字的信,用一个信封装着,不知什么时候被人裹着砖头从窗户外边扔进了柜台上,玻璃碎了一地。

晚上,一家三口人围坐在炕上商量着这个骇人听闻的事。林芝认为这是供销社给红叶的警告,建议她小卖店就别开了,万一再有什么闪失,那是会伤及性命的。一家人越说越恐怖,最后已经上升到了灭他红家满门。红叶被母亲说得有些不寒而栗,若是再说下去,肚子里的宝宝怕是都要被连累了。好在红湖在这时展现了家长之风,他敲了敲烟袋义正词严地说道:"这村上现在是越来越没规矩了,我就不信还没有王法了。"

红叶整夜未眠,她想不通为什么所有的人都跟她过不去,为什么凭自己的努力干出的成绩总有人来破坏阻挠。若不是让步于程小丽的种种紧逼,若不是屈服于怕事的心理,若不是尊崇着那一点点儿卑微的自尊,自己的生活是不是不应该这样。软弱是软弱者的通行证,坚强是坚强者的墓志铭,这一次,她没有退让,她决定绝地反击。

第二天一早,她就把自己的全部被褥搬到了小卖店里,没有什么比现在更不堪的后果了。她拍着肚皮问儿子,一晃儿狠狠地踢了一脚,表示同意。第一个晚上,她和衣而睡,分分钟竖着耳朵警惕着外边的动静,相安无事;第二个晚上,她依旧屏气听音,即使已经有些撑不住了,也狠狠地在肚皮上拍上两巴掌,叫儿子起来参加战斗。果然,半夜两点的时候窗外面有了动静,她蹑手蹑脚地凑到了门口,并拿起了准备的木棍子。根据判断,窗外面共是三个男人,他们就村里面几个老娘们儿的八卦足足唠了两小时,然后散去;第三个晚上,三点半的时候,有人经过,脚步很重,应该是个男的,快到五点的时候,她实在有些挺不住了,再也不好意思打扰睡得正酣的儿子,便沉沉地睡去。谁知这一恍神儿的工夫,就听见外边一阵阵的砸门声,她一个激灵从床上跳起来,条件反射似的拎起一旁的木棍子。

红叶重重地问了对方一声何许人也,门外面却没任何回应,那拍门声伴随着红叶心跳的节奏,惊悸过后,红叶甚至有些愤怒,硬着头皮把头凑到了窗板的缝隙。外边的天已经蒙蒙亮了,她隐约地看到了一个人的轮廓,她也正把整张脸贴在窗外的玻璃上向里窥探。两个人四目相对时,红叶"妈呀"一声差点跌坐在地上,好在身后斜倚在墙上的那根粗棍子救了命,不然战斗了一晚上的儿子可就一命呜呼了。又过了一会儿,天开始大亮了,村街上的人也多了起来,红叶这才干脆利落地拉开了架在木板门上的门闩。

阳光一下子充盈进来,红叶通身泛着光环,她直愣愣地看着门外蓬头垢面的人,黑乎乎的一团,像是山里跑出来的野人。她浑身衣物凌乱不堪,指甲满是垢物,手指结茧生疮,间或明亮的眸子布满了血丝,看到红叶,她的眼泪便涌了出来。红叶认出了眼前的人正是李四媳妇儿,她可怜兮兮地重复着嘴里那句微弱的台词:"我饿,我饿……"

红叶心里一阵痉挛,世上悲情千万种,落寞之人自相怜。自从怀了孩子之后,她能体会做母亲的苦楚,若是换以位置更能感同身受。她把李四媳妇儿拉进了小卖店,从货架上拿了两个面包给她,见她瑟瑟缩缩得不敢接拿,直接说道:"吃吧!是面包。"李四媳妇儿瞪视了红叶半响方才狼吞虎咽地吃了起来,红叶又将毛巾扔进洗衣盆,倒了温水,等毛巾浸满了水后她用力拧过,开始擦拭着李四媳妇儿的脸。

李四媳妇儿一边用力地吃着面包,一边听话地配合着红叶,只有擦碰到痛处的时候,才会哎哟地叫上两声。

"四婶儿,你还认得我吗?"

"叶儿……"李四媳妇儿也不看她,只是嘴里嘟哝着。红叶听她这样叫着,眼神里瞬间来了惊喜,她一度以为眼前的李四媳妇儿已经变得又疯又傻六亲不认了,没想到她竟然认得出自己。她又趁势问起了李四媳妇儿这些天的经历,诸如都去了哪里,四叔怎么就一个人走了呢。但除了那句叶儿,李四媳妇儿再也没有任何回答,无辜空洞的眼神只凝视一处,咿咿呀呀的童谣在嘴里不经意间游走,若是在过去,儿子李全听到这个曲调就该出现了。

红叶忙乎了一早上,终于把李四媳妇儿收拾干净了,她的脸变得透亮,整个人也精神了,当年四朵金花的名头即使落魄成街头的疯子也还是有她的影子。红叶又拿来梳子,一点点儿地梳通着她打结的头发,应该是有些时日没有洗过了吧,那发丝已经交织成一张零乱的网。

天已大亮,开始有人光顾红叶的小店了。第一个进来的是打酱油的张柱子。他是继老雷那拨人之后又兴起的小混混儿,吊儿郎当的模样让红叶皱起了眉头。他拿着酱油瓶进来时公然地说了句调戏红叶的话,在老雷被关起来的这些日子,他每天总是想着法地来红叶的杂货店。见红叶没有回应他,他又一脸的坏笑朝向了李四媳妇儿问:"全儿呢,找着全儿了吗?"

"全儿,全儿……"李四媳妇儿听到儿子的名字不顾一切地站起身来,眼神里闪着焦急与惶恐,浑身都在颤抖着。打好酱油的红叶回过头来一把抓住了她,气急败坏地骂向了张柱子:"你怎么那么缺德呢?四婶儿丢了儿子本来就受了刺激,你这么逗她,良心被狗吃了?!"

张柱子被红叶一顿骂后乐颠颠地离开了,这种人只有被骂得爽了才感到舒服。他那边倒是爽了,这边的李四媳妇儿却又陷入了新一轮的恐慌之中,她不断地抓狂着,刚洗好的手臂又被自己挠出了血印,刚打理顺的头发又成了一窝乱草,她嘴里不停地喊着儿子的名字,直到嘶哑得发不出声音。红叶紧紧地抱着她,想到自己的遭遇,竟触景生情跟着掉起了眼泪。

25

这些天,老雷一直观察着那个戴眼镜的中年男子,他像个谜团一样,与整个监狱的犯人格格不入。他从不与任何一个犯人打交道,自由活动的时候会拿着块小砖片在地上写着什么,劳动中被欺负、吃饭时被人抢了饭盒也不与人理论,他经常被麦老大那伙人找麻烦,被打之后也不报告,老雷越发觉得这里边存在着什么玄机。

"他不会是被人给打怕了吧?"二峰吸了口烟,然后将烟蒂在脚下捻灭,"真他妈的解馋。老雷,你这货在哪弄的?"

"管教给的。"老雷自己也从裤袋里掏出一根叼在嘴里,点上,然后又扔给了小东子和二峰一人一根。

"老雷,这管教能给你烟,他不是被你抓着啥把柄了吧?"二峰接着问。

"这个马管教从厨房顺豆油让我给撞上了。"老雷深深吸了一口,慢声慢语道。

"豆油他也顺?我就说这几天菜里都没油星了,真他妈的缺德。"小东子语气里有些埋怨。

"有短处让咱捏着是好事,以后咱能舒服些。"老雷邪笑了两声。

"说的极是。"二峰已经将第二根烟点着迫不及待地吸上了。

几个人正有一句没一句地聊着,远处,麦老大和几个打手正向黑框眼镜的方向走过去,小东子忙用手肘碰了碰老雷,老雷掐了手里的烟,认真地观望起来。他这些天都在等着麦老大壮大阵势挑事,这样他就好出手相救以进一步与黑框眼镜发生联系。黑框眼镜见麦老大带人向他走来,也不慌神,依旧蹲在原地继续写他的东西。麦老大的手下见状直接上脚踢飞了他手里的砖片,黑框眼镜面无表情,拍了拍手站起身来,手下气急,直接又补了一脚,将黑框眼镜整个人踢翻在地。

二峰这暴脾气是看不过去了,直接扔了烟头打算上前起哄,却被老雷一把扣住:"先看看再说。"

黑框眼镜被踢翻在地也不恼,自己又重新站了起来。这时,另一个手下上前直接揪住了他的脖领将他按在墙上,不知说了什么,黑框眼镜又说了什么,几个手下一拥而上,对着黑框眼镜一顿爆揍。这回老雷坐不住了,他看了眼二峰和小东子,几个人眼神一搭,齐整整地向那个方向疾步而去。先是二峰大喊了一声:"住手!再不住手我要报告管教了。"接着是小东子冲向了黑框眼镜,硬是将他从人堆里拉了出来。麦老大果真停手了,他玩味似的扫视着老雷几人,嘴角一丝坏笑,最终将目光锁定在了老雷身上:"兄弟,有何贵干哪?"

老雷答:"没啥贵干,只是让你放了这哥儿们,你们天天这么打,我不舒服。"

"听听,他不舒服。"麦老大手下跟着起哄,顿时大笑起来,"我看是欠揍了。"

"你他妈的说谁呢?"二峰直接冲上来推了对方一个趔趄,"活得不耐烦了是吧?"

双方肢体一有动作便纠缠在了一块,谁也没占便宜。麦老大带着诡笑,只道:"观察你们有一段日子了,听说你们是干那个进来的?"

麦老大手下扯着二峰的衣领一副戏谑的表情补充着:"三个人干一个妞,你们这资源也太贫乏了吧,啊?大哥,等出去了,多给丫的介绍俩。"

"都他妈是流氓,谁也别笑话谁!"二峰一拳直接打在了对方的脑门上,小东子见状直接冲了过来,两个人与对方四五个人厮打在一块,现场乱成了一团。二峰和小东子可不是没见过世面的,两个人的勇猛之势绝不输给对方四五人,老雷本想阻止的,看到小东子的脑袋又挨了对方一闷棍,血直接喷射出来,他眼睛一红,直接跳起来,一脚飞踢到了那个拿着闷棍的人的下巴上,那个人的鼻血便如同开了闸的自来水,哗哗地流了一地。

不知双方打了多久,只听得一声声的哨音响起,马管教带着几个管教向这边冲了过来,在哨音下,两伙人都自动地收了手。麦老大经验十足,一副可怜之势便将老雷、二峰和小东子推向了背理之方,不管因何缘由,先动手的一方自然占主要责任,他不光告了这三个人的状,还连带上了黑框眼镜。他这么一告,倒是给老雷几个人提供了与黑框眼镜独处的机会,四个人第一次被集体关进了小黑屋。黑框眼镜自从两伙人交锋直到进了黑屋,脸上都没有一丝表情,甚至没有反抗。老雷感到好奇便凑上来跟他搭讪,他从鞋壳里拿出了一根烟递给了他,他摇头表示不吸,老雷就直接叼在了自己嘴里。老雷说了半天的话,他还是不应答,连姿势都保持着被管教押进来时一样。这种不识抬举的人令二峰无法忍受,他眉头一皱,一只鞋一扬手就飞了过去,正正中中地打在黑框眼镜的脸上,眼镜也被震掉了。

"二峰,你他妈给我消停点。"老雷生气地骂道,"手要是痒就找把刀给跺了。"

"你丫的装什么清高,要不是我们老大可怜你,你就是肠子被打出来也没人会理会。"二峰一副气鼓鼓的样子,他指着黑框眼镜骂着。然后又觉得管教不公平,便对外大声喊着,"都是什么王八蛋,青红不分,我咒你们生儿子没屁眼儿。"

老雷无奈地叹了口气说:"傻不傻?没看见他们是硬激着咱们先动手的吗?你还硬往上冲。要不是你先动手,咱们能吃这亏?"

小东子听老雷如此教训,也有些委屈:"就算是让他们打死,也不能让他们欺负死。"

"行了,天天嚷着减刑、宽大处理,要是这么着,都别他妈的想出去了!"

老雷大声呵斥后两个人便不作声,他向黑框眼镜走过去,蹲下身将眼镜捡起来递给他并替二峰道歉。黑框眼镜用衣角擦了擦眼镜片上的灰土,戴上,终于叹了一口气,与老雷攀谈了起来。

原来黑框眼镜叫木成林,是省城有名的诗人、作家。本来有个令人羡慕的三口之家,有个在机关工作的漂亮老婆,还有个品德成绩兼优的女儿,一家三口其乐融融。直到有一天老婆被她的领导给欺负了,回到家里不吃不喝,不语不怒,他知道后,带着愤怒去找她的领导理论,两人动起了手,他失手杀死了那个领导,这事当时在省城成了头条新闻,他老婆受不了这样的舆论打击,自杀了。他因过失杀人罪入狱,剩下女儿一个人跟着奶奶生活。麦老大这伙人进来不到三年,每个月都要从这些狱友身上诈吃诈喝诈银子,不给的就要受到一顿毒打。老木不按套路出牌只有挨打的份,他只有一个信念,省着钱留给母亲和女儿。而且,还有三年就可以出狱,他不想惹事。

老雷很好奇地问他:"你每天都蹲在地上写什么东西?"

老木告诉他:"我在写一本书,写狱中的故事。"

老雷更加惊奇地问:"没有笔没有纸,每天在地上这么划来划去能记得住什么?"

老木说:"最好的故事都刻在心里。"

这让老雷佩服极了,他从小到大最佩服的就是有文化的人。他告诉老木:"我马上就有儿子了。如果你出狱了,我请你做我儿子的老师,让他以后也有出息。"

老木点了点头:"这事一定能办到。"

老雷随后就交代了二峰和小东子说:"以后要是麦老大那伙人再欺负我儿子的老师,就跟他们没完。"

李四媳妇儿自从被红叶留在店里一日三餐地招待着之后,林芝便感觉不对路了,虽然她知道不应该跟个疯婆子计较什么,但总觉得这么下去不是个事,这个烫手的山芋放在哪里都是个大麻烦。思索了几天,她决定出头当面跟李四媳妇儿谈谈,不管她听不听得懂,她都要把她赶回家去。林芝找了几次机会都没能与李四媳妇儿搭上话,好不容易等红叶去解大号时让她到小卖店帮忙照看,她才开始实施她的计划。时间短,她直接长话短说:"李秀,你听着,你自己做的孽你自己担着,你儿子丢了你就去找你儿子去,你不能总赖在我女儿这,你想在这白吃白喝一辈子吗?我生女儿是给我养老的,不是给你养老的。"

说着,她上前去拉扯一脸懵懂的李四媳妇儿。之前林芝说了那么多她也没什么反应,直到她上来往外拉她她才开始反抗,一脸的惊恐。她越拼命地反抗,林芝越恼火,手上的劲儿也跟着增加了几分,她一边往外拉扯李秀,嘴里一边骂着:"你赖在这里干啥,这是我姑娘家,你去找你的全儿去,找你的全儿去!"

听到了儿子的名字,李四媳妇儿又开始魔怔起来,满屋子乱抓乱喊:"全儿,全儿……"林芝几乎控制不住局面,她没想到丢了儿子的李秀会如此疯魔,疯魔到她变得陌生,她曾经痛恨的心也开始有些松动了。红叶从厕所返回小卖店的时候,屋子内又恢复了一片宁静,林芝开始与女儿谈论起李四媳妇儿的去留,这也是目前放在红家面前亟待解决的问题。红叶的肚子一天天变大,等过阵子孩子生下来,全家照顾她都是个大问题,哪还会有人去管个疯婆子。红叶试图说服母亲,但两个水火不容打了半辈子的冤家是没法天天待在一起的,林芝的嘴里没留活口,红叶最后只能退步。但送李四媳妇儿回去之前她打算过几天去医院产检的时候带上她,她这种因突然刺激引发的精神疾病或许找对了法儿就能好呢。

预产期是在下个月的十五号,红叶挂了号拉着李四媳妇儿坐在椅子上等着医生叫号。老雷一直想要个儿子,他说他暂时没有办法在红叶身边守护她,生个儿子替自己来完成这样的任务,等他出来后,父子俩就一辈子守护这个为他们操劳的女人。红叶每次回想起老雷说的这些话都会觉得心里暖暖的。等待着叫号的时候,她还不忘和儿子互动一下,见一晃儿在里面并不老实,她瞅准了他即将翻腾的位置就用力地拍上两下。一晃儿也许是被吓住了,索性翻了个身又睡去了,她咯咯地笑了两声,突然觉得周围一片安静,她又不好意思地捂了捂嘴,她计划着等晃儿满月了,就带着去给老雷看看。

她和李四媳妇儿的位置靠近外门,不一会儿,一个中年男人陪着孙寡妇从那扇门走了进来,红叶刚好抬起头望见了他们。孙寡妇的肚子看样子也要临盆了,她如今变胖了许多,浑身也尽显臃肿,完全没了当初的姿色,远远望去,不仔细辨认,倒是个普通中年妇女的模样。红叶又看向了扶着她的中年男人,个子不高,正方的脸,小眼睛,很不起眼儿。他先是带孙寡妇走进门来四处寻找座位,待孙寡妇也看到了红叶,而且她和李四媳妇儿旁边还有两个空位子后,便硬着头皮走了过去。

"嫂子,好久不见了。"红叶先打了招呼。

"是呀,红叶。"孙寡妇也看到了李四媳妇儿,又说,"四婶儿的事我听说了,也怪可怜的。"

李四媳妇儿好像认出了孙寡妇,手指着她呜里哇啦地叫了起来,这奇怪的声音吸引了整个等候大厅人的目光。红叶忙在她耳边小声地说了什么,李四媳妇儿还真就乖乖地停了下来。孙寡妇随后让中年男人去买饮料支开了他,这才跟老熟人热络起来,先是问了红叶怀孕期间的状况,又说了些自己的事,言语中没有一点避讳。这个不起眼的男人是她的现任丈夫,轧钢厂下岗的,两人在中心市场弄了个水果摊,供孩子上学。红叶说这样也好,总算有个安稳的家,也有个男人可以依靠。孙寡妇小心地问起老雷的事,感慨自己做媒时的情景。

"若是郑恺妈当初没那么矫情,疑神疑鬼的,现在每个人的生活怕都是不一样的吧。"

红叶不想再提起那段不愉快的经历,人的命运天注定,该走的路一步也不会少,该还的债一分都不能差。孙寡妇是个识相的人,索性也就不说了。她还和红叶说起了另一件事。她有一天在街上碰到了秀娟,她结了婚,丈夫也是个公务员,恩恩爱爱的,秀娟也不是以前的那个疯丫头了,见到她也还算是热情。红叶应该是有好久没有秀娟的消息了,那个事情之后两个人的关系就如履薄冰,回不到过去,也不知如何续接未来。如今,她又听到了秀娟的名字,心里一阵苦笑,若是当初嫁给老雷的是秀娟,他现在是不是该岁月安好呢。

两个临产的女人聊起往事,话匣子一开便收不住了。李四媳妇儿一开始坐在边上还中规中矩的,等红叶完全忽略了她时,她便站起身向厕所方向走去。她在厕所里转了一圈,也不知道该做些什么,便又出来转向了楼梯。她看见前面有两个大人带着一个男孩下了楼,她看着那个男孩子的背影,突然紧张起来,她焦急地跟着下了楼,嘴里不住地念着,全儿,是全儿。

红叶和孙寡妇发现李四媳妇儿失踪是在那个中年男人回来的时候。他拎着个塑料袋,里面装了几瓶饮料,他递给孙寡妇,她向他耳语了几句,红叶猜那内容一定是关于自己的。这个女人心里搁不住事儿。事过境迁,孙寡妇终于找到了自己的归宿,红叶却感到一阵莫名的失落。失落不是因为妒忌别人的幸福,而是原本自己也可以拥有这样的幸福。她无数次幻想过这样的场景,她挺直了背脊顶着滚圆的肚皮,在老雷的陪同下来医院产检,他忙前忙后地像个守护神,生怕一松手就会软掉化掉,那样,在某个特定的世界里,她就是他唯一的女神。

红叶与他们告别,她要马上找到李四媳妇儿,现在她已经不习惯她离开自己的视线了。她先是在厕所外等了半天,不见其出来,顿时有了种不祥的预感,她挺着肚子在里面转了几圈,甚至翻找了每间隔层,都没有人影。有个中年妇女告诉她,看见一个精神不太好的女人跟着一个小孩子走了,应该是下了楼。红叶道了谢,马上顺着楼梯跑了下去,脚未等站稳,便听到了嘈杂的哭声和责骂声。李四媳妇儿被一大群人里三层外三层地围挤在一个角落里,头发被抓散了,衣服也被扯得凌乱,坐在地上抱头痛哭。红叶拼了命地挤进包围圈儿,里面一男一女正在用恶毒的话数落着李四媳妇儿,旁边还站了一个半大的男孩子。她瞬间明白了什么,直接闪过那个男人的手指,站在李四媳妇儿前面解释说:"大哥大嫂,这是怎么回事啊?是不是有什么误会,不好意思,我婶儿精神有点儿不好。"

那女人看着眼前多了个孕妇,哼笑一声,飙着尖嗓子道:"哟,同伙来了?还打扮成孕妇。我告诉你们,别给我来这套!什么精神不好,我看你们就是伙人贩子。大伙评评理,刚才这女人装疯卖傻,拉着我家孩子就走,幸亏我们发现得早,要不人早就没影了。"

围观的人你一句我一句地指指点点,李四媳妇儿不敢抬头,一直哭。红叶看到事态越发严重,忙向周遭议论纷纷的人解释:"你们真的误会了,我婶子的儿子丢了,她肯定把他当成自己的孩子了,请各位谅解一下。"

那个男人一脸的凶相,上前一把推开红叶,厉声道:"说什么也没用,走,上派出所去。"

周围的人跟着起哄:"对,把人贩子送派出所去。"

那个男人说着上来就拉李四媳妇儿的胳膊。红叶知道此时说什么都无济于事,只能用身体挡住那个男人的攻击,那男人猜不清红叶孕妇身份的真假,不想纠缠,一松手红叶就失去了重心,脚下一滑,整个人重重地摔倒在了地上。一阵天旋地转,钻心地痛,红叶忍不住大叫了一声,直感觉身体里像是被撕开了一道口子,凉凉的液体向外翻涌而出。周围的人一看出事儿了,全都闪了身,刚刚还很凶悍的两口子也愣了神儿,对视了一眼,试探着上前询问。红叶没力气争辩,直感觉肚子里有个重物往下坠,腿上就流出血来。

有人发现了这个状况,大喊道:"出血了,快点叫医生!"

整个医院开始慌乱起来,红叶迷迷糊糊中看着眼前人影婆娑,一拨人去了一拨人又来了,他们像是焦急地嚷着什么,她听不清,她只感觉有个人一把抱起了她,边跑边喊着:"医生,快点救人哪!……什么也别管,千万要保住大人……"

那个握着她的手的人是邱林。他本来今天是要给红叶送货的,还没等打电话问红叶要进货单,林芝的电话就打了进来,她告诉他红叶带着李四媳妇儿去了医院,她怕出什么乱子,拜托邱林去给照看一眼。还好是邱林来了,而且他走进医院大厅的时候,刚好不早不迟地赶上了这一幕,是他配合着医生将红叶及时地送进了急救室。当医生问他保大人还是保孩子的时候,他在家属一栏里签了字,作为孩子父亲的身份决定了他的去留,在他的心里,没有任何东西可以与红叶的性命相提并论。

整个喧闹的医院大厅夹杂着红叶的呻吟,只一会儿工夫就被淹没得干干净净。一晃儿便是在这喧闹声中,伴着紧张的氛围,提早一个月来到这个世界的。当护士把他从保温箱里抱出来的时候,他还很不情愿睁开眼睛,两只小手不断地在小脑袋瓜上蹭着。看着这个小生命顺利地降生,最先合不拢嘴的是林芝和红湖。平日里再怎么骂他是个小孽障,当他来临的刹那,一切都不作数了。

林芝对邱林感恩戴德,甚至胜过了抢救红叶母子俩的医生。当邱林拿着果篮敲门进入病房的时候,红家竟像是对待战场上的英雄一般礼遇。林芝拉着邱林的手说:"邱林,你是红叶娘俩的救命恩人,我一定得让外孙子认你当干爹。"

邱林被这阵势弄得受宠若惊,直说:"老天保佑。当时医生让我在手术单上签字的时候,我的手根本都不听使唤了,还好这大胖小子平安顺利。"

说完这个,他又苦笑了声,若是红叶怀的是自己的孩子,他还能如此风轻云淡毅然决然地签上大名吗?邱林希望那样艰难的抉择永远不要落在自己的头上。他看见护士抱着一晃儿出来,眼睛里马上亮了起来,他以为这个早产的小家伙还会在保温箱里多待些时日。这是他有生记忆里第一次看见初生的婴儿,见到他整张脸的时候,他才有些后悔当初的毅然决然,生命太伟大了,若是医生真放弃了他,这个世界该丢失多少美好。

一晃儿的样子继承了红叶诸多优点,一般刚出生的孩子还看不出什么模样,但一晃儿的模样就是很俊,高挺的小鼻梁和双眼皮都已经很明显。护士抱着一晃儿进门直接走向了邱林,她说要让爸爸看第一眼,护士这样的小机灵让红叶哭笑不得,也懒得解释,想着邱林是这孩子的救命恩人,也该让他先抱抱。邱林如愿地抱过了一晃儿,手里不断地悠晃着,他越看越喜欢,忍不住地亲了一口。可能是抱的姿势不得要领,一晃儿抗议地哭起来,他又连忙悠晃了几下,不成,只好交给了林芝。林芝这才郑重其事地接过外孙子,像是欣赏一件旷世珍宝一样,她把脸贴在了一晃儿的脸上,然后教训起来说:"来,给姥姥看看,怎么就这么不老实啊。嗯,不听话,我可是要打小屁屁了啊。"她突然又想起了什么便问护士,"孩子在保温箱里待的时间够不够?"

　　小护士继续她的机灵,表情神秘地凑近她的耳朵,告诉她这是医院的潜规则,多待一天多花一天钱,这孩子这么欢实,外面的空气多好。

　　林芝半信半疑:"钱不是问题,我外孙子的健康才是第一位的。"

　　看母亲如此小题大做,红叶无奈地摇头:"妈,他可没那么娇气。"

　　她伸手抱过一晃儿,见红湖一直迫不及待地等着一晃儿轮到他手上,她赶忙将刚到手的儿子又递给了父亲,红湖见状马上接住,在一晃儿的小脸上重重亲了一下:"看我外孙子多健壮,就听护士的吧。"

　　小护士本以为自己的建议会得到屋里人的赞赏,谁料个个都不买账,索性公事公办,她拿了张表单递过来:"出院之前需要给孩子报姓名办出生证,你们可以好好想一想。"

　　邱林接了表单递给了红叶,红叶看了眼,直接把名字写在了上面,又递给了护士,这个名字是她早就起好了的,没和任何人商量。护士接过表格一看,刚才的阴霾就全过去了,表格上赫然写着三个大字:雷一晃。

　　李四媳妇儿在红叶被推进抢救室的时候是一直跟着她的,红叶迷迷糊糊中说了什么话自己都不记得了,这时她才想起来问邱林。邱林告诉她,她进去抢救前一直重复着两句话,一句是,救我的孩子,一句是四婶儿,四婶儿。邱林在家属单上签好字,又等林芝和红湖赶来急救室后,他悄悄地带着李四媳妇儿去了精神科。

红叶问邱林:"医生让你签字的时候,手术单上是让写保孩子还是保大人吗?"

邱林点头。

红叶追问:"那你怎么写的?"

邱林双手一摊:"我写,必须两个都保。"

红叶不信:"骗人吧?"

邱林一脸的笃定:"不信你可以问医生要单子啊。我当时想,你们是医院啊,必须两个都给我保住了。"

红叶将信将疑又问:"四婶儿那边怎么样了?"

邱林开始好好回答问题:"医生说她受了过分的刺激,得留院观察几天,我给她办了住院手续,在三楼。"

李四媳妇儿的病情没有想象中的糟糕,医生说要是发病的时候就过来医治或许早就好了。红叶刚生产完还不能下地,她央求林芝带些水果和吃的去三楼看望李四媳妇儿,林芝思忖了半天,方才拎着水果出门。三楼的病房里,医生正在帮助李四媳妇儿恢复记忆,看样子她有了些进展,起码说到儿子名字的时候她不再焦躁不安。医生是个男的,年龄不大,像是刚毕业的学生,一身白大褂衬得他很俊气,他不厌其烦地一遍遍引导着李四媳妇儿进入他设置的情景。李四媳妇儿从门口缝隙看到了林芝,待仔细地辨认后又开始恐惧起来,不顾医生的询问,连滚带爬地躲到了医生的身后去。医生有些奇怪地望向门口,看到了林芝,冲她笑了笑然后招手叫她进来。待林芝进来后,他问:"朋友?"

"原来是。"林芝回应着。

她准备把水果给李四媳妇儿扔下就走了,谁知还没走到窗台边,李四媳妇儿就失控地大叫:"不要过来,不要过来。"

医生的脸上又出现更多的喜悦,他对林芝说:"坐下,我们聊聊。"

林芝一脸严肃："我又没精神病,聊什么?"

医生被林芝的样子逗笑了,他说:"她怕你,是因为她认得你,说明她是有这个记忆点的。所以,跟旧友不断地交流是唤起她以往记忆的最好方式。"

林芝连忙否认:"我俩不是什么朋友,哎呀,跟你这么说吧,大夫,我俩算是情敌,天敌!"

医生又是一阵大笑,一拍大腿说:"太好了。"

林芝一脸蒙。

红叶在医院里住了一周就抱着一晃儿回了村子。村里人见到红家人坐着邱林的车喜气洋洋地回来,都热情地打着招呼,然后几个人又躲在一旁小声地议论着什么,指指点点的,红叶每看到这些人在背后论短长都觉得不舒服,她甚至能猜到他们会说些怎样的不堪之语。她抱紧了一晃儿,默念着:晃儿,快点长大吧,你长大了就能保护妈妈了,现在的是是非非凭人去说,有了你,妈妈今后的人生就有了新的意义。

自从林芝在医院病房里跟医生进行了一席交谈后,就对李四媳妇儿的遭遇有了新的认识,看着她无助的眼神儿她决定帮她一把。这样的决定,不是因为她的良心发现,也不是同情弱者,而是在她双手托起一晃儿的时候,她感受到了生命的分量,李秀是应该得到她生命中的那一缕阳光的,否则老天就太不公平了。就这样,李四媳妇儿在医院住了一个星期后被邱林接回了红家,在林芝的照顾下病情有了好转,虽然情绪时有好坏,但是她可以听懂他们的话了。

一切仿佛又恢复了平静,平静得让人觉得幸福。

自从有了一晃儿,林芝又荣升了一家之主的地位,里里外外她一手张罗着,虽然有时也会闹些小脾气,但是红叶娘俩让她伺候得白白胖胖的。等娘俩睡熟了,她又开始在炕的一边给一晃儿做着小衣服,李四媳妇儿也坐在边上,不说话,一直盯着一晃儿的动静,只要见他翻了身嘴里发出了哭唧唧的声音就马上报告给林芝。林芝抱起一晃儿给他换好尿布又放好,顺便用手指挠着他的小脚丫,咯咯地笑着看着一晃儿痒得直蹬腿。李四媳妇儿看在眼里,趁林芝不注意的时候也挠一挠一晃儿的小脚丫,一晃儿跟着再蹬两下小腿儿,她也会咯咯笑两声。林芝心里的小恶魔作怪,偶尔会犯上点儿老毛病,她问李四媳妇儿:"一晃儿好不好玩儿啊?"

"好玩。"

"李全儿要是不丢,过两年你也能抱上大胖孙子了吧!"

李四媳妇儿听到了李全的名字,目光一下子又呆滞起来,她跑到窗台边向外面的街看着、叫着:全儿,全儿。这一幕又被刚从外面回来的红湖看见,只斥责林芝不厚道,林芝不服气,干脆把一晃儿的小衣服往炕上一放大骂起程伟来,李全不知是死是活,李四媳妇儿总不能在红家待一辈子吧。红叶被爸妈的争吵弄醒,索性坐起身来,披上衣服穿好鞋子带走了躲在一边不知所措的李四媳妇儿,并故意大声地说:"四婶儿,从明个开始,你到我店里住,顺便跟我卖货,不用他们管了。"

红叶那天卖货的时候,看到了郑恺爸,他手里拎着硕大的袋子,经过红叶杂货店的时候,他看到了红叶,跟她笑了笑。红叶心里直纳闷这老爷子在城里待得好好的,怎么就突然回来了,而且看他的架势不只是打算回来住上一天两天。红叶想到郑恺妈临终前的托付,卖好了货马上从柜台后走出门来主动地打了招呼:"叔,你咋回来了呢?"

郑恺爸脸上顿时挂上了尴尬的表情,随即又转而热络地岔开话题问红叶何时开起小店来了。红叶知趣地如实回答,她能猜出个所以然来,程小丽是个什么秉性的人她再清楚不过。郑恺爸寒暄了两句便要离开,却看见李四媳妇儿正在小卖店里给顾客拿着货架上的东西,他提醒红叶:"这女人可不是什么善类,当初没少在小恺妈耳边吹风,你俩没成跟她可大有关系。"红叶不知道郑恺爸为什么会这么说,她和郑恺的事怎么会扯到李四媳妇儿身上呢?

事过境迁,郑恺爸也把当初的恩恩怨怨娓娓道来。让红叶没有想到的是,在益丰村里,所有她和郑恺脚前的石头都是这个一直躲在阴暗角落里的女人扔的。世界上怎么会有这么狠毒的女人哪,老天爷真的公平,活该她一辈子夫离子散,流落街头。在郑恺爸离开后,红叶直接将拿着盆子的李四媳妇儿拖出了杂货店,等她将盆子里的水泼到了街上,她直接将店门重重地关上。午后的阳光在她的背后拉出长长的影子,空旷的村街慢慢向两端延伸开来,摸不着边际。李四媳妇儿站在那,孤零零的,眼神里充满了惊慌和无助。她转头回来拍门,红叶背着身子倚靠着门哭起了鼻子,她甚至想过无数种报复的方法,却都无以解除心头之恨。

　　李四媳妇儿无助地拍门唤着:"开门,开门。"她的心又软了,将她拉进了店里。一天没给她吃的,李四媳妇儿像是犯了错的小孩子也不哭闹,只干活不说话。到了晚上,红叶总算是气消了,也想开了,她与郑恺本就有缘无分,若是真应该在一起,那就任谁也拆不开,老天爷让老雷来解救她是有缘由的,他才是能守护她这片叶子的大树啊。

26

郑恺和程小丽这天晚上在家里拉开了大战,原因是郑恺爸的逃跑。郑恺爸自从跟他们到了城里,就一直没有适应,几乎找不到一个可以说得上话的人,但为了让郑恺放心,他又若无其事地待了些日子。

直到有一天他实在忍受不了终日无所事事,便征求了儿子的同意,买了几条热带鱼和一只八哥回来养。从此他有了自己的营生,每天早上起床后的第一件事,就是走到鸟笼下面用手撩拨着八哥,八哥便清脆地问候他"早上好";日落西山,他临睡时也会过来看看好朋友,八哥也会道声"晚安"。经过他的调教,八哥已经可以简单会话,从几个字慢慢发展成了短语到名字,有嗜好者,甚至来郑家参观这只调教有素的神鸟,还有人想出高价钱买下它。对于这些买主,郑恺爸都婉言谢绝,他觉得这只鸟是老伴转化成另一种生灵来陪伴他的,它成了他的精神寄托。

看似风平浪静、相安无事的日子却好景不长。不知从什么时候起,早上会有只公八哥飞落到窗前,和母八哥叽叽喳喳地聊个不停,它们有它们的共同语言,似乎两情相悦更聊得来,连早安也不跟郑恺爸道了。郑恺爸倒也不吃这个醋,反倒是程小丽来了脾气。这对鸟情侣的悄悄话打扰了她的美梦,当她无法再安然入睡的时候,便一脚踹醒了郑恺让他去解决了八哥。再怎么说,八哥是父亲的心头肉,打狗还得看主人呢,郑恺先是安抚了她两天,却不料这鸟情侣的聊天声惊到了邻居,一个个上门警告,郑恺只能一一赔礼道歉。郑恺爸接到了儿子的第一次约谈,他有些左右为难,儿媳妇这些天的脸色已经相当难看,现在邻居们也一个个地找上门来,他觉得事情有些闹大了,但他离不开这只八哥,便萌生了带八哥回村的想法。

这件事让他纠结了好几天。直到他终于彻夜未眠打算谈判的早上,那只八哥却没有像往常一样叽叽喳喳了,郑恺爸刚开始还挺高兴,可当他看到被丝袜裹住头的八哥平躺在笼子里的时候,差点跌坐下去,傻呆呆地看着停落在窗台前的公八哥,它不安地左右抖着爪子哀叫了两声,扑着翅膀飞走了。程小丽无情地杀死了它的情人,也结果了郑恺爸的老朋友,他心疼地把袜子从八哥头上扯了下来,八哥已经窒息身亡。坚强的郑恺爸连郑恺妈去世都没落一滴眼泪,这会儿却看着怀里的八哥落下泪来。不管郑恺如何数落程小丽,程小丽如何道歉,都没能留住他,趁他们俩白天上班的时候,自己偷偷地回了村。

程小丽这次闯了大祸,只能在郑恺的催促下一同乘着公共汽车来到益丰村接人。不是万不得已,她铁定不愿再回到这里。当她再一次踏上这条乡道的时候,心里竟然发慌得厉害,那段不堪回首的往事给她烙下了终生的印痕。她甚至不愿意侧头去看那片树林,每一个风吹草动都像是抽打着她的肌肤,她用力地挽着郑恺的胳膊,一步一步地向村里走去。

"一会儿老爷子要是说个啥,你都别吱声,把他劝回去就好了。"郑恺不断地嘱咐着。

"你爸也真是个老顽固,还学会离家出走了。"

"还不是因为你。你怎么就那么缺德,把袜子给鸟套上了?你怎么不往你自己头上套,照样听不见。"

"你怨我?你也看见了,邻居们都找来了,又不是我一个人的事。"

两个人就这么你一句我一句地拌着嘴,经过红叶家院子的时候,红叶杂货店的灯还亮着,红叶正在给一个顾客从货架上拿着方便面、火腿肠之类的东西,她的笑容里带着自信,却也令程小丽不爽:"看看,人家还是个女强人呢。"

"自食其力就值得敬佩。"

"看着馋也没用,你这辈子是没有机会了。"

只要说到红叶的问题,程小丽和郑恺都会嘟咕上几句,可这会儿程小丽是来负荆请罪的,便不愿在红叶家门前多逗留,直接甩掉了郑恺的胳膊大踏步离开。郑恺不忍再看红叶那张挂着笑容的脸,便也逃离了她的地界,他感觉自己就是这场悲剧的刽子手,如果当初自己不放手,历史便会改写了吧。

郑恺爸这一次任凭儿子儿媳软磨硬泡,始终没有松口,他是铁了心地要留在村子里了。程小丽只好每周末硬着头皮跟郑恺回益丰村看望父亲。两个人每次回家都必经红叶家的大院,每次到这里的时候,程小丽都会用力地拍着郑恺的肩膀让他快点骑走。这个周末他们又骑着自行车回来看郑恺爸,正好赶上一晃儿满月,红家院子摆了一大桌的酒席,老雷爸妈也来了,郑恺和程小丽经过院门口的时候,红叶正抱着晃儿和邱林来送老雷爸妈,这老两口又抱着一晃儿亲了又亲才肯放手。

这桌酒是林芝张罗摆的。半个月前她就让红湖列上了亲戚朋友的名单,既然红叶决定生下这个孩子,孩子的爷爷奶奶就不能坐视不理,孩子以后的吃喝拉撒、学的用的总要拿到桌面上谈一谈。看着老雷父母下了出租车,村里人的风言风语也见缝插针跟着进来,他们认为老雷父母被林芝和红霞当场数落是罪有应得,雷家甚至该为这小孙子担上至少十八年的抚养责任。这些人意见有时候也不统一,有的为红家叫苦,也有为雷家说情的,叽叽喳喳地说了一大通没个结果,最后还是刘家媳妇儿结束了这场争辩,只要有一晃儿这个孩子在,红雷两家的纠缠就是没完没了,无休止了。

老雷父母为孙子的满月酒带来了两千块钱,虽然红叶不收,他们还是硬塞在一晃儿的小包裹里。这也算是开始了,总之接下来一晃儿还有一周岁、两周岁、三周岁的生日,还有上小学、上初中、上高中,甚至上大学,林芝为自己打的算盘叫好。总之别别扭扭的一顿饭之后,老雷父母也就告辞了。他们走后,红叶看到了郑恺和程小丽,她向他们笑了笑,郑恺也迅速地刹了车,然后尴尬地向红叶笑笑,又经意不经意地瞟了两眼她身边抱着一晃儿的邱林,这个年龄相仿的男子此刻也向他投以友好的笑容。郑恺的笑便又柔和了许多,上前搭话:"这就是一晃儿吗?听我爸说你取的名字。"

红叶尴尬地笑了笑说:"对,今天刚好满月,本来请郑叔过来喝酒的,他嫌人多不愿意热闹,我还想着给他送过去些鸡蛋呢,正好你们帮着带过去吧。"

说着,她从邱林手里接过了一晃儿,让他回屋里取了碗红皮鸡蛋递给了郑恺,郑恺忙接了过去,回头看了眼程小丽,又道:"你看,我们啥都没准备。"

"你准备啥?给流氓的儿子过满月?生出个小流氓,让他再去祸害人!"程小丽狠命地瞪了郑恺一眼。

红叶不知如何接话,邱林倒是听不下去了:"你怎么说话呢?"

程小丽哼笑了一声,上下审视着邱林:"哟,这前脚进去一个,敢情后脚又补上来了。郑恺,你看看你这担心多余了吧?"

郑恺厌恶地瞪了程小丽一眼,这种情况下他与程小丽若是起了争执,在红叶面前如何都是下不来台的。他索性硬生生地把这愤怒咽了回去,打算骑车走人,程小丽却并不算完,趁郑恺不备,用力地推了下他的手臂,那碗红皮鸡蛋连同青花瓷碗都落在了地上。郑恺不容分说,直接一个大巴掌打在了程小丽的脸上。

"你干什么?"

程小丽没想到郑恺竟然敢打她,而且是在红叶面前,简直要疯了,拼命地向郑恺的脸上抓去:"你敢打我?你因为这个不要脸的敢打我,我跟你拼了。"

红叶不知当劝还是不当劝,正犹豫着,被邱林一把拉进了大院,然后又咣当一声合上了门,倒也清静了。

木成林本来没想成帮搭伙,却阴差阳错地成了老雷团队的一分子。他本以为这监狱里进来的非奸即盗,都不是什么好鸟,通过这一阵子的交往,他觉得老雷几个人是可以结交成朋友的。老雷通过马管教给木成林弄了一大摞本子和几支笔,这样,他可以在剩下的三年时间里把之前脑袋里的书变成现实中的书。老雷也成了马管教在X监狱里的内线,他和他做了交易,老雷认为给政府做事没什么不好,而且最重要的一点,提供给政府有用的信息是会减刑的。

好久没有红叶的消息,他掐指算着儿子应该出世了,此时红叶应该还在家里坐月子。一想到儿子出生时自己没在身边,他就不断地懊恼,他觉得他错过了儿子与自己见面的最重要的时刻。他平时也跟着木成林学习文化知识,然后就开始给红叶写信,一天一封,写着只有他和红叶才能看懂的话。那件事之后,麦老大时不时地又开始挑发事端,老木还是依旧蹲着不吭声,老雷和二峰、小东子忍了一段时间。但这一次,老雷几个已经早早地等在那儿,要想打入麦老大的团伙,就必须先打到他服输。有了上次的教训,老雷千叮咛万嘱咐二峰和小东子不要先动手,果不其然,是麦老大一伙人没禁得住挑衅先打起了人。一山不容二虎,就看谁更有不怕死的骨头,这一阵子,麦老大基本已经摸出了老雷几个人的路数,只道是张虎皮,没什么强硬的关系。他亲自上手,趁老雷被几个小弟围住,直接一木棍打在了老雷的头上,老雷的脑袋顿时血流如注,管教这个时候好像也集体消失了,二峰和小东子甩开纠缠的人向麦老大冲了过来,但寡不敌众,几个人只有挨打的份儿,木棍、铁锹雨滴般地落在三个人的身上、头上。很快,老雷就被打得胳膊和小腿骨折了,头上的血已经糊住了眼睛,使整张脸看上去阴森不堪,二峰和小东子相对轻一些,但也瘫在地上动弹不得。

麦老大一只脚踩在老雷的头上吐了口水:"你们不就是几个小流氓吗?跟我装个屁,我今儿正式告诉你们几个,明天开始,不交钱,我就天天给你们耍皮子。"这几句教训完之后,又是一顿猛打。就在老雷感觉自己快撑不下去的时候,他模糊中看着木成林跟着几个管教向这边跑来,马管教冲在前边,吹着哨,又有一队看守奔过来,老雷放心地晕过去了。三个人被送往医院急救,麦老大一伙也被关起来调查。

刚出月子的红叶每天看着一晃儿都分外地想念老雷,这几天心突然又慌了起来,总感觉是老雷出了什么事情,便不顾林芝和红湖的劝说,带着给老雷准备好的吃的用的上路了。她坚持抱着一晃儿走,她说儿子出世老雷没在身边,一定要让他亲眼看看,就这样,转了几趟车,娘俩终于深一脚浅一脚地走进了监狱大门。按照以往的经验,她先去找了马管教,但马管教正好不在。由于监狱里出了斗殴的事情,他此时正在医院监管医生救治老雷、二峰和小东子。老雷伤势最为严重,他模糊的意识里都在回想这一次的事件经过,他曾答应过马管教要协助他打进麦老大的团伙,争取立功的表现,现在这么一闹,以后只会凶多吉少了。果不其然,没等被推进病房,马管教就气急败坏地教训起了他。

红叶没见到马管教也没见到老雷,狱警带来了木成林,她的直觉告诉她老雷一定是出事了。她紧张地看着眼前的这个中年男人,盯着他的嘴巴,她希望他说出来的话不是坏消息。木成林告诉她监狱里不满一年的犯人都被临时调往外地进行劳动建设,要三个月才会回来,老雷和二峰、小东子都在这一批人里面。红叶将信将疑。木成林又拿出了老雷做了一个多月给新出世的儿子的礼物,是一艘用一分纸币叠成的大船,有船桅和船帆。

红叶带着一晃儿连夜返回。这次多了一晃儿,路上的担子便多了一分,几经周转已把红叶累得体力透支。一晃儿饿得慌,红叶没办法,只能拎着大包小裹的到车站厕所里给他喂些奶。她买好了回县里的票,算着时间到时已经要凌晨一点多了,回村里已经没有长途车,便硬着头皮用公共电话给大姑打了个电话。电话里,红霞告诉她红湖得了脑梗已送去了医院急救,红叶当场便哭出声来。笨重的长途车行驶在无人的街上,车窗外的夜晚透着阴冷。老雷没看着,爸又突然生病了,加上旅途劳累和一晃儿的哭闹令她流起了泪。她把脸别过去,以防其他人看见。她望着窗外的夜,感觉自己的心被掏得空空的,有一种莫名的恐惧。

到了县城车站已经凌晨一点十分了,红叶抬起被一晃儿压得发麻的胳膊,她稍做了些活动,才抱起一晃儿拎着包裹下了车。车外,乘客已经各自散去。她抬眼望见了邱林,她没想到会在这会儿见到他,心里一阵委屈、担心,甚至有些力不从心。她看着邱林走向她,从她怀里抱过了一晃儿,她整个人便有些腾空起来,人站着有点不稳,邱林又一把将她抱住,安慰着,她埋着头无声地哭了好一会儿。

"你爸已经抢救过来了,别担心。"

"我姑告诉你我今天回来的吗?"

"今天本来打算去给你送货的,打电话的时候,你爸就犯病了。我随后去了医院,你姑下午也在。后来,她晚上送饭过来的时候告诉我你今天晚上回来。"邱林一五一十地回答。

红湖已经抢救过来,要探病的话也只能等明天。邱林把红叶母子接到了自己的住处,安顿好后自己又跑到外间的沙发上搭了个临时的床铺。红叶是真的累了,她给一晃儿又吃了些奶,就一觉睡了过去。第二天中午,她醒过来的时候,邱林买的早点已经凉透,索性收了起来。邱林让她洗漱一下,然后打算带着她去外面的馆子吃顿便饭好去医院探望红湖,红叶坚持要先去看望父亲。

红湖住在加护病房,才一天未见,红叶就感觉他整个人瘦了一圈儿,眼泪便止不住地流了下来。林芝从红叶的怀里接过了一晃儿,才满一个月的小孩儿见了林芝竟委屈地哭起来,他哭得伤心,林芝好生心疼,抱得紧紧的,轻轻地晃悠着。红叶从红霞那了解了些父亲的病况,方才慢慢放下心来。人是抢救过来了,恢复期的康复将是红湖要经历的一项长期任务。红霞和林芝让邱林带着红叶去外面吃些东西,邱林便扯着红叶来到了附近的包子铺,要了两屉酸菜馅包子和几碟小炝拌菜。红叶嘴里没有滋味,吃了一口便呛了出来,邱林拍了拍她的肩告诉她要坚强一点,晃儿需要照顾,大人垮了遭殃的是孩子。不知从什么时候起,邱林的话就像一道道圣旨让红叶没有反驳的余地,她点了点头,又大口地吃了起来。

在他们身后隔了一桌坐着秀娟和一个年轻的男子,这个男人便是张春华,在公安局户籍科工作。他眉毛浓重,四方大脸,五官倒也端正,颇有几分老雷改邪归正的姿态,这是红叶回头张望着对他的第一印象,她看他第一眼的时候,都有些恍惚了。直到秀娟回过头认出红叶后,红叶才收回了目光。

"真是你呀,我刚才还以为花了眼。"秀娟确认了红叶便拉着张春华找了两把椅子坐了过来,她爽快地介绍着,"我老公张春华,这个就是我常说起的发小红叶。"

张春华向红叶和邱林礼貌性地点了点头:"噢,久仰大名。"

红叶也向张春华点头,心里却不知秀娟是怎样介绍自己的,低头尴尬地笑了笑。秀娟瞄了瞄邱林,诡异地向红叶小声道:"红叶,这谁呀?"

红叶明白了秀娟的意思,马上松了口气道:"秀娟,这个你应该也认识,咱们这届的小学同学,邱林。"

秀娟好像想起了什么,不敢相信自己的眼睛:"你是红叶班的那个邱林?我记得那时候你是个小胖墩啊?天哪,现在变这么帅了,这要是走在大街上,我可认不出来。"

邱林回道:"我也记得你那时候可是咱们校有名的疯丫头,现在打扮得这么淑女,我也不敢认了。"

几个人大笑。然后,邱林和张春华聊起了天下大事,秀娟则和红叶聊起了老雷,她直言不讳地说起了当时自己的心结,后悔年轻时做的事情,红叶笑笑回忆了过往。两个昔日的姐妹如今重归于好,百感交集,说说笑笑,鼻涕一把眼泪一把。红叶看着秀娟依然纯洁的眼神,感觉又回到了过去,如果时光能够倒转,一切都没有发生,听着点将台上一群人大吼着《黄土高坡》《信天游》,该是多么惬意的事。

可是,时光不能倒流,一切都回不去了,她看着幸福的秀娟讲述着她的故事,心里直为她高兴。

27

红湖住院的这阵子,林芝和红霞轮流值白班,红叶每天关了杂货店后来值晚班。她看着母亲一天天地担心到茶饭不思,硬是坚持抱着一晃儿来换母亲休息。她看着父母亲之间的这种心灵感应,心里便多些羡慕,他们吵了一辈子的嘴,平日里各种嫌弃,但是有一方遭了难另一方便如同身受,这就是爱情的样子吧。邱林的批发店这段日子也关门得早,他会换着样地带来些水果,也会给一晃儿带来些小玩具逗他玩。这段时间一晃儿跟邱林的关系尤为好,跟着他学会了各种表情包,还不到两个月大的娃娃就能听懂大人的话,让他笑的时候,他就咧着小嘴,露出小牙床,让他哭的时候,他会眯起眼睛嘴角向下。

等红叶从水池洗了水果推门进来,邱林便献宝一样地对着晃儿说:"来,看美女。"

晃儿不知道怎的就配合着流出了一串哈喇子,眼睛瞪得大大的,小腿还撒欢似的紧踢着,他的表现让所有人笑得前仰后合,也为红湖突发疾病的病房一扫阴霾。闲暇的时候,红霞偷偷地问了红叶与邱林的关系,红叶斩钉截铁地告诉大姑,自己这辈子就耗在老雷这一棵树上了。邱林是她要好的同学,她希望姑别乱想也别乱说,毕竟邱林还没结婚,这样的话要是传出去可就不好了。

这天轮到红霞值白班，林芝和红叶抱着晃儿坐早班车回了益丰村的家。刚走到村街上的时候，就看到一群小孩子叽叽喳喳地围着李四媳妇儿转，李四媳妇儿瘫坐在地上，头发乱蓬蓬的，手掌上都是泥，她不停地用手擦着眼泪，街边围着些好事的人，说说笑笑、指指点点着什么。林芝见状，嘴里咕哝了句，惹事精，抱着一晃儿绕过这群人便向自己院里走去。红叶并不理会妈的态度，径直走向李四媳妇儿。议论的人群有所收敛，跑闹的小孩子也作鸟兽散，红叶平静地走到了李四媳妇儿的身边，蹲下身来询问缘由，她的架势是要为这个疯婆子出头了。

"四婶儿，你说，谁欺负你了？"

红叶怒气冲冲地向周边看了一眼，几个侧出身看笑话的老婆子又闪回身去。她大声地问着李四媳妇儿到底发生了什么，旁边的一个孩子插进话来，指着那几个闪回身子的老婆子说："是老刘家的打人了，还扯了头发。"

听到这些，红叶气愤地拉着李四媳妇儿站起身来，用手指着周围的所有人："还有谁欺负你了，都告诉我。"

"晃儿不是没爸的孩子，晃儿不是……"李四媳妇儿抽了下鼻涕不断地重复着。

听李四媳妇儿这么说，红叶马上便知事由，心里突然一酸差点掉下泪来，她指着老刘家的厉声警告："老刘家的，我告诉你，以后你要是再敢动四婶一根手指头，我就去县里法院告你！不信，你就试试。"

张书尧是县里法制科的科长这在益丰村是人人知晓的，红叶说出这样的话也不是空穴来风，她有这样的警告，包括老刘家在内的老婆子们纷纷都不再作声，若是因这吃了官司，怕是喊冤都找不着门。红叶替李四媳妇儿出了气，替她擦了擦眼角的泪，拉着她的手回了家。

邱林这段时间总往医院里跑，引起了家人的不满，店里的生意越来越忙，他时常就没了人影，邱林父母决定跟他摊牌。他们刚开始以为红叶只是普通的一个客户，慢慢地听到周围的商户邻居流言蜚语，甚至有人看到红叶有一天晚上被邱林带回了住处,这让老两口挂不住脸了。为这,邱林妈还特意打听了红叶的生辰八字,找人算了命,得知红叶是个克夫命时,她再也不能坐视不管,当晚与邱林开战,让其与红叶不要再来往,这是一个不祥之人。听母亲说这话的时候,邱林气得鼻子都歪了,他指着外面大嚷着,让那个嚼舌根的人来当面对质。他甚至向父母道出实情,自己喜欢红叶十几年,虽然如此,红叶也只拿他当普通同学,他帮帮老同学有什么难看之说。好话说了一大车,邱家父母就是不松口,横下一条心守住了大门,一副慷慨就义的模样。去不了医院看望红湖,邱林又不好说出与自己父母因为什么吵架而不能出门,他便打了电话给红叶,说最近要出趟远门谈生意。

  红湖的病来得突然,林芝心里一直嘀咕着,后来她与红叶商量去找蔡娘给算算。蔡娘点着手指肚来回地默念着什么,大约有五分钟的时间,她睁开眼睛说是红家公婆那边缺钱找上了老红来要债了,林芝当即大呼不可能。红家的祖坟就在自己的稻田地里,并不远,所以大节小节上坟的日子她和红湖都没落过,就是要债也轮不上红湖。蔡娘不理会她的话茬儿,只说你现在不处理老红的病会越来越重。蔡娘的身份在村上毋庸置疑,她直接从口袋里拿出两道黄纸符递给了林芝,让她赶前半夜压到老两口的坟上,按照上面的口诀默念三遍。她还说这只是暂时压住了坟里人的怨气,红湖病好出院后,得亲自去给老两口修坟立碑,才可保他不再受病痛之苦。林芝给了蔡娘答谢费,如实照办了。说来也怪,红湖的病在一周后就慢慢好起来,医院也告知可以办理出院。

  出院那天,张书尧找了辆大车把一大家子人都载回了益丰村。秀娟上次听红叶说她爸生病的事,和张春华商量着过来看看,谁知两人拿着水果到病房的时候,人已经出院了。这天刚好是周末,秀娟和张春华又坐车赶到了益丰村。看到秀娟领了个这么优秀的丈夫回来,村里的人又在一边议论上了,谁会想到如今的秀娟如此出息呢。她与红叶乃至整个红家的关系变得非常微妙,以前她来红家都要被当成坏分子被林芝数落几句,而今,她和张春华的到来让林芝和红湖都觉得顿时蓬荜生辉。

"让婶子好好看看,"林芝拉着秀娟四下审视,"这孩子是越发出息得很。有句古话说,淘小子出好的,淘丫头出巧的,这还真印证了这句话。红叶,你可得以后多向秀娟学习学习。"

"秀娟人家现在是大学生,我怎么学得来?"

"都上大学了?我的秀娟,你可真是咱们益丰村的女状元。"

"是成人高考,带岗学习的。"秀娟笑着解释。她这一刻最愿意看的就是林芝阴阳怪气的表演,她该配合她的表演,多滑稽,这就是见风使舵最民间的版本了吧。但她心里却没有幸灾乐祸,至少对待红叶和老雷的事上,她始终有着一丝愧疚。

"我和张春华在一起后才明白,我当初喜欢老雷是多么盲目,一种盲目的崇拜吧,应该说,就像一群小萝卜头崇拜自己老大的那种,都希望老大是自己一派的,不成熟。"秀娟笑着,她拉着红叶的手,"红叶,这么多年一直没和你联系,不是我还恨你们,是因为我没脸见你。"

秀娟突然流下泪来,红叶去擦,那眼泪却越发不止。秀娟一把抱住了红叶,第一次用忏悔的心面对眼前这个一如当初那般纯洁的公主。她告诉她当初因为老雷的表白自己受到了刺激,鬼使神差地联合李四媳妇儿传播了她在小树林被害的事,导致她最终坏了名声下嫁给了老雷,这样的事让秀娟很久以来晚上睡觉都不敢关灯,她觉得这一个梦魇会一辈子跟着她,直到她遇到了张春华,才走了出来。秀娟哭得伤心,她希望红叶能够真正地原谅她,是心里真正的原谅,而不只是个过场或安慰。红叶说出老雷犯事的前前后后,跟秀娟抱头痛哭,这是坚强的她自出事以来最真真切切的一次发泄了吧。

"我原来也以为我只是在逃避,老雷是我可以避雨的伞。后来我发觉,其实我早就爱上他了,从我见到他的第一面,只是我不愿意承认我会爱上他这种人而已。人生的缘分真的玄妙,兜兜转转,该是你的怎么都躲不掉。"

红叶给秀娟擦干了眼泪,秀娟也帮红叶把嘴角擦干净:"我可以有一个请求吗?虽然现在说起来有点自不量力,我想当晃儿的干妈。"

"这个位置本来就是你的,我还怕你不愿意。"

"那就这么说定了。"秀娟开心得跟个孩子似的。

红叶望着她,就像望到了自己的青春,望到了那一片无拘无束的山花丛,那灿黄色的蛇莓委陵菜和小野菊,蓝色的穗花婆婆纳,那漫天飞舞的蝴蝶、蜻蜓,那一去不复返的岁月。

邱林被父母囚禁了一段时间,连大哥大也给没收了。有一天他趁父母忙活客人,偷偷用座机给红叶打了个电话,他和红叶说还在外地开会,很快就会回来,还和红叶商定了代销方案,决定把自己城里批发店的所有品种都零星地先期铺到红叶的店里,售后结账。这样一来,红叶杂货店的生意仅凭货物齐全、价格优惠,便可在全村首屈一指。

过了一段时间,邱林父母便再也锁不住邱林,即便母亲再玩一哭二闹三上吊的把戏,邱林也不再感冒,悠闲地开着小货车去益丰送他的货。久而久之,邱林成了益丰村的常客,也成了红叶家主要的劳动力,甚至帮红叶的杂货店重新整修,扩大了规模。这一幕不仅看在了益丰村老百姓的眼里,也看在了郑恺、程小丽的眼里。每次经过杂货店的时候,程小丽都像避瘟神般用力地拍打着郑恺的后背,催促他快点骑车离开这里。她一直认为,红叶这个女人周身罩着一层妖气,对于每一个男人来说都有着致命的诱惑,被诱惑的男人甘愿为她付出自己的一切,哪怕粉身碎骨,这太可怕了,怕得她连跟她正面交锋都觉得恍惚。

这样的话,她没再和郑恺提过。她变得聪明了,也会人前背后两副面孔,慢慢地,与郑恺爸也融洽了许多。程小丽的工作也顺风顺水,太子公主帮的人选即便你自己不努力,也会有人硬推着你往前走。程小丽调到了税查科,并担任了副科长,她负责整个商业街的税务检查。这是个肥差,哪家哪户能没点问题,检查一圈下来就够科里吃上小半年了。她到任的第二天,便下令全科对商业区批发一条街进行地毯式检查。路过邱林批发店的时候,她突然看到了熟悉的身影,心里便叫了声好,哼笑着与下属偷偷耳语后进门厉声招呼老板。邱林出来的时候,也感觉到眼前的程小丽有些面熟,努力地回想了半天,才记得是在益丰村上见过。还没说话的工夫,一张偷税漏税的明细表便拍在了批发店里柜台上。见这架势,邱林爸被邱林妈推了出来,他的脸上堆着笑,不住地套着近乎:"同志好,同志好。"

"你是老板?"

邱林爸看了眼邱林,指着墙上挂着的营业执照说:"是是,我叫邱鉴农。"

"你看看吧,这是你们店偷税漏税的明细表。账面显示,你们从前年就开始没有交税,税务局正式责成你们三天内补齐税费,否则我们将依法封店并进行罚款。"程小丽指着桌子上的单子。

邱林妈听见要罚款,马上从邱林爸的后面蹿了出来,向程小丽解释说:"我们店可是正当买卖,不信你回去问问你们孙副局长。"

"刚才的话我不重复了,你们自己看着办。"

程小丽走后,邱林妈脸都青了,嘴里直念叨着这该怎么办,突又想起了什么便要邱林给孙副局长打个电话。邱林面无表情,一言不发,他转身找了把椅子坐下。他知道这个叫程小丽的女人就是明着冲自己来的,归根究底是冲着红叶去的,找什么人都没有用,因为她爸是程永峰。

邱林被母亲骂得狗血淋头,这笔税款三天内若交不清怕是过不了这一关了。邱林之前给红叶铺货的资金还未收回来,店里流动资金出了个大缺口,自己的供货链也开始断裂。在父母的催促下,邱林只好开着小货车硬着头皮去益丰村找红叶。这时的红叶全家正忙着给爷和奶修坟立碑。林芝在蔡娘的面前亲口答应下来的,只要红湖病好就要给红家祖宗重修坟茔。邱林到的时候,正赶上大伙要把石碑送到坟地去,林芝看到邱林空着车子来以为他是得知情况前来帮忙的,便笑说邱林是红家的及时雨。

"你怎么来了？今天不送货？"红叶也感觉邱林每次都是料事如神。

"这不是干活来了吗？"邱林憨憨一笑，"快把碑装车吧，这东西得早点送去，过了中午就不好了。"

红叶听邱林这样说心里暖暖的，邱林总能在她最需要的时候让她感到温暖，这让她有时候迷茫甚至慢慢地习惯了这种甜蜜的依靠。但这样的想法一会儿就过去了，她还是要把自己与邱林分开来看。她告诉邱林，这个月的货款给爷奶修碑花了些，再缓两个月一定给齐。邱林怕红叶以为自己是专门来催款的，忙澄清起来，红叶抱着晃儿，脸上闪现出从未有过的笑容，借着阳光，晶莹剔透。

邱林没有从红叶那里拿到货款，三日的期限马上到了，邱林妈在孙副局长那边也没得到任何的通融。邱林四处活动并没有拆借到钱，只能找到朋友帮忙去借了年利三分的高利贷。税款终于交齐了，邱林的批发店算是逃过一劫，但是缺少资金，批发店的整个轮子便无法带动起来，客流量也逐日变少。邱林没法，只能卖掉了大哥大，换回了不到原价一半的钱用来进货。

老程突然回村了，这让村里的人惊诧不已。当初他消失的时候，大家都以为他去找儿子程伟了，爷俩一起携款潜逃尽在情理之中，没想到他又回来了。红湖在村街上碰到他的时候，禁不住愣了半天，随即又过来打了招呼，听他说是因为村委会换届选举要做个交接，便问他是否应该再轮一届，因为按照他的年龄是可以的。老程似有苦难言，直摇头，自己做了一辈子村长，不算兢兢业业，也算尽职尽责，到头来被儿子搞成了这样，自己愧对村民百姓。

听说老程回来了，入股渔业合作社的村民家家户户，三五成群，一会儿的工夫就把老程围个水泄不通。老程看着大伙口沫横飞激动的模样，无奈地摆手示意：

"大伙儿静一静，我有话跟大家说。"

这句话应该是起到了作用，人群安静下来。老程从随身的口袋里拿出一件裹着手帕的东西，向四周行了一圈的礼："首先，我代我儿子程伟跟大伙道个歉，现在他活不见人死不见尸的，确实给大伙添了不少麻烦。"

"道歉管个屁用，我们要的是钱！"

"对，把我们的钱返回来。"几个村民起着哄。

"你儿子卷了我们的钱跑了，老程你就得给我们个说法。"

"程伟虽然不见了，但是他欠大伙的钱不能不还。俗话说父债子还，我没教好儿子，这钱我来还，我有生之年一定还上。"说着老程把那个手帕打开，一沓花花绿绿的钞票安静整齐地躺在里面，"我外出几个月打工赚了点儿，这钱就先放到村上，等够个数，就给大伙返一点儿。"

这点钱连杯水车薪都算不上，村民们自然不会认账，叽叽喳喳地成了讨伐大会。这样的局面红湖倒是看不下去了，直斥责大伙不仗义，按理说程伟欠钱是程伟的事，老程能够有替儿子还钱的这份心就该受到尊重。这样的话在这样的场合完全起不到作用，起哄声反而更大。最后老程拍着胸脯向大伙儿保证："大家放心，只要老程有一口气在，绝不会赖账，等我死了，我会把遗体捐出去，换的钱都用来还大伙儿。"

村民听到老程已经置生死于度外，马上都不吭声了。利字当头的年代是多么令人震撼，要不是因为程家欠了大伙儿的钱，哪个人见到村长不是毕恭毕敬的，这个本可以享受天伦之乐的年纪，却背负了一生无法甩掉的阴影。

这天益丰村村民选举大会，全村上下一片沸腾。村长候选人是村里几名壮年汉子，大生子也报了名，而且是里面最年轻的一个。当大生子和村里的几个小伙子穿着一新向点将台方向快步跑去的时候，林芝抱着一晃儿从院里看到了他，她大声地叫了两声大生子的名字，可是大生子显然没有听见。林芝便问正在扫院子的红湖："大生子跟着凑啥热闹去，他能当村长？"

"宪法可是规定年满十八周岁就有选举权和被选举权，你要是想去也没问题。"红湖正好扫到了林芝脚下的一片报纸，遂用扫把碰了碰她的脚让她移开,林芝皱了下眉头撇了下嘴:"我可没那闲工夫,有空我还在家看一晃儿呢。哎,小武子下个月就高考了,咱们是不是应该给他送点营养品去,那孩子太仔细。平时什么也舍不得买。"

说到儿子,红湖便停下手里的活计,想了想说道:"今天邱林不是应该来送货了吗,在红叶店里拿点好吃的,让他给武儿捎一趟。"

"哟,"林芝笑道,"你这是把邱林当自家姑爷使唤了。"

"那你寻思啥?要真是那样,我一百个同意,我看那邱林对红叶真不赖。"

"你们说谁不赖啊?"这话让红叶给听着了,故意大声问着。说着,她斜着眼走出杂货店从林芝的手上把晃儿抱了过去,搂起了上衣露出半个奶子,直接把乳头塞进了晃儿的嘴里。

"你爸相中邱林了,说邱林当咱家姑爷不赖。"

红叶装着生气的模样训斥着父母:"一天没事不要胡思乱想,我听到也无所谓了,要是让邱林听见可不好。"

经过这么段时间的接触,红家上下都对邱林的印象非常之好。红湖建议女儿可以考虑一下,毕竟老雷这样的刑期还有十几年,孤儿寡母的身边总要有个男人照顾着。红叶这次没和父亲还嘴,她知道他这是为她着想,但她还是给了他们明确的态度,自己是有夫之妇,只要自己一天没离婚,就一天不能想着别的男人。今天邱林该是来送货了,她向村街上张望了几回都不见身影,她又打了几次电话,大哥大关机,批发店里的座机也无人接听,她开始担心起邱林来。

28

　　离上次去探监老雷到明天就整三个月了,红叶看到了挂历上她特别画上的红色圈圈。她又开始忙碌起来,准备着各种给老雷带的东西,吃的、用的、给管教打点的,这次她没有抱着一晃儿,她怕老雷调去劳动建设还没有回来。她背着一个大大包裹走过了村街,刘家媳妇正倚在自家的板门前嗑着瓜子注视着她。自从上次她打了李四媳妇儿之后,红叶对她就分外地厌恶,此刻见她佯装着一脸的笑意便又多了几分恶心。

　　红叶故意不想和她搭话,转向另一边走去,未料刘家媳妇见状忙跑了几小步上来追问:"红叶红叶,这是要去哪儿啊?"

　　"去城里。"

　　"去看老雷吧? 不是婶子说话不好听,你还守着他干啥呀,犯这种罪的人就是天理不容挨千刀下地狱的,你要是我闺女我非得让你改嫁不行。"

　　"婶儿,"红叶没好脸地看了她一眼,半硬不硬说着,"上次给我爷奶立碑的时候,蔡娘说你儿媳妇一直生不出孩子,说没准是老辈人做了什么见不得人的事,你得找人好好给看看。"

　　"别听那个蔡娘胡说八道,阴不阴阳不阳的,就盼着东家长李家短,她好赚钱。"

"说得对啊,咱们村的老婆子小媳妇好像都有这个病。"

红叶说完头也不回地急忙离开,她怕自己有一天也得上这个病,成为自己极度厌恶之人。不过刘家媳妇的话却一直萦绕在她的脑海里,她像是被围在一个城里,逃不出去,每个城里的人都可以过来指点,她无力回击。这才一年的光景,她便感到了无力、无助,有些撑不下去了,接下来的十六年,她又有怎样的勇气去度过呢?

老雷由于腿骨骨折在床上足足躺了一个月,他痛恨麦老大一伙人的凶狠让他错失了与儿子见面的机会。回到监狱后,他每天都缠着木成林询问儿子的模样,在想念中度过漫长的岁月。

二峰问他:"老雷,你说晃儿来了能认得我这个干爹吗?"

他说:"他老子的哥儿们,他不认我打他屁股。"

小东子也笑:"这个月也不知道嫂子能不能带晃儿来,我一想到他要来我就紧张。"

老雷哈哈大笑:"见个小孩子,你紧张个啥,晃儿又不是管教。"

几个人说起这个刚出世不久的小东西,异常地兴奋。红叶辗转到了X监狱,她这次见到了老雷。老雷的腿还没有好利索,但他还是激动地整理着身上的衣服,拉得一个褶都没有,他从床下翻出了一艘自己用牙签给晃儿做的大船,想着晃儿见到大船时的表情,他的心就被瞬间融化了。

红叶又一次看到了老雷,她感到惊喜,他瘦了,脸上笑的时候,眼角堆出来好多的皱纹。他捧着那艘牙签大船向她一步步走来,他看见红叶梳着麻花辫就那样站在那,宛如初见时那般青涩,那夕阳摇曳着的青春,那倔强的灵魂。他没有看到晃儿,表情上只有一丝失望闪过,随后又由欣喜替代,他缓缓地坐在了红叶的对面,隔着玻璃窗的眼神散发着炙热的温度。

"你还好吗?"红叶心疼地看着他,眼睛里马上又涌现出了泪花。

"都很好,别担心。"老雷点了点头。

"我上次抱晃儿来,说是你调去劳动建设了。去了哪儿?很远吗?"

老雷笑着摇了摇头并不作答,只是问了些晃儿的情况,没见到儿子他此刻多少有些失望。他不是埋怨红叶,只是这颗做父亲的心让他有了这份从未有过的涌动。他又问了红叶,晃儿会叫爸爸了吗?红叶直笑,多大的孩子,他还不会说话呢。然后他又像是不放心似的嘱咐着红叶,一定要先教他叫妈妈然后再叫爸爸,妈妈最辛苦。他又接着问起了上次给晃儿做的船是否喜欢,红叶便告诉他儿子很喜欢大船,每天都会和它玩上一会儿,然后又湿了眼眶,嘱咐他好好照顾自己,给他带的东西交给马管教了,别让别人都抢了去。老雷又说起了自己新学的本领,说是下次一定给儿子用别的材料做艘更大的船,红叶看着老雷近乎天真的表情,说到晃儿眼神就放光的样子,心里有了更强的感动。她决定下次就算再累,也要把晃儿带过来给老雷看看。

　　邱林这边的情况不是很好,周边又多了几个批发店,抢走了大量的客源。他每天忙于进货出货,借钱还钱。邱林妈一直催促他去红叶那边收货款,他却坚持要等到月末,因为上次红叶跟他说过,到了月末会跟他结算货款。邱林爸和邱林妈却不吃这一套,私底下商量好对策擅自去益丰村找了红叶。红叶从老雷那回来后直感觉腰酸背痛,胃部一阵疼过一阵,她以为是路上车马劳顿好好睡上一觉就好了,没想到刚到院外就见到了邱林爸妈的身影,她心里一紧,以为是邱林出事了,忙快跑了两步。焦急使她的胃更加疼痛,额头上也冒出些碎汗来,红叶一只手用力地按住了胃,一边又笑着将邱林爸妈让进了杂货店。两位老人四处巡视着杂货店,一副抄家的模样。红叶倒了茶水,邱林妈没有接,直接开门见山地说明了来由:"我们今天是来收回货款的。"

　　林芝见来了客人也过来打招呼,听红叶介绍说是邱林的父母,脸上马上就现出了笑容,直说:"嫂子,不是我夸邱林,你们可养了个能干的好儿子,你二老就等着享福吧。"

　　"谁享福还指不定呢,养儿子有啥用。"邱林妈瞟了眼林芝,上下审视一番,自也是没看得起。

林芝见状脸上一阵青一阵绿,不知这两老为何而来。她又看了眼红叶,红叶此时胃里越来越不舒服,头上的汗已经结了大颗往下滴落,她用力地往下按了按肚子,希望能止住疼痛。林芝忙过来摸了摸红叶的头,又摸了摸自己的:"叶儿,你这可有点烧啊,快回后屋去休息休息吧,邱家二老我来招待。"

　　"红叶可不能走,我们这事还没说完呢。"邱林妈很霸气地给林芝顶了回去。

　　"要说让邱林自己来说,这是他们年轻人之间的事,咱们当老人的就别跟着瞎掺和了。"林芝义正词严地说,然后心疼地看了眼红叶,把她向后屋推去。

　　"妈,我还有话问邱叔和邱婶。叔、婶儿,你们先坐下,到底怎么回事,你们慢慢说。"

　　从邱林父母的口里,红叶得知了这段日子以来批发店所面临的困境,流动资金周转不开,邱林每天四处借款,为了补缺连大哥大也给卖了。当邱林妈说到税务局来上门催缴税款的事后,红叶的胃疼得更加厉害。

　　"当初开店的时候,我们和孙副局长打过招呼的。你叔是法人代表,他腿有残疾,是有免减政策的。现在,她上来就让我们补缴三年的钱,谁有那么多现金哪。"

　　"那既然有政策,就再去找他们局长说说。"红叶说。

　　"没用。"邱林爸摆了摆手,"孙副局长我也找过了,他说他现在不管这一块了,让我和那个程小丽说去。"

　　"这女的她爸是县委的副书记,没人敢动。"邱林妈义愤填膺。

　　"程小丽! 她就是诚心找碴!"林芝听到这儿马上火了起来。

　　"你们认识这个程小丽?"邱林妈惊奇地回过头来看着林芝,林芝非常肯定地告诉她,"她抢走了红叶原来的男朋友郑恺,后来红叶丈夫又是因为这个程小丽进去的,你说说算不算认识吧。"

　　说了这么多,邱林爸妈终于明白了这件事的缘由,当即铁青了脸大骂:"你们这都是些什么人家,敢情我们家邱林帮你们还帮出祸来了。我说好端端的买卖,怎么税务局就突然上门收税了。"

红叶在林芝说出程小丽的时候就知道事情已经无法收拾,她没法阻止事态的发展,看着林芝和邱林妈吵来吵去的,暗自落下了泪。她不知道为什么程小丽到如今还死揪着她不放,这一次不光是为自己,她为邱林不值。她转回身去拿了些货款出来交给了邱林妈,告诉她全部货款她马上想办法凑齐送过去,邱林妈收了钱,又当着林芝和红叶的面警告着:"你一个女人家,要守点儿本分,以后别来找我们家邱林了。他也该娶媳妇儿了,传出去了不好。"

红叶目送着邱林爸妈离开院子,旅途的劳累加上心里的委屈,以及母亲在自己耳边的各种唠叨,让她的眼前慢慢变成了一团虚影,她寻找着母亲的手,气若游丝地叫了声妈,便昏倒过去。

邱林在批发店里被几个壮汉围住了,他认识其中的一个,知道是借高利贷的那伙人。他告诉对方下个月一定把本息还清,对方也不费话,直接告诉他是来收这个月利息的。邱林拿出了当时借款的借据,上面写着借款期限为半年。对方不理这茬,说着本金半年归还,利息是要每个月一收的,这是行内的规矩。邱林见对方如此说,也较起了真儿,只认字据不认什么行规,说是半年连本带利归还就是半年,先还利息自己没钱。高利贷的人哪里管你有钱没钱,看到邱林的臭脾气,顺手抓起一大包食品就往地上狠狠扔去,警告他别耍横。邱林见这伙人不讲理还摔了他的东西,上前就推了他一把,一个小地痞摔他的东西他绝对不能忍受。

矛盾一触即发。

高利贷的人开始砸店,邱林拼命地大喊与对方厮打起来。邱林就是再强,他一个人哪里是这伙人的对手,只一会儿的工夫便被闷在地上动弹不得。他的门牙被打掉了一颗,手臂也似骨折了,鼻子、嘴都往外喷血,那伙人临走时还砸了柜台上的玻璃。

"小子,明天我还来,要是不交利息,我还砸你的东西。"

门外看热闹的人已经把店包围住了,高利贷一伙人趾高气扬地走了出来,却没人敢报警。邱林爸和邱林妈刚好下了车回来,看到门口围了这么多人,便知道出事了。

红叶胃出血被送到了医院急救。医生跟林芝说,这孩子太能忍了,胃已经穿了孔,再晚送一会儿小命都保不住了。林芝这才后怕地抱着晃儿大哭起来,她哭不是为了别的,而是觉得老天为何如此对待红叶,一个不到二十岁的姑娘,本该拥有如花的岁月,却要让她承受这等苦楚。

夜色如水,明月如霜,医院里静得瘆人。

红叶的麻药劲儿过了,疼得她醒了过来。她看到林芝抱着晃儿靠在一边的墙上已经睡着,床边,李四媳妇儿摇着一把蒲扇正给她驱赶着蚊子。她的眼泪不自觉地流了下来,四婶儿,我到底犯了什么错,为什么老天要这么惩罚我,我实在是撑不住了。李四媳妇儿不说话,就这么一直给她扇着。看看李四媳妇儿这如疯似傻的模样,她失控地恸哭:"四婶儿,你快点好起来吧。如果你好了,我还能对你发几句脾气,如果当初你不那么针对红家不造我的谣,是不是一切都会不一样呢,你快点醒过来吧。"

红叶捂着嘴巴哭得无声,李四媳妇儿就这么一直盯着她。不知看了多长时间,她的眼里突然闪现出了一滴泪花,缓缓地滚落,紧接着,那眼泪就如决了堤似的很快湿到了衣襟,她跟着红叶一起哭,哭到自己肝肠寸断。

她奇迹般地好转了,连医生都觉得不可思议。他告诉红叶说,情绪的积累爆发能够使一个人冲破原有的紧闭世界的锁,李四媳妇儿已经从那个自设的牢笼里走出来了,她的病情会越来越好。林芝和红叶都很兴奋,经历这许多的磨难,李四媳妇儿俨然已成为红家的一分子。

"一定是你的好心肠感动了天地。"红湖这么对林芝说。林芝白了红湖一眼,想当然地把这一份功劳揽在了自己的身上:"都是活了大半辈子的人了,还去计较什么是是非非,恩恩怨怨。"

这样的感慨像极了经历生死之后的大彻大悟,而这样的转变不过两年的光景。

大生子最后当选了村长,这是所有人都没有想到的。竞争最激烈的那几个人大动干戈买人头拉选票,可谁都没有想到,村里人把两票中的一票都投给了最没竞争力的大生子。老程完成了历史使命,与大生子交接完便准备回城打工,临走前,他到红叶杂货店里看望李四媳妇儿。事至如今,他心底觉得最对不起的便是这个疯婆娘,他看着她竟然抹起了眼泪:"秀儿啊,让你受苦了。我总有一个感觉,程伟是带着全儿去治病了,没准哪天全儿就回来了,你得想开点儿,你还得往下活啊。"

看到曾经风光无限的村长如今白发苍苍如此悲凉,红叶心里很不是滋味,儿子程伟的事,让他始终在村里人面前抬不起头来。红叶给他点了一支烟,老程在嘴里狠吸了一口吐出一连串的烟圈儿花,少顷,他说:"红叶,你心肠好,肯收留秀儿,她在你这儿啊我就放心了。都是程伟造的孽,他欠你的,我肯定还,这辈子还不了下辈子还。"

"村长,你别这么说,你是你,他是他,这个理儿我懂。"

"我老了,帮不上啥忙,我会继续找全儿的。在我有生之年,要是能看到全儿回来啊,我也算有个交代。"

这是有多久没听过儿子的名字了,李四媳妇儿刚开始像是在刻意地回避着什么,后来眼神又慢慢地变得凌厉起来,待确认什么,终于崩塌似的大哭,毫无掩饰地发泄,嘴里叽里哇啦地叫着:"全儿能回来,一定能回来,我全儿没死,他还有娘在,他一定会回来找娘的……"

李四媳妇儿大哭之后在炕上大睡了三天,紧闭世界的锁打开了,她奇迹般地好了。红叶试探地问她是否记得自己,李四媳妇儿轻轻地摸着红叶的脸苦笑着,眼神里尽显疼爱:"我这是去了哪儿啊,我感觉走丢了好久,找不到家门了,我拼命挣扎,却没有力气。"

在李四媳妇儿的口中,红叶终于知道了当年的一些事,也就是为什么李四媳妇儿后来一直与红家过不去的缘由。"文革"那会儿,她的父亲是大学教授,母亲是歌舞团的著名歌唱家,后来双双成了批斗的对象,全家被下放到益丰村改造。李秀和林芝成了同班同学,由于长相秀丽,与另两个女孩子被称为四朵金花。这学一上就是好几年,虽然她出身不好,但是当时身为公社革委会主任儿子的红湖却与她处起了对象,她觉得他给自己的家带来了新的希望,一直深深地感激着。后来,受冤枉的父亲到处写申诉信,上头不但没给翻案,还派了红卫兵下来教育,当着所有村民的面,他被戴上高帽、挂着砖头游街。厚镜片下看清了现状,看尽了世态炎凉,红卫兵的口号、众人的辱骂以及大字报上画叉的名字,都成了一曲送别的礼葬,没多久,父亲就在牛棚里上吊自杀了。这样极端的行为,又给父亲增加了一项走资派畏罪自杀的罪名,她和母亲一起被拉去别处劳动改造。红湖被红家锁了起来,身为革命小将与资产阶级狗崽子李秀必须是水火不容的,但红湖不信这个邪,他开始与父母作对,绝食。他坚信伟大的爱情是不分阶级阶层的,如果非要有个抉择,他宁可脱离红家,与李秀四海为家。李秀当时对于这段感情还是抱有希望的,但她一去就是三年,杳无音信,也慢慢地磨去了红湖的意念,在家人的催促和引导下,林芝轻松地走进了红家的视野,顺理成章地成了红家的媳妇。李秀劳改回来得知好友与红湖已经成婚,心理受到严重的打击,大骂红湖负心汉之后与林芝也绝了交。此时,新任村革委会主任的儿子程伟又频频大献殷勤,李秀便和程伟走在了一起,并有了身孕。面对村里人的风言风语,李秀母亲再也承受不了这种致命的打击,在一天晚上,跳井自杀。自此,李秀先后失去了父母,再无挂念。她把全部身心都投到了程伟身上,期望有一天能过门当上程家的媳妇,相夫教子,了此余生。可哪知这程伟是个浪荡公子,有过不少女人,她还没来得及告诉他自己怀孕的消息,他就已经消失得不见踪影。万念俱灰的李秀这时想到了死。活着是一种惩罚,她打算跟随父母而去,却恰巧被退伍回来的李四救起。李四不嫌弃他们母子,所以很快她就成了李四媳妇儿,并在当年诞下李全。儿子成了李秀在这个世界上活下去的唯一精神支柱,可如今,自己的一切寄望又被程伟打得踪影全无。

红叶听了李四媳妇儿的故事终于明白了一切,世人负她太多,却没给她哪怕一丁点儿的希望。她对她的恨没有了,同是被命运玩弄于股掌的女人,同病相怜。

邱林爸报了警,警察到医院录了口供后离开。邱林妈看到儿子被伤成这样,哭得鼻涕一把眼泪一把:"邱林啊,你就听妈一句劝吧,你之所以到今天这样都是那个女人害的,她就是个害人精。你说你上辈子是欠了她什么呀,大哥大也卖了,店也被砸了,你还被打成这样……你让我以后怎么活啊。"

在父母大闹的这几天邱林也实实在在地想过这些事,什么克夫、害人精、红颜祸水一说他一概不信,即便是,他也会为了她赴汤蹈火,不计得失。可目前的问题是,红叶是有丈夫的人,而她并不打算离婚,他可以这样照顾她一辈子吗?他不知道,他纠结,纠结于自己该扮演何种角色。如果红叶可以给他一个期限,无论多久,他都会等,等她一辈子。

经过这一阵子的遭遇,他开始渺茫,甚至恍惚,父母年纪大了,没能让他们过上安稳的日子,反而整日提心吊胆、以泪洗面,他的心软了,这就是他作为一个孝子回报给父母的养育之恩吗?他不能这么自私,这就是一场梦吧,虽然醒来时心里会无比地痛,但长痛不如短痛。如果人生可以没有任何附加,岁月只是这样静好,那多好。

自从邱林爸妈来家里下了最后的通牒后,红叶卑微的自尊就受到了挑战,不管怎样也要马上把钱还给邱林,否则,她不知以后该如何面对这个老同学。她偷偷地向村里民间借贷了几万块钱,两分的利息,拿到钱后直接赶去了县里。邱林的批发店已经大门紧关,玻璃碎片还散落在门板之外,联想到邱林父母的态度,她知道邱林出事了。在隔壁一家店老板的口里她得知了事情的经过,突然鼻子一酸痛哭起来。她跑到了医院,看到了浑身缠裹着绷带的邱林,他面无神色地躺在那里数着天花板上的蝇虫,她便再也忍不住眼泪。邱林,你为什么要为我承担这所有的一切,这不是你该承受的,你也不能承受。

红叶的到来让邱林的眼睛里又来了神采,他憨笑地欠了欠身支撑着自己坐起来,红叶看着他强装着的坚强,马上别过头擦了眼泪后进门。他暖暖地笑着,看着红叶,然后用手轻轻地为她擦去未擦干净的泪,佯装着责备:"哭什么,我这不是好好的吗?"

听到这些,红叶就再也忍不住紧绷着的情绪,哭得更凶:"你不该去招惹高利贷的,缺钱了怎么不跟我说,总会有别的办法。"

"一点皮外伤。"邱林笑了笑,抚了抚红叶脸上的眼泪,又问,"你那边生意怎么样?晃儿这几天好吗?"

"都挺好的,你这边报警了吗?这些人手可真够狠的。"

"我爸报警了,不过没用。那伙人局子里肯定有人的,要不然也不敢那么猖狂。"

"你以后别再碰那些人了,多险呢,这要是给打坏了怎么办?"

"打坏了,你会心疼吗?"邱林一把抓住了红叶的手拉近自己的胸口,红叶的脸马上就红了,低着头,心里紧张得半天没说出话。

"红叶,我知道你紧张我,我能感觉得到,只要你不嫌弃我,以后你和晃儿的事就是我的事。"

这样的话多温馨啊,若是一辈子有邱林来呵护来爱,该是多么幸福。但是,这样的幸福不属于她,她不能辜负老雷的期待,也不能耽误邱林的大好年华。在走进病房之前,她就和邱林爸妈谈好了一切,儿子是他们的,她要把他的心也一并还给他们。

"邱林,我和晃儿谢谢你,谢谢你这么长时间对于我们的帮助和爱护。但是,你和我并没有这个缘分,我有爱我的丈夫,有需要我的孩子,有家……"

"你别说了,"邱林放开了她的手,"我懂。"

红叶抽了下鼻子,笑了笑,从包里取出了一个大信封,把它放在了邱林的床边。

"这是批发店在我那里所有的货款,我现在拿过来希望还能有点用处。"

红叶离开了医院,突然感觉一身轻松。太阳光没那么强烈,泪水也很快风干,一切没有开始,一切都结束了。她没有直接回益丰,她决定最后为邱林办件事。

红霞看着红叶不解地问:"你给我说实话,你对邱林到底有没有想法?"见红叶不答,她又补充了一句,"这也决定你姑父用多大的力度去帮他。"

"就用尽全力吧,在姑父权责允许的范围内,"红叶答着,"这是我欠他的。"

派出所查获了非法民间借款高利贷团伙,邱林的借款合同以银行同期利率计算,邱林遭殴打的医药费用及被砸坏的批发店的费用也在里边一并扣除。

29

  晃儿两周岁,他学会了走路,学会了说话,比一般孩子都要灵巧。他的懂事有的时候让红叶感到自己才是那个被照顾的人。这一次,红叶带着他去看老雷,走在去往监狱的路上,一大一小的两个身影被夕阳拉得很长。她的一步是他的三步,他的小腿紧倒换着,一个累字都不喊,红叶偶尔蹲下身来给他擦汗,并要求背他,都被他拒绝。

  "妈妈,晃儿不累,快点走吧,一会儿爸爸该着急了。"

  "真不累?"红叶佯装着吃惊,拍了拍一晃儿的小肩膀,"一会儿可别哭鼻子。"

  "姥姥说,爸爸不在,晃儿就是个男子汉。"

  "姥姥说得对。"

  一晃儿又继续跟着红叶走路,他突然侧着小脑袋好奇地问:"妈妈,爸爸什么时候会回益丰村和我们一起住?"

  "你想爸爸和我们一起住?"

  "是啊,他一个人在外面太辛苦了。"一晃儿点了点头,"妈妈,你说,这次我去看爸爸,给他背我新学的儿歌他会高兴吗?"

  "当然啊,"红叶笑了笑,"你爸爸最喜欢看到你进步了。"

  一晃儿非常高兴和期待地迈着步子,甚至为了跟上红叶的步伐小跑了起来。

红叶又逗一晃儿:"晃儿,长大了要干什么呀?"

"跟妈妈一样,开小卖店,当大老板。"

红叶皱起了眉头:"晃儿,你长大了要考大学,当大官,像舅舅一样。"

晃儿又问:"像舅舅一样就能当大官了吗?"

红叶自豪地说:"肯定啊,舅舅上的是省城最好的大学,是咱们家最神气的人。"

晃儿听到红叶表扬了小武,马上来了精神道:"妈妈,晃儿以后也要成为最神气的人。"

X监狱里,老雷扯下日历上的一张纸,露出了用红色笔清晰标注的那一页,他知道,红叶要领着晃儿来看他了,高兴得跟马管教告诉他减刑一样。小东子打趣他,我干儿子一会儿来了,让他背诗啊,你听到了就等于我听到了。老雷答应得痛快,他告诉小东子,红叶说这次把晃儿的照片也拿来,到时候他会给他们看看他的儿子。老雷看到木成林在收拾东西,思忖着这兄弟八成是要刑满了,他拍了拍他的肩膀,告诉他出去别忘了兄弟。木成林扶着黑框眼镜没抬头,继续弄着手里的东西,他告诉老雷争取减刑早点出去,别再和麦老大那伙混在一起了。二峰没天没地扯了两句,倒是小东子想到了什么,直嘱咐着木成林出去了别忘了给晃儿当老师,他要是考不上大学,他出去了可不饶他。老雷答应着木成林的嘱咐,也告诉他,自己该做什么不该做什么心里有分寸。

送走了木成林,红叶领着晃儿也到了。老雷看到晃儿又长大了一些,高兴得跟个孩子似的,他央求马管教让他抱抱孩子,跟孩子多玩一会儿,马管教也通融了。晃儿看到老雷的时候却打了怵,别看他一路上跟红叶聊着爸爸,可见到老雷后他又有些认生了。老雷看到有点害羞的晃儿,一下子就把他抱了起来,用大脑袋顶着他的小脑袋转圈儿。

"晃儿,叫爸爸。"

晃儿有些害怕地看着红叶,红叶笑道:"晃儿,你路上跟我说什么了?

不是说见到爸爸要给他背儿歌吗?"

晃儿不好意思地低下了头,老雷用手指挠着他的痒:"晃儿,要给爸爸背什么儿歌,来,爸爸在这听着呢。"

晃儿在一旁站好,两只手在两侧也伸得笔直,眼睛瞄了瞄红叶:"背个《三字经》吧。"

红叶宠溺地看着他,笑着点头。

"人之初,性本善。性相近,习相远。苟不教,性乃迁。教之道,贵以专。昔孟母,择邻处。子不学,断机杼……子不学,断机杼……子不学……"

老雷看着晃儿在那卡了带,忙道:"儿子,咱不断机杼了,还会别的吗?"

"还会。"晃儿正皱着小眉头冥思苦想,听到老雷这一说,马上满脸堆笑着。

"那给爸再背一个。"

晃儿慢慢说唱起来:"小小子儿,坐门墩儿,哭着喊着要媳妇儿。要媳妇儿干吗呀?点灯说话儿,熄灯做伴儿,明儿早晨起来梳小辫儿。"

红叶听完哭笑不得,拉扯着晃儿问:"你这都跟谁学的啊。"

老雷已经笑得前仰后合,一把抱过晃儿狠命地亲着:"我儿子这点随我,从小就知道找媳妇儿。"

一家三口的其乐融融是这一刻最美好的时光,美好的时光最让人流连,可老雷和红叶却希望它慢慢地逝去。红叶带着晃儿回村了,小家伙兴许去的路上消耗太大,回来的长途车上睡了一路。红叶抱着他就像抱着个肉团子,她比任何一刻都爱这个家,爱着自己手心里的宝,她更加明白了李四媳妇儿当初对李全心里的寄望与满足,她甚至偷偷地对晃儿说,若是你没了,我可能连活下去的勇气都没了。

红叶杂货店现在由李四媳妇儿帮忙打理。自从她神志恢复以后就回了自己的家,红叶帮她打扫了一整天,又添补了些家什,她从李四媳妇儿又变回了李秀。这段时间,郑恺爸会经常到店里来买烟,他回村里后就很少出门,他不愿意与村里的人接触,每次他们向他打听点什么事他都会应付一声转身离开。他最近开始抽起卷烟,从一天一包变成了一天两包,所以,红叶杂货店是他最常光顾的地方。

"郑大哥,这烟抽得够勤的,上周才买的一条烟都抽没了?"李四媳妇儿问。

"嗯。"

"还是少抽点,这东西对身体不好。"

李四媳妇儿回头拿了一盒烟摆放在他面前,打算和他拉拉家常,可郑恺爸拿了烟就准备离开,李四媳妇儿挡住了他的去路。她给他鞠了个躬,向他和已经过世的郑恺妈道歉,说起当年,说起红叶,说起红叶和郑恺的缘分,两个人一阵沉默。

郑恺和程小丽又来益丰村看望郑恺爸,经过红叶家杂货店的时候望见了父亲,他正与柜台后的李四媳妇儿聊着天,不知道郑恺爸说了句什么,李四媳妇儿笑得前仰后合。程小丽听到这笑声马上拍着郑恺说:"你看你还惦记你爸呢,他这不活得挺滋润吗?"郑恺没理会她这茬儿,推车走到红叶杂货店的门口,站了一会儿,两个聊天的人似乎并没有注意到外面的两个人,郑恺遂轻轻地敲了敲玻璃,郑恺爸见是郑恺和程小丽来了,马上跟李四媳妇儿告了别,高兴地跑了出来。

"爸,你以后少往这跑吧,这李四媳妇儿听说可是精神不太好。"

"那都是老皇历了,现在人家比正常人还正常呢。"

"这精神不好啊容易反复无常的……"

程小丽的咄咄逼人郑恺这次是非常地包容。她怀孕了,从知道这个消息的那一刻起,他就决心以后都要迁就她。还有一个好消息,郑恺最近要被调到县里劳动局工作,正式进城了。郑恺爸说这是双喜临门,一定要先去告诉老伴一声,让她也跟着乐和乐和。若是妈还在,她知道了自己马上就有孙子了,她该有多高兴,这是她这一辈子最大的心愿,也是郑恺这一辈子最大的遗憾。事过境迁,他对着母亲的墓碑竟无法高兴起来,也不伤感,他说不出自己的感受,感觉三年的时间像是过了半生。

红叶开始乘公共小巴去县里上货了,货多了就给司机加两个路费,有的时候人倒不出空,也让县里的批发店直接送到公共小巴上带回来,她再去村口取回来。这一天她又如往常一样坐着小巴车去县里上货,没想到在车上碰到了郑恺,在此之前,她有几次曾害怕真的会碰上。郑恺招呼着红叶坐到他身边的位置,红叶犹豫了一下,还是大方地过去坐下。郑恺忙掏出零钱帮她买了车票,红叶不好意思地向他道了谢。两人就这么坐着,随着汽车在坑洼的路上摇摆,不时地擦碰到彼此的衣袖,红叶下意识地向外挪了挪身体,郑恺看着她这举动也下意识地向里凑了凑。

半晌,红叶才找了个话题:"你现在工作还顺利吧?"

"嗯,还行,"郑恺马上应道,"我马上要调到县里劳动局了,以后要是有什么需要我帮忙的,就尽管跟我说。"

红叶笑笑,又说听说程小丽怀孕了,问他什么时候预产期。他回答说是七八月份,可心里还没有当爸的准备呢,看他的神情确实没看出马上要当父亲的喜悦,红叶嘱咐他孕妇脾气有时候不稳定,让他迁就着些程小丽,郑恺也只是点头。

红叶上了些货,又去给晃儿买了双鞋。上次晃儿就可怜兮兮地跟她说:"妈妈,我想要那个穿上会亮的鞋,小朋友们都有。"

红叶当时答应下来,晃儿提醒了她好几次,后来便不再说了。她想着晃儿期盼的眼神心里就有点儿酸酸的,这个孩子懂事,早熟,她害怕有朝一日,他要是知道了自己父亲所犯的罪行,将如何去面对世人,面对整个世界。红叶到家的时候已近天黑,没等进院门,她就开始大喊着晃儿的名字,她能想象得到晃儿看到新鞋子时愉悦的表情,儿子开心她比什么都高兴。

她没听到晃儿的声音,爸妈和李四媳妇儿齐整整地坐在院子里。她突然意识到了什么,扔下手里的东西扑上前去大声质问林芝:"是不是晃儿出事了?"

李四媳妇儿终于大声哭了出来:"晃儿让我给弄丢了。"

红叶从母亲和父亲你一句我一句的争吵中终于听明白了怎么回事。原来晃儿是被婆婆带走了,好在不是别人,这让她提到嗓子眼儿的心又落了下来。她知道由于老雷犯事牵连到了雷家父母,林芝平日里对待雷家老两口的态度总是带着怨气,她把他们俩当成了儿子犯罪的教唆者。她常挂在嘴边的一句话就是,上梁不正下梁歪,你们这样的父母教不出什么好的下一代。她甚至不允许他们经常来看孙子,所以,婆婆能有此举动也情有可原。

老雷妈这次来是想接晃儿去县里待上几天的,跟林芝商量了一下午也没通过,失望的她坐在红家大院外的路边哭。刘家媳妇儿出门倒水,看到了她,见她哭得伤心,便好心地将她拉到了家里,问清缘由便开始大骂林芝,她甚至给老雷妈出主意,要是下次红家人再不让她看孙子就去法院告他们:"嫂子,你别害怕,林芝就是个纸老虎,她又不咬人的,你是晃儿的亲奶奶,就算是把他抱走谁能把你怎么着?"老雷妈领会地点了点头,走出刘家媳妇儿的门向远处望去,见晃儿在李四媳妇儿的怀里笑得正欢。他们从小卖店走向了村街,没等李四媳妇儿多说一句话,老雷妈便不顾一切地冲上去,以迅雷不及掩耳之势把孙子抢走了。

"四奶奶,四奶奶……"李四媳妇儿边哭边向红叶忏悔,说是只要闭上眼睛,眼前就是晃儿在张着手大声地哭喊。当时郑恺爸刚好过来买烟,看见惊慌失措的李四媳妇儿追了上去,但追到村口,老雷妈拦下一辆汽车便绝尘而去。

"她凭什么抢我的外孙子?!"林芝气得直叫。

"那也是人家的孙子。"红湖吸了两口旱烟,"我说他爷爷奶奶也给晃儿塞了不少的钱,她想接晃儿去县里待两天就待两天。"

"他们家上梁不正,要是把晃儿再给教坏了你担待得起吗?"

晃儿总算不是被外人抢了去,红叶在这一点上还是清楚的,起码晃儿暂时不会有什么危险。快吃晚饭的时候,红武从省城回到了村里,他俨然城里人的模样,个子蹿到一米八,虽然红家人没遗传给他多好的样貌,但腹有诗书气自华,整个人都是发着光的。红武的归来,给红家带来了一丝喜悦,毕竟他读的是法学院,他总能给些靠谱的意见。红武决定第二天一早就和红叶坐班车前往县里奶奶家接晃儿。

到了奶奶家,家里却没人应门。红叶猜想着是奶奶带着晃儿出去了,便索性和小武坐在楼梯口的台阶上等着他们回来。等到天都黑了,小武站起身直接走向对面的邻居家,出来开门的是一个年逾六十的老太太,她在门缝儿处挤出半个脑袋,疑惑地看着红叶和红武,小武忙谦和地上前说明来意,并问对方是否知道老雷一家去了什么地方。老太太左右看了看确定自己安全,这才挺起身拍拍胸脯放下心来:"下午敢情是你们在敲门啊?这两天县里闹命案,说是有一伙人专门入室抢劫,吓死我了。"

红叶听到这个,手又抖了起来。从邻居老太太的口里得知,昨天老雷妈抱着孩子出去她在楼梯口碰到过,那个孩子一直哭,嘴里还叫着妈妈,红叶差点没站稳,向后一个趔趄被小武一把接住。邻居又说是和老雷妈聊天听说过她近期要回山东老家,不知道是不是已经走了,红叶和小武跟老太太道了谢,只能先打道回府。

木成林从狱里出来后,在市里的一家小学当上了语文老师。女儿已经高二了,一直跟着奶奶过活,在这样一个青春叛逆的时期,木成林感觉自己越来越不能与她融洽相处,她甚至经常和一群小混混儿每天翘课去网吧。木成林感到痛心,他知道自己缺席了女儿的青春,便无权阻止她的成长,唯一能做的只有补救。等这一切安排妥当之后,他方才想起老雷的嘱托来,便挑了个周末,带着几本书及一些好玩的小玩具上路了。

通往益丰村的路不算宽,却通直,两旁站立着白杨,和着风雨肆无忌惮地摇着。木成林下了长途汽车,走在乡间的小路上,感受着这份袅袅炊烟风零落、点点雨丝易水寒的意境。走了半刻,他终于看到了一个骑自行车的人,向他询问了红叶家的地址,便向村东头第二家奔去。到了红叶杂货店,木成林便想也不想地就跑进去躲雨,在向李四媳妇儿说明来意后,便被她带去了后院。

红叶和小武拖着疲惫的身子和失落的心情回到家里，红叶脸上的泪痕还未拭干，她的心像是万箭刺痛般难忍。林芝等到红叶和小武回来却没见到晃儿，便知道是红叶婆家不肯放人，大骂起了对方不得好死的话。听林芝没完没了地骂，红叶反而心里来了脾气，直指责是母亲不让老雷父母看晃儿逼急了对方。林芝见红叶埋怨便大呼小号起来，小武也实在看不下去，劝说林芝不要再添乱，因为晃儿和他奶奶都失踪了。林芝开始哭，继续大骂雷家人，红叶不说话也跟着哭，木成林呆呆地站在一边，半天插不上话，得了空当儿方才说明来意。红叶辨识了半会儿，这才想起有过一面之缘。木成林告诉红叶自己出来一阵子了，刚倒出空来看看，没想到出了这样的事儿，他建议红叶多方面打听打听，不行就报警。小武告诉他，张书尧建议家庭纠纷最好先自己解决，否则对双方都不好。木成林自知再劝下去也无济于事，便从背包里拿出一个小包裹，放在一旁的桌子上，这是他能带给晃儿的所有东西，对于老雷的救命之恩他理当全力回报。他把东西交给了红叶，留下了联系方式和电话号码，让红叶有什么事就打给他。红叶也感到因为晃儿的事在木成林面前有些失态，感谢的同时也多有抱歉，将木成林由村道送到了村口。

这个月的探监日，红叶没去 X 监狱看老雷，她被晃儿失踪的事纠缠着、牵扯着，无力再跑那么远去探望丈夫，更多的，是她无法向他表述其中的一切。盼了一个月的老雷，没有等到红叶和晃儿，心情也有几分失落，他仰望天空，眼泪悄然而下，想着那个遥远的数字，心里一阵彷徨与绝望。马管教又来找他，他毫不犹豫地把压在枕头底下的小纸条递给了他：马管，你说过的话一定得算数，我现在可是拿命在拼。马管教闭着眼睛点了点头，回了小纸条给他，你放心，这个案子如果查出来，你至少会领到二等功，减个三五年不成问题。老雷听到这儿，若有所思地点了点头。

程小丽在县医院生了，是个丫头。生完孩子之后，失落与委屈使她连孩子的脚趾都不看一眼，只顾蒙着被子痛哭，怪自己没给郑家延续香火。

郑恺得了个女儿，心里也多少有些不舒服，母亲的遗愿，家族的祈盼，就这样落了空。可当他看到这个小生命在他手掌心跳动的时候，心里便油然而生了怜爱。郑恺给女儿起了个名字叫"惜君"，希望她长大了以后，别走父亲的老路，困倦着遗憾，无力选择。

郑恺爸终于盼到了隔辈人，那种欢喜溢于言表，这也是郑恺妈走后在他脸上难得一见的欢喜了吧。他一路小跑到小卖店，瞄着货架，嘴里不停地叨念，寻思着给程小丽带些什么补品。李四媳妇儿看着表现异常的郑恺爸直发愣，眨了眨眼睛，凑上前搭话问他是要"大重九"还是"白灵芝"，郑恺爸没理会这茬儿，眼光放亮音高八度地看着货架上的营养品，他让李四媳妇儿帮他参谋一下女人坐月子买什么合适。李四媳妇儿听到这才明白原来是郑家添了个孙子，便笑脸恭喜，一口一个孙子地说着，这让郑恺爸的脸色越来越难看，他轻声地纠正着，是个丫头，像是自嘲地说着，郑恺妈到死还盼着孙子，要是让她知道了怕是会失望吧。然后他又把话拉回来说，这时代男女都一样。为了得到李四媳妇儿的认同，他还反问一句："你说是吧，他四婶儿。"李四媳妇儿听出郑恺爸的弦外之音，忙附和着，一家一个都能传宗接代。但这句马屁却没拍正，郑恺爸道出了为何郑恺妈那么在意媳妇的清白，原来郑家以前是大户人家，祖宗八代家谱传下来，没想到到了郑恺这就断捻儿了。李四媳妇儿倒替他想了办法，说是两个孩子年轻，再生一胎是没问题的，但郑恺爸听到这更是叹气，郑恺与程小丽都是公务员，要是再要孩子那可是要全被除名的。

李四媳妇儿终于明白，当初郑恺妈为什么那么在意红叶的事了，深知是自己的这张嘴闯了大祸。如果当初没有那么多的怨恨，是不是一切都可以重来，是不是可以挽回红叶历经的苦难，此时此刻，她只想找个没人的地儿打自己一通耳光。她歉疚地向郑恺爸笑了笑，从货架上拿下一堆核桃粉、麦乳精之类的营养品，匆匆地装在一个大塑料袋子里，递给郑恺爸说是自己的一点小心意。郑恺爸哪肯占这点小便宜，直接掏出钱来塞到她的手上。

红叶通过张书尧的帮忙得到了老雷妈的消息,她确实带着晃儿去了山东老家。红叶与婆婆通了电话,得知婆婆得了淋巴癌,医生说她还有半年的时间,她不打算治了,只想和孙子待在一起,她这也是下策。老雷妈央求红叶,她会好好带晃儿,只要让他和奶奶在一起待上半年就好,等她死之前,一定会把晃儿还回来的。红叶表示要去山东看望婆婆,被老雷妈阻止,她只说,我们老雷家这辈子欠你红叶的,下辈子一定补偿。

30

晃儿七岁,该上小学了。

这几年政策搞活,村里一下子多出来十来家小超市小卖店,红叶的店开不下去了,为了供晃儿上学,她决定到县城打工。红霞给她介绍到一个朋友的饭店里做服务员,供吃供住,每个月若是没什么花销,攒下来的足够晃儿的学杂费。临走之前,晃儿郑重其事地跟红叶谈判:"妈妈,我想跟你谈点事儿。"

"好啊,你想谈什么?"红叶抬头看着晃儿,心里直笑他的这副正经模样,索性坐直了身子认真配合。

"你能不能告诉我,什么是强奸犯?"

红叶没想到晃儿会问出这么直白的问题,周身瞬间冒出冷汗来,这是她一直最不愿面对却无法逃避的事实。从儿子的嘴里她知道,周围的环境,小朋友的无意嘲哄,都会使强奸犯这个字眼儿成为晃儿一辈子挥之不去的伤疤。他不明白这个词的意思,但是他知道,那不是个好词。

空气凝滞了半响,她抚平思绪准备给晃儿一个稳妥的答案:"晃儿,你记住了,爸爸永远是最爱你的人……"

"我也最爱爸爸。"晃儿接道。

红叶满意地点头。但是晃儿也提出了自己的要求,他说以后不要再问他要不要去看望老雷了,他不想去那个大铁门。红叶看着晃儿的眼神,心里很不是滋味。她在想,如果晃儿有一天长大了,知道父亲所犯的罪行,会不会更加厌恶他,如果迫不得已那样,那自己该扮演何种角色?

李四媳妇儿来给晃儿送书包和文具,晃儿看到她马上扑上去抱住腿撒娇。对于李四媳妇儿,晃儿是尤其喜欢,他自小没什么玩伴儿,她是他从小到大最忠实的朋友,他笑的时候她就笑,他哭的时候她就陪他哭,晃儿被奶奶抢走的那些天,她甚至茶饭不思。有人说她把对儿子李全的爱和思念全部寄托了这个孩子身上,但是红叶不这么认为,她是觉得李四媳妇儿是真的爱一晃的,一个眼神一个微小的表情都骗不了人。孩子的感情是最不说谎的,林芝和红湖也送了一晃上学的礼物,却也没见他有如此的惊喜与热情。李四媳妇儿抱着这个小肉团子似的小人精亲到他咯咯笑,她还跟他讲他还有一个全儿舅舅,若是还在,现在也应该大学毕业了,她说,晃儿要快快长大,考大学,人生在世就要有个好目标,前途才有希望。

红叶在饭店里很快就上手了,一个月有两天的假期,她一天用来回村里陪晃儿待在一起,一天用来去 X 监狱看老雷。她已经有两年没有带晃儿去探监了,老雷从刚开始的失望慢慢也变得习惯。可能是从那一次两伙人血拼到两败俱伤起,老雷就成了麦老大的朋友,麦老大觉得这几个家伙骨头硬,有血性,关键是自己在对峙的过程中根本占不上什么便宜,索性两伙人在整个监狱里结成了强对子,没有人再敢惹。这麦老大说到底也就是个地头蛇,进来顶雷的,他私底下跟老雷说自己虽有命案在身,但上面有人罩着,再有个三五年也就出去了,他答应老雷出去后帮他使钱活动活动,争取让他早点跟老婆孩子团聚。老雷似乎很领这份情,跟他哥儿们长哥儿们短地近乎得很,倒是小东子对老雷这反常的套路有所不解,几次问询都没得到老雷的正面回应,心里十分不爽,只能与二峰抽闷烟发牢骚。两兄弟一拍即合,即便自己也不是什么林子里的好鸟,但也不是什么贪生怕死之辈,真的是犯不着舔着别人脚跟过日子。没有任何时候比现在更让人觉得窝囊,三兄弟第一次因为别人的事大打出手,二峰和小东子也第一次以下犯上地修理了老雷,老雷不解释,不还手,身上脸上出现了多处挫伤,二峰和小东子因此被马管教关进了小黑屋。

红叶看到他擦破皮的脸知道他最近一定过得并不太平,监狱里的生活哪是常人所能预料的,老雷搪塞是干活时不小心擦伤的,她没法追问和质疑。这事就这么一两句话过去了,老雷又问了红叶木成林是否在给晃儿补习功课,红叶答有,并说木大哥经常从省城带些识字的教材来教晃儿,每次来也会带些吃食。老雷说好,他握着红叶的手告诉她,自己一定在里面好好表现,争取减刑早点回家团聚。每次老雷给她希望的时候,红叶都选择相信,而且激动好几天,也会想象着他出来时的样子,想象着以后两个人该筹划个什么事来做。

红叶来到饭店工作第三个月的时候遇见了邱林。那天,邱林领着妻子和小儿子来饭店吃饭,他从洗手间出来的时候先看到了红叶,一开始,还以为是自己恍惚看错了,待确认后,百感交集。他曾无数次幻想过与红叶的重逢,就是没有想到会是在这样的一种场合。几年过去了,红叶在他眼里依旧年轻美丽,若不是父母当年极力反对,之后又出了那档子事,或许现在跟儿子一起享受天伦之乐的会另易其人吧。想到这些,邱林禁不住热血涌动,酒精的作用和着这股瞬间的勇气让他过来打了招呼:"好久不见。"

"好久不见,邱林。"她说得很轻松,一抹惊喜和尴尬顿现在脸上。她拿着菜单的手甚至有些发抖,总想掩藏些什么,心里却又克制了这种想法,几秒钟过后,她妥当地露出微笑:"我在这打工呢。"

"批发店不干了吗?"

"你的批发店都不干了,我更没有什么生意了。"

邱林听出红叶是在打趣,便笑道:"那会儿真的是碰到难处了,好在后来那群人没再来找我麻烦。你后来怎么不联系我了,我给你家打过好多次电话。晃儿还好吧?"

"挺好的,晃儿今年上小学了,时间过得真快,你呢,成家了吧?"

红叶问这句话的时候,心里还是有些害怕邱林会说出除了你我再无法爱上别人之类的话,但是很快,这个答案就被远处饭桌旁一个号啕大哭的小孩子给锁定了,抱着他的女人,皱着眉头冲着邱林嚷着,那是他的妻子和儿子。她从那个女人的嘴里听到了他们的儿子叫小小,这个孩子长得像那个女人多一些,眼睛大大的,瘦削的下颌,她觉得这孩子多亏长得不像邱林,俊美的男子总好过无可奈何的憨厚。

邱林在那女人的几声催促下与红叶匆忙地告了别,离开之前他又从裤袋里掏出了张名片,那上面是一家公司的名称,董事长旁边的名字是他,下面有最新的联系号码。看着邱林抱着那孩子与那女人离开饭店,上车,启动开走,红叶竟有一阵子恍神儿,然后她低着头看了眼名片,扔进了旁边的桶里,释然地笑了。

自此以后,她在饭店里再也没遇见过邱林。人生不过如此,曾经的爱恋也好,友情也罢,最终都会败给时间,时间不会说话,却给了最好的答案,结了婚,有了家,一切的过往便都是扯淡。

晃儿刚上小学,第一次考试就得了一百分,这让全家人都为之振奋。红叶接到电话的时候正在刷着一大洗衣盆的盘子,为这,她特意请了一天的假回来为儿子祝贺。并不是说这个一百分有多么了不起,但至少说明,晃儿没有因为缺损父爱而与其他孩子相异,甚至做得更好,这是值得庆祝和鼓励的。红叶给晃儿买了一大袋子的零食,刚踏进门便看见李四媳妇儿和晃儿正在逗着小惜君玩,她便忙放下手里的东西抱起了这个女娃。红叶说不出原因地喜爱这个女娃,她长得像郑恺多一点,皮肤白净,眼皮虽薄,鼻梁也不挺,却有别于这小县城的俗气,她当初喜爱郑恺也就是缘于他身上的那股子清雅。惜君是郑恺给自己女儿起的名字,红叶初听这名字的时候还有些不解,后来也觉得是自己矫情索性也就不解。唉,这都是多少年的老皇历了,况且,她和他并不在一路上走,当初的那份爱也早已在他对她的怀疑中消失殆尽了。

郑恺与程小丽步步高升，公务繁忙，小家伙就自然送到了郑家来照看，李四媳妇儿便也成了主力。她和郑恺爸这些年的关系明眼人猜出了些什么，嚼过吐过，也就没有再多的闲工夫理会，这年头儿鳏寡凑对成双的也没什么好稀罕。那天，红叶在饭店还真的遇到了郑恺，他和一个年轻漂亮的女子下了车向店的方向走来，门口正轮值迎宾的红叶远远地望见了他们，郑恺绅士般慢慢踱步迁就着女孩的高跟鞋，还不时地对她笑语几句。红叶有些惊慌，连忙将点单本递给了别人，自己跑到了个隐秘的地方躲了起来，她远远地望着，目光一直追随着他们来到了一处靠窗的位置。郑恺穿着一件黑色皮夹克，虽有些发福，但依然能看出当年的风采，他叫了瓶红酒给女孩子倒上。女孩子很年轻，淡妆浓抹，乌发披肩，一种青春的荷尔蒙散发得到处都是，隔了几个包间位置的红叶都嗅得到。两个人不时地说笑，不时地碰杯，那女孩儿珠润的嘴唇抿过高脚杯的时候，她都能听到那杯子愉快的声响。红叶承认自己是有些妒忌了，她妒忌的不是坐在郑恺对面的人，而是那份美好的年纪和如花般的青春。

"老相好？"跟着她研究了半天的老板娘在背后轻轻地拍了下她的手臂，红叶有些不好意思地笑了笑，脸上红得发烫，一如她第一次在办公室里见到他时候的模样，那应该叫娇羞来形容更妥当些。不过，她也不觉得是这样，应该是自己的小心思被老板娘看得透底，才会觉得无地自容了吧。

"我看这男的也不像是什么好鸟，和那女的肯定不是两口子。"见红叶并不说话，老板娘得意地继续说，"我成跟天儿看人，什么样人我一搭眼儿就知道。你看啊，那个男的开着小汽车，穿着皮夹克，叫的是红酒，要么是有点身份地位的，要么就是有钱人。他和这个女人的关系应该还不算太熟，因为选择到饭店来约会既不失礼又非常得体，但是借着红酒的发酵作用两个人的关系会升温。我敢断定，他们俩从我们饭店走出去，下步肯定就去旅店了。"

"你从哪儿看得出，他们俩之间有意思？"

"你看,那个女孩的眼神,对眼前的这个事业有成的男人是一种崇拜和仰视,而这个男人请她喝红酒也是一种试探,因为红酒本身就代表着暧昧。"

红叶不得不佩服老板娘的分析。她当然知道眼前这两个人不是一对,也知道他们这么你一杯我一杯地喝着最终会发生什么,但是心里总还是有些别扭。虽然她不喜欢程小丽,却也容忍不了男人对于女人的背叛。之前,她在李四媳妇儿的嘴里听到了关于郑恺的一些事,这两口子面和心不和,平时私底下各玩各的,互不干涉,只有周末空闲的时候,才会偶尔双双对对开着车到益丰村转上一圈,给惜君买点食品、玩具,再扔点儿钱,就算尽了为人父母的责任。这样的家庭氛围对于孩子来说是致命的,她开始为惜君隐隐地担心起来。

晃儿上二年级了。这天回来,他高兴地告诉林芝学校选他当了小队长,从下周开始要早起去学校升国旗了,林芝高兴地直夸晃儿有出息,到供销社买了红色的毛线给他打了条厚厚的围脖。平时爱赖床的晃儿天天不到点儿就爬起床,喝两口姥姥煮的粥,再把滚熟的鸡蛋放在书包里,戴上姥姥织的厚围脖飞也似的跑向学校。

可是好景不长,没到一周的光景,晃儿早上就不起床了,林芝问他:"小队长不去升国旗了吗?"

晃儿把被蒙在头上整个人缩成了一团。红湖奇怪地观察着他,然后又重重地敲了敲烟袋,掀开晃儿身上的被子训道:"臭小子,还不起床,一会儿迟到了。"

"姥爷,我不用去了。"

"为啥不去了?晃儿,我可告诉你,咱既然是小队长了,就得干啥像啥,哪有三天打鱼两天晒网的?"

"我不当小队长了,也不升旗了。"

林芝刚煮好了饭,听到晃儿这么说,直接拿着饭勺子进了屋,指着晃儿问道:"怎么不当了?这才几天啊?等会儿我找你们老师去。"

"是我和老师说,我不想当了,同学们说我爸是强奸犯,不配升国旗。"

红叶为了晃儿的事请了半天假去了趟学校,老师告诉红叶,现在雷一晃不仅对学习不感兴趣,而且经常逃课,跟同学也相处不来。老师建议红叶,要么好好做做他的工作,要么给他转学到一个新的环境去。红叶听到老师说出如此严重的话,第一次感受到了惶恐和焦虑,也许为了物质生活的拼搏并不能抵消儿子缺损的精神抚慰,她觉得自己有些对不住老雷,是她没有教育好儿子。该来的,还是来了。

回到家,红叶第一次以一个严母的身份跟晃儿谈了一盘,她开始的语气还是平缓的,不过任她如何问,晃儿就是低头不说话。后来她急了,直接上手扒开晃儿的裤子在他的屁股上就是两巴掌,这是她第一次动手,看得林芝和红湖都傻了,他们过来救援,却被红叶关在了门外。晃儿或许是委屈或许真被打得疼了,但他忍着没哭,他呆呆地望着红叶,希望她能理解他。他不想说,或许他认为也没有什么可以解释的,在那样的学校里,他感受不到任何的快乐,他根本不知道妈为什么要把自己送到那里,跟一群不怀好意的人一起学习。

"我问你话呢!为什么不好好学习?我每天这么辛苦地赚钱就是为了供你上大学,你呢?"

"迟到,早退,搞恶作剧吓唬同学,你这样对得起我吗?你说!"

"为什么不听话,为什么不和同学一块玩儿?我打你,是为了让你长记性,认不认错?"

晃儿真的被打疼了,一副可怜的模样,只是小声地哭。好吧,既然红叶想要知道答案,他就给。他拿过自己的书包,打开拉锁,直接倒扣过来。

"你看吧。"

书包里的书本、文具倾倒了大半张床。书上本子上被各种颜色的笔画得乱七八糟,文具盒里的铅笔被折成了几截,她又掀过书包的背面,上面歪歪扭扭地写着几个字,她仔细辨识,发现那几个字竟然是"强奸犯"。

"妈妈,是他们不愿意跟我玩,"晃儿委屈地大哭,"无论我说多少好话,也没有同学搭理我,我做恶作剧是为了引起他们的关注,可是没人理我,真的没人理我!"

晃儿最后的无奈像是一根芒刺深深地扎进了红叶的心脏,她感觉一阵疼痛,怨儿子怨自己还是怨老天爷?怨谁呢?大人们犯下的错,却让幼小的心灵承受着不该承受的侮辱与排斥,是不是她错了?她抱得晃儿更紧了,心里默数着无数个对不起,不可预期的潜在危险终于跃上了表面,让她无法躲藏,也无法屏蔽。

31

那天,红叶在饭店里遇到了上门推销的老程。他比以前利索了,西装革履,头发油光锃亮的。老程一进门就对着饭店的老板娘口若悬河地介绍产品,老板娘跟他斗了会儿嘴皮子,并不想买他的产品,老程仍不遗余力地推销,老板娘顿时不悦,要把他撵走:"你们这些搞传销的,国家早就三令五申地禁止了,再不走我可打110报警了。"

"你既然不想要,还让我都拿出来,这不是折腾人嘛。"老程有些急,嘴里嘟哝着,然后又叹了口气,无可奈何地往包里收拾着自己推销的产品。待他整理好了,老板娘亲自将他送出了大门。也是赶在这个当口,红叶和同事一起买菜回来,她认出了老程,老程也看到了红叶,激动得像是个孩子,他有几年没见到她了?

红叶拉着老程进了饭店的厅堂,给他倒了杯茶,老程"咚咚咚"地喝了几大口,杯子底只剩下一层摞起来的茶叶末,老程不好意思地擦了擦嘴,朝红叶傻呵呵笑了笑,红叶忙提起茶壶,加了满杯:"村长,你现在这是在推销什么产品?"

没等老程介绍,一旁的老板娘直接告诉红叶:"他那哪儿是推销,是在传销。要不是看你面儿上,我早把他轰出去了。"

红叶有些尴尬,冲老板娘笑了笑表示领情,而后又转过头来说:"村长,传销可是违法的,电视上不都说了吗,你还真是在搞这个?"

老程做了多年的传销,很是老道,不惧老板娘和红叶的质疑,仍是一副口若悬河的样子。红叶自当糊涂听他七扯八扯,但是,她从老程的嘴里得知了一个实情,他这些年通过做传销赚了些钱,每隔一段时间就会汇到村委会清欠渔业合作社的账上。他说,能在有生之年还清渔业合作社欠大伙的钱是他的愿望,算是替程伟对大伙有个交代。红叶听老程这样说有些心疼:"村长,还款这事我觉得你别太勉强自己,这毕竟是程伟欠下的债。"

老程依然精气神十足:"红叶,我当了一辈子的村长,不能临了临了,让大家在背后戳我脊梁骨。"

红叶没出声,想着老程这一辈子也真是挺不容易的。

"你四婶儿,她,现在怎么样?精神好点了吗?"

"她恢复得很好,现在和郑叔在一起了,互相有个伴儿。"

"好了就好,好了就好。"

说到李四媳妇儿,她最近还真遇上了一件让人预料不到的事,失踪多年的李全带着美国的老婆和孩子回村了。李四媳妇儿接到电话的时候激动到无法控制自己,像个小孩子一样手足无措,她等了十年,盼了十年,她一直相信她的全儿还在。她拉着郑恺爸的手一遍遍地念叨着:"我说全儿没死,全儿会回来的,我的全儿没死,他还活着……"

当出落得帅气成熟的李全站在李秀面前的时候,她整个人还是像在云里雾里,像是在梦里。多少次她梦见儿子就是这样回来的,帅气地站在她的面前,叫着她,妈,我回来了,她每一次应了一声后,儿子就又消失了,后来,他再叫,妈,我回来了,她却不敢应了,她怕应了之后他就又离开了,她就是想那样地多看他几眼,哪怕是不真实的。李全叫了几声妈后,见她呆若木鸡地看着,就双臂张开,把她环在自己的胸前,用力地抱着她,摸着她花白的头发,竟号啕大哭:"妈,全儿回来了,你的全儿回来了。爸让我跟你说声对不起,他说他这辈子欠你的,下辈子一定还……"

李四媳妇儿听儿子说到了程伟,眼泪也跟着落下来,她轻拍着儿子:"全儿回来就好,全儿回来就好……"

李全给她介绍了自己的妻儿,李四媳妇儿也给他介绍了郑恺爸。李全向郑恺爸行了大礼,感谢他多年来一直照顾着自己的母亲,郑恺爸亲自下厨给李全做了满桌他小时候喜爱的菜,李四媳妇儿则拉着儿子坐在沙发上,听他讲述这几年她缺席的故事。他当年被程伟转移到美国后,经过四年的强度治疗终于醒了过来,但是却失去了部分记忆。后来他在美国上了大学,娶妻生子,并有着一份不错的事业。去年,程伟因病去世,去世前,他把李全失去的另一部分记忆一五一十地告诉了他,并让他回益丰寻找母亲。李全从爸的叙述中拼起零星的记忆碎片,对于母亲的印象由模糊慢慢变为现实,他用了整整半年的时间搜寻有关母亲和益丰村的信息,终于等到这一天,他带着程伟的骨灰和美国的妻儿一起回到了益丰村。

全村老少受到李全的邀请都出席了非正式的村民大会。闹哄哄的村委会比过年还要热闹,大家交头接耳地猜测着李全此次归来的目的,还有不少人是专门来看外国洋媳妇的。李全先是给所有人深深地鞠了一躬,足足三十秒,这一躬是程伟欠益丰村所有渔业合作社成员的。然后,他把准备了好久的信展开,用他的美国腔读了出来:"各位父老乡亲,我是李全,是李秀和程伟的孩子,我回来了……十年前,我被车撞,父亲程伟把我带到了美国治疗,才保住了一条命。当时他救子心切,不计后果,卷走了大伙的钱。今天我回来,是代他向大伙谢罪的,替他跟在座各位大爷大娘、叔叔婶婶、哥哥姐姐说声对不起。"说着,李全从包里拿出了一张存折,继续道,"当年所有入股渔业合作社的村民都会得到原有的本金和一份补偿,我想请村长代我统计好数额后马上发给大家。我知道现在说多少句对不起也无法弥补我父亲当年失踪给大家带来的痛苦,我只希望能用我的行动来慢慢补偿大家。除了归还大家的股金和利息之外,我和我的妻子想在益丰村建一所民办小学和一所老年公寓,所有当年渔业合作社的股民都将免费享有教育和养老的权利。最后,我非常谢谢大家在过去的日子里对我母亲的照顾。"

说着,他携着妻子和儿子给所有人又深深地鞠了一躬。然后,他将一个存折放在了大生子的手里,大生子打开一看,上面的数字多到他一时数不出那是十万还是百万。李全将程伟的骨灰葬进了程家的祖坟,程伟在外漂了十来年也算是落叶归根,认祖归宗。李全在父亲灵位前鞠了三躬,又拉着妻儿向郑恺爸鞠了一躬:"郑大爷,我妈和我说了过去这段时间发生的事,我谢谢你能在她最艰难的时候照顾她,以后我会把你当作自己的父亲一样孝敬。"

"全儿,这这这,这可使不得。"郑恺爸马上扶着李全语无伦次地说着,"你回来了就好,你妈天天想着盼着,天天叫着你的名字。老天爷真是开了眼,真把你给盼回来了。"

郑恺爸说到哽咽,李全又流下了泪,他紧紧地抱着母亲体味着她当时的焦虑与无助:"妈,我以后再也不让你受苦了。"

"妈不苦,要不是有你郑叔和红叶姐一家,妈真怕是挺不过来了。"

李全听李秀提到了红叶,突然想起什么:"对了,还有个重要的事。妈,你陪我去见见红叶姐,我爸临终前让我一定把钱还给红叶姐,说他当初对不起她。"

李四媳妇儿听李全这么一说,一肚子话如泻如瀑:"程伟啊程伟,你个挨千刀的,临了临了还良心发现一回。全儿,你红叶姐可是咱家的救命恩人哪,当初要不是她收留我,带我去医院看病,我今天可能就没命看到你们回来了。"

红叶在饭店接到了李四媳妇儿打的电话,听说李全回来了,脑袋里突然间就放空了,世事轮回,她感觉自己像是过了几个世纪。她特意请假打车回了村,一干人等已经在红家大院摆桌品茶唠家常,眼前的李全已经出落成一个俊美的青年,掺杂着黄油面包的肤色和柔软的头发,他正与大家谈笑风生,已然不是昨日那个戴着黑框小眼镜的李家小子。

"红叶姐,你还记得我不?"他见红叶进院,忙起身热情地叫着。

"全儿,红叶姐咋不记得你,你可是咱们村的小天才。"红叶被李全抱在怀里深深地拥抱着,然后他郑重地对红叶说:"红叶姐,对不起。"

红叶一笑:"都过去了。全儿,你能这么健健康康地站在姐面前,多少钱姐都不心疼。"

李全拉过自己的妻子和儿子给红叶介绍,然后他又有些炫耀地对妻子说:"吉娜,红叶姐是我们益丰村最美丽的女人。你不知道,当时她可是十里八乡所有年轻男子的梦中情人,和她说上句话,都能兴奋上一个星期。红叶姐,我记得你结婚那会儿,我贴在家里的窗玻璃上听着外面的锣鼓声,心里直着急,真想亲眼看看你当新娘子时候的样子,一定像仙女一样,那会儿我妈不让我出来看。"李全边说还边小心地看了眼母亲,李四媳妇儿便不好意思地推了推儿子,几个大人都笑开了。

"红叶姐都老了,别净夸我了。"

"红叶姐在我心里一直年轻着呢。对了,姐,我爸让我把鱼店的钱给你带来了。"

程伟临走前最无法释怀的事就是这一件。钱还得了,但再无颜面,他特地准备了五万元的存折和亲手写的一句"对不起",李全从包里取了出来递给红叶。红叶虽然嘴里说着都是过去的事了,但又不免一阵伤感,想起那件事以及她艰难的日子,竟流下泪来,李四媳妇儿直接把存折塞在了红叶的手里,抱着她,无声。恨,也好像没那么恨了,红叶感叹时间的效用,当初能让她有杀人之心的事也就仅此一个,如今说起来,好像是别人的事。李全打听着老雷和晃儿的状况,说晃儿以后打算出国留学的话他一定倾情帮助,他此次回来还有一个打算,他想把老两口儿接美国一起生活,如今看起来也不太可能,母亲说自己年纪大了,禁不起折腾,而且还要照顾小惜君,怎么也得伺候到明年她上小学。郑家毕竟也有郑家人的打算。

大生子把渔业合作社的账都翻了出来,查看之下,这些年老程已经替儿子还上了三分之一的款项,这让李全非常吃惊。他把余下的欠款用存折里的钱还给了村民,并支付了他们这些年的股息分红。村民永远是质朴的,失而复得如同中了大奖一样,他们欢天喜地,家家户户见了面都是喜形于色的,他们甚至商量着要还上程家的这份情,合计着给李全凑个份子,给他的洋媳妇和洋孙子补上一份见面礼。这样的想法传到了李四媳妇儿的耳朵,她和郑恺爸一商量,索性就给李全补了个婚宴,全村几百号人,流水席开了二三十桌。婚宴过后没几天,李四媳妇儿给了李全老程和李四的联系方式,让他去县里看看他们。但听说李四是外出打工,应该人在福州,老程因传销也换了不知道多少个号码,终未联系上。

  红叶手里多了五万块钱,和林芝、红湖商量了一下便辞去了饭店的工作,打算自己做点小买卖。她在乡政府旁边弄了个杂志摊,连带着报纸、书,有声无声的读物碟片都卖。她给晃儿也在城里报了两个辅导班,一个是英语班,一个是绘画班。晃儿从小就喜欢画画,无论开心不开心,他都能从画笔中流露出自己的情绪,他的天分不错,每次老师布置的作业都完成得很好,经常会得到表扬。

  绘画班在县政府旁边的一个家属楼里,每周二和周五晚上有课,每到有课的时候,红叶都要提早收了摊到晃儿的画班去接他。这天,她又提早到了十分钟,画班还没下课,她就在楼梯口等着。门口一辆桑塔纳停住,从里面下来一个男人,只听司机说道:"郑局,明天早上七点我过来接你。"

  男人应了一声,便走进了楼栋。这个郑局便是郑恺,他披着黑色风衣,头发齐整整地向后背去,秃了不少。他转向楼梯口的方向,刚抬起脚便看到了红叶,他稍愣了一下,眼睛里竟是带着光的,然后又一副调整后的官方表情:"红——叶?你怎么在这儿?"

  "晃儿在这学画画,我来接他放学。你,住在这儿?"红叶也诧异自己来这接送晃儿两个多月了,竟然从未碰到过。

  "走,我家就在四楼,上去坐一会儿,"郑恺热情地拉着红叶,"有好多话想和你说一说呢。"

  "不了,晃儿马上就到点儿了,改天有时间的。"红叶闻到了郑恺的酒气。

郑恺见红叶执意推托,索性作罢,他看了会儿红叶,又叹了口气,一只手搭在了她的肩上,轻声地问:"你,过得好吗?"

"还行。"红叶低着头,转了下身,顺势将郑恺的手摆脱掉,"你家小惜君很可爱,也快上学了吧?"

"我和程小丽要离婚了。"郑恺盯着红叶看。

"怎么就要离了呢?"

"我俩本来就没感情基础,我欠她的这些年也算还清了,离婚是早晚的事。"郑恺说。

红叶低着头抿了抿嘴,心里直想到了上次在饭店看到的那个年轻女人,或许是有了比程小丽更加耍狠的角色。她看了眼腕上的手表,晃儿马上就下课了,她想早点结束这样的谈话,眼前这个发福秃顶的男人,早已与那个风一样的男子画不上等号了。

"红叶,老天真是作贱人,当初咱俩要是结了婚就没那么多乱七八糟的事了。其实,不瞒你说,我总想着你,想着咱们的过去。要是你现在愿意,我愿意照顾你们娘俩。"没等红叶反应过来,郑恺一把将红叶揽在怀里,紧紧地。这一抱,天旋地转,往事一幕幕一件件又重灌进了脑子里,如若不亏欠,便不会再相恋,如若不留恋,便不会再想念,这一切若是一场梦,多好。

然而,他的梦很快就醒了。当晃儿下了课,第一个跳出大门看到他们的时候,当他看见母亲被一个陌生男人揽在怀里的时候,当他惊慌地捡起了水泥砖块向他后脑勺猛砸过去的时候,他的梦就醒了。他的头开了花,血喷溅出来,他还没来得及转过身子便倒下了,剩下的是红叶的惊叫和满眼憎恨的晃儿,还有他手里那染满血迹的水泥砖块儿。他曾经当面答应过老雷,无论在任何时候都会保护母亲,这是他们爷儿俩终身的责任。

郑恺被120拉往医院,红叶和晃儿被带到了派出所,红叶没让晃儿说一个字,自己将所有的责任全部扛了下来。不知过了多长时间,程小丽从外面闯了进来,她看着红叶,直接冲着晃儿的脸就扇了一巴掌,骂道:"你个小坏痞子,杂种玩意儿,你和你那老子一样,都该下地狱!"

红叶马上将晃儿的头抱了起来,程小丽的巴掌又雨点一样地落在了红叶的身上,两个警察马上拉开了她们,她的腿还不罢休地又踢过去两脚。透过母亲的指缝,晃儿看到了这个打扮得明艳的女人,她一副要吃掉人的态势,他吓坏了,他是小坏痞子,是杂种玩意儿,他该下地狱……多年以后,他的脑袋里都抹不掉她当时伸出手要撕掉他的表情,狰狞得像是噩梦的主角;多年之后,他也才知道,这个人就是父亲老雷入狱的受害者。

郑恺中度脑震荡,他的头被晃儿大概砸开了两寸长的口子,缝了七针,苏醒过来第一时间给公安局的领导打了电话,他不打算追究晃儿的责任。这件事情上,红叶是有愧疚的,回到家后,她拉开架势决定审问儿子,她反锁上了门,手里第一次握上了工具。

"为什么?"

"那个坏人为什么要抱着你?"

"谁告诉你他是坏人?"

"他抱着你,你不是在挣扎吗?"

红叶直接拿着扫帚上去打人:"这么小就开始下狠手,长大了还怎么得了?我要是不给你改过这毛病,长大了就得进去蹲小号。"

林芝、红湖、李四媳妇儿和郑恺爸趴在窗外着急地拍着玻璃,红叶还是没有放下手里的武器,打得晃儿屁股烂开了花。

"他就是个坏人,敢欺负我妈,我下次见着了还打。"

红叶听着晃儿这么大喊又是一脚踢在他的屁股上,晃儿见母亲这没完没了的架势,站起身,打开门锁转头跑了出去,有四个老年人的助攻,他很容易地成功脱逃了。

李四媳妇儿拉着红叶说:"你让晃儿去吧,他心里有委屈,怕你受欺负。"

红叶这才大哭起来:"郑恺这是没事,要是有个好歹的,我真不知道怎么办了。我没把孩子教好,惹了这么大的祸,要是老雷回来,我怎么交代。"

这件事后,晃儿再也不肯回城里学画了,红叶怎么劝他都不成。晃儿又开始过上了跑马撒欢的日子,点将台、大河沟子都成了他经常玩耍的好去处。每天下了课,书包往家一扔,他便拿起院子里的大棍子跟着几个孩子杀出去。不过没过多久,这个大圈子逐渐地变成了小圈子,再往后,小圈子也仅剩下寥寥几人,玩到最后晃儿成了光杆儿司令。他没有了玩伴,只跟着风,跟着大树,跟着鸟,跟着田间的青蛙一起疯。浑身是土,满脚是泥,每每林芝大着嗓门叫着他回来吃饭的声音响起时,他便从二里地远的田间飞回姥姥的灶房,抓起新蒸好的馒头往嘴里塞。

红叶的报摊生意越来越好,她打算在老雷出狱前攒够盖房子的钱,那样,他们一家三口可以在县里拥有一个温暖而完整的家。有一天,红叶整理报纸的时候,看到了老程的照片,旁边写着,本市查获最大传销集团并逮捕头目程玉昆。红叶倒抽了一口冷气,没想到主任这几年折腾出这么大动静,想着李全说爷爷已经替程伟还掉三分之一的债,她感到惋惜。

秀娟调到了乡政府大院当了科办的主任,她开始每天中午给红叶送起了盒饭,里面总有几个精巧的小配菜和白润润的米饭,她永远记得红叶喜欢的锅包肉还有烧茄子,红叶也不推托,她不想给这份失而复得的友谊增加上矫情的标签。她也偷偷地给秀娟弄来了治不孕的偏方,一段时间过后,她询问她的战果,秀娟便一脸无所谓地自嘲着自己是个不下蛋的鸡。她告诉红叶,晃儿就是我儿子,到时候给我养老送终得了。后来,她还曾试探地问过红叶,问她郑恺离婚了她知不知道,政府里的人都在传,是因为程永峰退了休郑恺才改旗易帜的。红叶对于郑恺离婚的结果倒不惊讶,但她知道改旗易帜绝不是这个原因。不过一切都不重要了,人各有命,也各有缘分,走好自己的路也是对自己对众人的一个交代。

32

就在几个月前，X监狱里发生一起特大的火并事件。在麦老大刑满释放的前一天，他和老雷告别："哥儿们我先出去了。等你出去就找我，放心，在省城这片没人敢动你。"

"你净给我开空头支票，让我上哪儿找你去？"

麦老大凑近老雷耳边说了个人名和地址，告诉他出去后找到这个人就能找到自己。这是老雷跟了麦老大这么久最想打听的重要线索，他必须要在麦老大出去之前上报给马管教，否则人一旦出去了，就如大海捞针。但告诉给老雷这个信息之后，麦老大还是有一点后悔了，在他顺利出去之前，他令兄弟时刻观察着老雷几个人的行踪，老雷有几次借上厕所和胃疼的机会也没能传出消息。直到狱警过来要带麦老大走的时候，老雷才不得不使出了最后一招。他和麦老大拥抱告别，两个人四目对视，十年间的一切便都显现在上面，老雷并未松开他的手臂，他死命地抓着他并在他耳边说，你出不去了。麦老大气急，直接将老雷背跃式摔倒，一触即发，双方的人瞬间打成了一团，麦老大一脚踢在了老雷的脸上，骂他是条狗，是条养不熟的狼，老雷鼻子血流如瀑。狱警一边阻止着双方的血拼，一边吹着哨请求支援。二峰好不容易摆脱开众人的纠缠，直接飞腿冲向麦老大，不知哪里来的力气，他竟将那个大块头直接给撂倒了，他冲着老雷大喊：老雷,快走！老雷一个激灵站起身向外跑,小东子见状直接拖住了追上去人的大腿。那人用脚向小东子的脸上踹去,小东子的脸马上鲜血横飞,麦老大嚷着,打死他们,一个不留。二人敌对八人,一阵混战。

老雷带着一队管教最终擒住了麦老大,按照他提供的地址找到了那个人,并根据他提供的信息将涉黑组织和保护伞一并连锅端了,这个事件成了当时震惊全国的一起最大的打黑事件。老雷立了功,减刑三年,小东子减刑两年,二峰的肺被打穿没有救治过来,若是二峰没死,也该减刑两年吧。老雷常常懊悔自己当初做的决定,他一直认为是自己为了减刑立功才让兄弟搭上了性命,每次和小东子讲到二峰死命拖住麦老大的腿不肯放开的时候,他们就会抱头痛哭一阵。

老雷终于挨到了出狱的日子,他拿到出狱通知单的时候抱着小东子哭了好久。为了这一天,他搭上了几乎大半个青春,为了这一天,他忏悔了五千个日夜。如果没有这一切,是不是兄弟还在,是不是红叶可以不那么辛苦,是不是一切都会不一样。但,世事没有倒带重放,有的,只能是向前看,他不能再错了。他请求马管教让理发的师傅给他理了一个时下流行的发式,穿上了上次红叶来探监时给他买的衬衫,整理得当,他拎着一个破旧的旅行袋走出了厚重的大铁门。旅行袋重重的,那是他全部的财富。

走出牢房,他突然有些不适应门外的太阳,这是只有十四年前才如此照射过他的太阳吧,这一刻,他紧闭着双眼张着双臂迎接它,甚至肆意地挥霍着,自由真好。

这个月的十五号是红湖的六十大寿,为了给老雷接风洗尘,全家商量着等他出来一起办。过了这许多年,林芝和红湖似乎已经习惯了老雷作为家里一分子的存在,浪子回头金不换哪。红湖问晃儿,你爸爸要回来了,你高不高兴啊？晃儿于是捂着耳朵大叫着,我没有爸爸！然后跑开。这几天他在田边养的几株小苗长了虫子,听林芝说要庄稼长得快就得上化肥,庄稼生虫子就得撒农药。他便背着家里人,拿着零花钱去供销社买了瓶敌敌畏,回来怕林芝和红湖发现又转灌在了红湖的一个空酒瓶子里。这会儿红叶正与他分享喜悦,他却更乐得拿着酒瓶子去杀他的小虫子。

老雷步行了十里路来到小镇上,看到了些摩托车和几辆出租车,听着他们大开价钱,便想到红叶这十几年来的境遇,她一定是舍不得坐车到监狱的,当他想着是红叶拉着晃儿稚嫩的小手一步一步走向那个黑大门的时候,他的心里就一阵痛楚。他买了回会宁县的长途汽车票,坐了四个多小时到了县城客运站,又换乘了小巴车,半个多小时回到了乡里。他终于走在了自己家乡的土地上,这个阔别了十几年的土地,当初的土路变成了水泥路,乡政府大院悬挂在大铁门旁石柱上的那块白漆底儿的木板牌子也不见了,主楼翻盖了七层,宽敞的草坪前停满了各式各样的小轿车。他继续朝前走,迫切地想到自己的鱼店里给红叶一个惊喜。沿街的小平房都盖成了两层的商务楼,原来鱼店的位置已经被一家五金商店所取替,他向这家店的老板打听,老板表示他接手这家店的时候已经是个门面,没听说过什么鱼店。他继续一家店一家店地寻去,却没有一个人知道曾经有那么一家红火的鱼店存在过。

他不知道是哪里出了问题,因为红叶这十几年去探监被问到生意的时候,她都说红火着呢。他向益丰村走去,这条被修得笔直而平坦的路比他梦里的还要漂亮,林荫茂盛,芳草丛丛,他能从村头直接望到五百米开外的家。他欣喜地抬起步子,眼睛却开始湿润,他竟有些舍不得迈出这不到一里地的步。他绕过红家大院先回了自己的家,眼前的家已经被翻成了三间大瓦房,他推开大门进去,却见到了陌生的主人,一来二去,才知道自己的家已经易主,而且转了几拨人。他向红家大院转去,途经村道的时候,几个穿着初中校服的学生正在欺负着另一个,其中一个孩子嘲笑道:"雷一晃,你爸是个强奸犯,你别想跟我们一起玩。"

"谁稀罕跟你们这群垃圾玩。"

"我妈说,龙生龙,凤生凤,强奸犯的儿子会打洞。"

那群男孩子都跟着哈哈大笑,一遍又一遍地重复着这句话,龙生龙,凤生凤,强奸犯的儿子会打洞,龙生龙,凤生凤,强奸犯的儿子会打洞!他们甚至调皮地向晃儿扔小砖头,晃儿也不甘示弱,直接寻了道边的大砖头向他们的方向扔去,嘴里大骂道:"滚,王八蛋,快滚!"

听到了儿子的名字,老雷开始仔细辨认他的脸,虽然五岁以后他就没再见过一晃,但他能一眼感觉出晃儿当初给他背小小子坐门墩时的样子。他向晃儿走去,然后在他的旁边蹲下,仔细地看着他,足足有十秒,眼泪终于忍不住地落了下来:"晃儿,爸爸回来了。"

眼前这个自称爸爸给过他生命却又让他屈辱地活下去的人,就这么站在他的面前,穿着干净的衬衫,却透着一身土气,剪着流行的发式,却蜕不掉劳改犯的模样。晃儿无法承受这份身世带给自己的一切,他要狠似的将手中的砖头重重扔下,喉咙里发出声低吼,转身便跑。

村子里七大姑八大婶不约而同地蹿出了院子,整个益丰村村道成了十里长街。老雷感受到有一千双眼睛在这一刻盯着他,每张嘴里的声音都像是一个符咒,慢慢地飘向他,他的脸一下子就红透了,他畏惧了,胆怯了,甚至有些绝望了。他回到了红家大院,好在大院里的一切都没有变,院墙前那几棵罂粟依然开着橙色的花,那是红叶从秀娟姥爷那里要来的种子,在他入狱前一起种下的,水缸旁当初他送鱼的簸箩还在,他和红湖一起修缮的茅厕也在。十几年未见了,林芝和红湖已经双鬓斑白满脸褶皱,他们看见老雷出现在院里的时候,一阵欢喜,不像是等待着一个劳改犯的回归,更像是盼着英雄的儿子荣归故里。他们欢笑着招呼着自己的女婿,嘘寒问暖,暖到老雷觉得不真实。他放下了旅行包,直接跪下,朝着林芝和红湖咚咚咚磕了三个响头:"爸,妈,这些年让你们受苦了。"

林芝抱着红湖痛哭,被红湖轻拍了几下后又忍住了拼命掉落下来的泪水,不住地说:"我这是高兴,高兴!快,快给红叶打电话,她就盼着这一天呢。"

红叶接到电话的时候,高兴得跟中了彩票一样,她提早收了摊,嘴里反复地唠叨着:"是老雷回来了,他真的回来了,从此以后再也不走了。"

红叶无数次想过迎接老雷时的第一句话,但当他激动地抱着她的时候,却一句也说不出来。为了这个拥抱,她受尽了世人的白眼,拒绝了亲友的好言相劝,她扛过了风躲过了雨,挨过了大好的年华,她终于等到了他;为了这个拥抱,他悔尽了肝肠,忍住了非人的待遇,他饱受了相思之苦,洗尽了恩怨情仇,他终于又重新拥有了她。这是他的第二次生命,他不会再把它弄丢,他说:"我向玉皇大帝许过愿,下辈子如果娶不到你,也一定把我变成你身边的牛啊马啊,陪你一辈子。"红叶相信他的话,就像当初相信他一样,她或许从未对他怀疑过,就像着了他的魔,这辈子想救也救不得。

夜晚的时候,她躺在他的臂弯里,憧憬着未来。他说,以后的日子,我来赚钱养你们娘儿俩,你永远负责貌美如花。第二天起床后,他带着她又来到了初识的点将台,那台子经过了十几年的风侵雨蚀,已经没了最初的样子,那台上穿喇叭裤的人还在,他拿着麦秸嘶吼着《黄土高坡》,仿佛是在今天,也仿佛是在昨天。

红湖的寿宴在红家大院拉了三张大桌,几年不用的大圆桌面摆在了院中央,红叶跟着林芝从早上买菜买肉买酒买寿点张罗了一个上午,全家人忙碌得像是过年一样。老雷充当了大厨,十几年没沾过灶台的手已经有些生了,但他还是颠炒得欢喜,满满三大桌子的菜一一摆上桌,只等客人到来。林芝问晃儿:"你去大姨姥家了吗?四奶奶那边也去了?"

"都去了。"晃儿有些不耐烦。

"那你告没告诉他们吃饭点儿啊,是不是搞错了?"

"我没搞错,人家可能不想来呗。"

偌大的院子,满满三大桌的饭菜,空荡荡的。好在李四媳妇儿和郑恺爸来了,他们俩拎着两瓶酒来贺寿了。林芝抱住李四媳妇儿,有些激动:"我还以为你们不来了呢?"

李四媳妇儿忙道:"老郑非说要去乡里买两瓶好酒,这不紧赶慢赶,没耽误事吧。"

"正好,正好。"

"四婶儿,我们可都等着你和郑叔呢。"红叶拉着李四媳妇儿和郑恺爸上坐,边说边把老雷拉了过来。郑恺爸看着老雷,半晌又说:"老雷比以前胖点儿了,这身体也结实了。"

"里面天天干活、锻炼,肌肉也出来了。"

这么聊着,半个小时过去了,院里没再出现一个人影。

"不等了,红叶,咱们开饭。"林芝自解尴尬。

"对,妈、爸,先吃吧,四婶儿和郑叔也等急了。"

"我们不急,红叶,你还是给他们大伙打个电话,问问怎么回事。"

红叶只能掏出手机硬着头皮拨出号码,过了一会儿,红叶转身回来,脸上有些铁青:"他们都有事,咱们先吃吧。"

三张大圆桌上只坐了不满一桌人。林芝为了活跃气氛给在座的人都倒满了酒,开始第一个祝福红湖长命百岁,红湖喝了一口酒告诉林芝,咱俩说好了,谁也不能先走,这句话说得虽然霸道,但林芝却觉得是幸福的。紧接着郑恺爸和李四媳妇儿也双双举杯祝福并欢迎老雷归来,老雷同时向在座的各位保证以后要好好孝顺红家父母,好好地爱自己的老婆孩子,好好地经营自己的小家。接下来,轮到了晃儿,他从一开始就对这个饭局没有兴趣,打算扒拉几口饭就去灭自己的小虫。在此之前,他还将灌在红湖酒瓶子里的农药偷偷地拿出来混在啤酒箱子里了。

"儿子,该你了,给姥爷说祝酒词。"老雷放下酒杯碰了碰晃儿。

"谁是你儿子,你是强奸犯,我不是你儿子。"晃儿大声地辩驳令整个红家大院顿时鸦雀无声,红叶铁青着脸看着父母,又看向老雷,她的手是抖的,她强压着自己的情绪对晃儿说:"晃儿,赶紧跟你爸爸道歉。"

"我没有爸爸,他不是我爸爸。"

"啪"的一声,晃儿的左脸上很快就多出了一只手掌印,红叶大叫着:"雷一晃,你给我滚出去!没有反省好之前别回家!"

晃儿委屈地大哭,他不知道平日里如此温和的母亲为何变了副嘴脸,他怒视着她,嘴里赌气地大喊,他不是我爸爸,不是我爸爸,他是强奸犯!看着红叶并未放下的手掌,他冲着老雷猛吐了口唾沫,伸手拎起他的酒瓶子转头就跑,老雷回头拉了他一把,人没拉住,酒瓶子直接落在了他的手里。心里的羞愧占满了身体,他的呼吸开始困难起来,他拼命地忍住,脑海中无数个燃点蓄势待发,无法想象接下来的日子会是什么样子,他之前所有的憧憬都在这一刹那轰然倒塌。他无助地看向红叶,不知道这一刻该说些什么,心里一万个对不起,对不起红叶也对不起儿子,这一切,是他理所应得。

红叶抹掉了脸上的泪,抢过老雷手中的酒瓶子:"老雷,我没有把晃儿教好,我自罚三杯。"

"子不教,父之过,我更该罚。"老雷又抢过酒瓶子,一饮而尽。

胃马上跟着燃烧起来,他顿时感觉头昏、恶心,他开始抽搐,呼吸也越发困难,他知道这酒出了问题,没等他多说一个字,整个人便倒了下去。他的嘴里不断地冒出白沫,他用力地抓住了红叶的手,他一刻也不肯离开地盯着这个他爱了一辈子的女人,他看着她大喊,看着她大哭,他想伸手去为她抚泪,然后幽默地说一句,你看看你这点儿出息,好像哥儿们没见过大风大浪似的。

众人的喊叫声离他越来越远,他不情愿地合上了眼睛,他再也看不见红叶了。

"是谁干的?"红叶的声音像是杀猪叫一样,她飙着泪,血腥的眼睛怒视着林芝和红湖:"你们就看不得我过一天好日子吗?我那么努力,我天天盼着他回来,我为了这一天,我等了十四年!他回来了,你们就一天也容不下吗?"

"没有人想害人啊,叶儿,我和你爸没有一天不盼望老雷回来和你们娘俩团聚,这些年你吃的苦都是大家看在眼里的呀。"林芝无奈地哭着,"是晃儿,是他把农药灌在了酒瓶子里,他是要去灭他小苗上的虫子,他是怕我们说他,一定是的,他不是故意的。"

红叶看着重症监护室里的老雷,眼泪噼里啪拉地落下,她守了他三天三夜,最后医院还是宣布了老雷不治身亡。偌大的医院在红叶看来就像是一个空旷的刑场,形形色色的魂魄在她眼前不断地穿梭,她找不到老雷,急得瘫在了地上,她气若游丝,无助地哭喊:"你说过让我等你回来的……我等了,你说只要我喊一声,就算是你在天边也会回来的。你在哪儿啊,老雷,你醒过来啊,老雷,你说话不算数,你别扔下我一个人!……"

他走了,她感觉自己没有了活下去的希望,她痛恨老天不公平,他已经为自己的罪行付出了代价,为何还要赶尽杀绝呢。他没有遗物,只有一个从监狱里带回来的旧行李袋。里面有一艘用不同材料制作的大船,还有一首他写给儿子的诗:儿子,这是爸爸给你做的大船,以后,你乘着这艘船就可以到很多地方,请你记住,在这个世界上,爸爸是最爱你的。

除了船之外,里面是一摞摞的信件,捆绑着的,以年分割,一共是十四捆。他自从跟木成林学会写更多的字后,就开始每天给红叶写一封信,一年三百六十五封,十四年五千一百封,这是他对她的思念和忏悔,她用余生去听他倾诉衷肠。

"红叶,这是我来 X 监狱的第十天,一切都好,就是很想念你……"

"红叶,我听到晃儿叫爸爸啦,太开心了,谢谢你……"

"红叶,今天是你二十三岁生日,祝你生日快乐,爱你……"

"红叶,我立了二等功,很快就会出去了,我没有一刻比现在更想你,我们以后再也不会分开了……"

初识的那天,风吹动着她的麻花辫,他看着她倔强的背影,从此注定一生。

图书在版编目(CIP)数据

红颜祭 / 江祖著. —上海：文汇出版社，2020.7
ISBN 978-7-5496-3199-5

Ⅰ.①红… Ⅱ.①江… Ⅲ.①长篇小说—中国—当代 Ⅳ.①I247.5

中国版本图书馆CIP数据核字(2020)第077580号

红颜祭

策　　划 / 修晓林
著　　者 / 江　祖
责任编辑 / 鲍广丽
封面装帧 / 王　峥

出 版 人 / 周伯军

出版发行 / 文汇出版社
　　　　　上海市威海路755号
　　　　　（邮政编码 200041）
经　　销 / 全国新华书店
排　　版 / 南京展望文化发展有限公司
印刷装订 / 启东市人民印刷有限公司
版　　次 / 2020年7月第1版
印　　次 / 2020年7月第1次印刷
开　　本 / 720×960　1/16
字　　数 / 270千字
印　　张 / 20.5

ISBN 978-7-5496-3199-5
定　　价 / 68.00元